HELEN FISHER

DER KLEINE KOMPASS
fürs Leben

Roman

Aus dem Englischen von
Charlotte Breuer und
Norbert Möllemann

Die Originalausgabe erschien 2023 unter dem Titel
»Joe Nuthin's Guide to Life« bei Simon & Schuster, London.

Besuchen Sie uns im Internet:
www.droemer-knaur.de

Deutsche Erstausgabe Juni 2024
© 2023 Helen Fisher
© 2024 der deutschsprachigen Ausgabe Droemer Verlag
Ein Imprint der Verlagsgruppe
Droemer Knaur GmbH & Co. KG, München
Alle Rechte vorbehalten. Das Werk darf – auch teilweise – nur
mit Genehmigung des Verlags wiedergegeben werden.
Die Nutzung unserer Werke für Text- und Data-Mining
im Sinne von § 44b UrhG behalten wir uns explizit vor.
Redaktion: Hanne Hammer
Covergestaltung: Sabine Schröder
Coverabbildung: Collage von Sabine Schröder unter
Verwendung verschiedener Motive von iStock,
Shutterstock.com und AdobeStock
Satz und Layout: Adobe InDesign im Verlag
Druck und Bindung: GGP Media GmbH, Pößneck
ISBN 978-3-426-44891-5

2 4 5 3 1

Diese Geschichte ist für meine Kinder, Cleo und Dylan, die ich liebe, wenn mein Herz schlägt, und auch, wenn es nicht mehr schlägt.

PROLOG

Eintrag im gelben Buch

ANGST

Es ist so leicht, sich in dieser Welt von Angst überwältigen zu lassen. Wenn man die Dinge aus einem bestimmten Blickwinkel betrachtet, kann man ihnen mit Angst begegnen oder eine Gefahr darin entdecken. Betrachtet man dieselben Dinge jedoch aus einem anderen Blickwinkel, sieht man vielleicht das Gute an ihnen und die Möglichkeiten, die sie bieten. Und das gilt nicht nur für Dinge, sondern auch für Menschen.
Manchmal machen Dinge uns Angst, ohne dass wir zu sagen wüssten, warum. Wie zum Beispiel die Angst vor roten Nudelsoßen und Ketchup, seit dein Dad sich die Fingerkuppe abgeschnitten hat, als er dir in der Werkstatt den Umgang mit der Laubsäge beibringen wollte. Seitdem verbindest du die Angst, die dich gepackt hat, als du den Schmerz in den Augen deines Vaters sahst (und das viele Blut), mit der Nudelsoße, die du an dem Abend gegessen hast. Und obwohl du weißt, dass Nudelsoße nicht dasselbe ist wie Blut, sondern nur dieselbe Farbe hat, macht sie dir Angst. Ich will damit sagen, dass es zwar in Ordnung ist, ab und zu Angst zu haben, auch wenn die Gründe dafür nicht immer logisch erscheinen, dass man sich aber nicht von ihr beherrschen oder leiten lassen darf.
Anstatt sich vor etwas zu fürchten, sollte man lieber versuchen, es zu verstehen.
Denn wenn man etwas versteht, können sich die Gefühle von Grund auf ändern.

KAPITEL 1

Ein Mann, der keiner Fliege etwas zuleide tun kann

Joe-Nathans Mum Janet sagte ihm immer, er könne keiner Fliege etwas zuleide tun, und daran musste er denken, als er einen Einkaufswagen mit Rückläufern durch die Gänge schob, Waren, die Kunden aus einem Regal genommen und an den falschen Ort zurückgestellt hatten. Er war sich ziemlich sicher, dass sich Kerzen zum Beispiel einsam und verloren fühlten, wenn sie sich neben Gläsern mit Erdnussbutter oder zwischen Handtüchern wiederfanden und darauf warteten, wieder mit den anderen Kerzen vereint zu werden. Joe gefiel der Gedanke, dass das auch jemand für ihn tun würde, falls er einmal verloren gehen sollte.

Joe gab sich große Mühe, seiner Mutter zu beweisen, dass sie recht hatte, und er bemühte sich auch, anderen diesen Eindruck von sich zu vermitteln. Als jemand betrachtet zu werden, der keiner Fliege etwas zuleide tun kann, war sein Lebenszweck.

»In Gang fünf hat jemand was verschüttet«, sagte Hugo, hielt den Wagen mit einer Hand an und legte den Kopf schief, als machte es ihm Probleme, Joe diese Aufgabe zu übertragen. »Könntest du das wegwischen?«

Joe salutierte. »Jawohl, Sir. Welche Farbe hat es? Rot?«

»Ist nur Milch, und bitte, nenn mich nicht Sir, auch wenn ich fast dein Vater sein könnte. Wenn du mich Sir nennst, komm ich mir furchtbar alt vor.« Den nächsten Satz flüsterte er, als handelte es sich um ein Geheimnis. »Ich komm mir immer ein bisschen komisch vor als Chef. Nenn mich einfach Hugo.«

»Hugo Boss«, sagte Joe, ohne zu grinsen (denn er meinte es ernst) und salutierte. Er bemühte sich, nicht auf den kurzen Flaum zu starren, der Hugos Kopf vom Scheitel bis zum Nacken bedeckte, und widerstand dem Impuls, Hugos Schädel zu polieren, bis er so glänzte wie der seines Dads früher geglänzt hatte.

Hugo lächelte. »Alles klar, Joe. Also, Gang fünf?«

»Sir!«

»Du sollst mich doch nicht Sir nennen«, sagte Hugo noch einmal. »Ich bin zwar alt, aber nicht so alt.« Dann ging er kopfschüttelnd einen anderen Gang hinunter, den Blick auf sein Klemmbrett geheftet.

Nachdem Joe die Milch aufgewischt hatte, widmete er sich wieder seinen Rückläufern. Er war gut im Putzen und hatte den Wischlappen wie immer ordentlich ausgewaschen und ausgewrungen. Hugo Boss war nett, und Joe wusste, dass er ihn niemals gebeten hätte, die Flüssigkeit aufzuwischen, wenn sie rot gewesen wäre.

Joe arbeitete seit fünf Jahren im Compass Store. Als er (in Begleitung seiner Mum) zum Vorstellungsgespräch gekommen war, hatte ihn das riesige Angebot an Waren glatt umgehauen. Beim Anblick des scheinbaren Chaos war ihm der Schweiß ausgebrochen, und er hatte nur nach Hause gewollt. Hugo hatte gesagt, er brauche jemanden wie Joe, »und das nicht nur, weil es gut fürs Image ist«, sondern weil er glaubte, Joe würde einen guten Einfluss auf das Arbeitsklima haben, und die anderen würden sich an ihm ein Beispiel nehmen. Hugo bot Joe den Job an, aber Joe wollte ihn nicht, weil der Laden, wie er seiner Mum erklärte, *einfach keinen Sinn ergab.*

»Er hat OCD«, hatte Janet am Telefon erklärt, als sie Bescheid gesagt hatte, dass Joe den Job nicht annehmen würde.

»Verstehe«, hatte Hugo geantwortet. »Ja, wirklich. Würde es Ihnen etwas ausmachen, nochmal mit Joe-Nathan vorbeizukommen, damit ich ihm erklären kann, wie der Laden hier funktioniert? Wenn er es erst einmal versteht, überlegt er es sich vielleicht anders.«

»Der Laden heißt Compass Store, weil er in die Bereiche Norden, Süden, Osten, Westen sowie Nordost und Ost-Nord-Ost und so weiter aufgeteilt ist«, erklärte Hugo. Er führte Joe in die Mitte des Ladens, wo ein großes Mosaik im Fußboden einen Kompass darstellte. Dann reichte er Joe einen richtigen Kompass (in Regal drei zu finden) und forderte ihn auf, das Mosaik mit dem Instrument zu vergleichen: Es war korrekt.

»Falls du dich mal im Laden verirrst, geh zum Mosaik, folge dem Pfeil, der nach Westen zeigt, dann gelangst du zu meinem Büro, und ich helfe dir, dich wieder zurechtzufinden. In diesem Laden gibt es eine Menge Sachen, Joe, und einer, der sich hier nicht auskennt, mag das vielleicht alles ziemlich chaotisch finden, aber fast jeder Gegenstand hier passt ins Sortiment, hat seine Berechtigung und seinen festen Platz.«

In dem Augenblick schob ein Mädchen mit kurzen schwarzen Haaren, roten Lippen und einem Kaugummi im Mund einen Einkaufswagen an ihnen vorbei, an dem ein Schild mit der Aufschrift »Rückläufer« befestigt war. Sie zwinkerte Joe zu und ließ ihre Kaugummiblase platzen, sodass es kurz nach Juicy Fruit roch. Joe versuchte, das Zwinkern zu erwidern, doch es wurde nur ein langes Blinzeln daraus. Sie lächelte und zeigte eine Lücke zwischen ihren Schneidezähnen. Hugo erklärte, was Rückläufer waren, und da war Joe plötzlich neugierig.

»Magst du Puzzles?«, fragte Hugo.

Joe nickte. »Ja.«

»Er bastelt selbst Puzzles«, sagte Janet. »Mit der Laubsäge. Das hat sein Dad ihm beigebracht.«

»Wirklich?« Hugo stemmte die Hände in die Hüften und musterte Joe anerkennend.

»Stell dir diesen Laden wie ein riesiges Puzzle vor: Jeden Tag stellen Leute Sachen an die falsche Stelle, und wir sammeln sie ein und stellen sie dahin zurück, wo sie hingehören. Und wir verkaufen Sachen, das wollen wir nicht vergessen!«

»Und wird hier auch geputzt?«, fragte Joe, als er einen dicken Mann mit Brille und Hörgerät sah, der gemütlich einen breiten Besen durch den Mittelgang schob.

»Du hast es gern sauber und ordentlich?«, fragte Hugo.

»Dann ist das hier genau der richtige Platz für dich. Wir brauchen dich.«

Joe drehte sich auf dem Kompass langsam um die eigene Achse, während seine sanften braunen Augen seine Umgebung in sich aufnahmen. Ihm gefielen die strahlend weißen Wände und der weiße Fußboden. Es gefiel ihm, dass die Kunden sich zwischen den Regalen bewegten wie in Zeitlupe, ohne zusammenzustoßen. Wo Flaschen, Dosen, Kleidungsstücke und Bücher säuberlich gestapelt und aufgereiht waren, fühlte er sich wohl, aber Dinge, die am falschen Platz lagen, umgefallen waren oder schief standen, störten seine Sinne wie ein eingerissener Fingernagel.

Da war wieder das Mädchen: im Südosten. Er sah, wie sie nach Ost-Süd-Ost ging und dort etwas in ein Regal stellte. Ihr kurzes schwarzes Haar bildete einen scharfen Kontrast zu dem weißen Laden, und nichts an ihr wirkte fehl am Platz, sie schien voll und ganz hierher zu gehören. Sie war cool, das begriff Joe. Sie merkte, dass er sie beobachtete, winkte ihm zu und schenkte ihm noch ein Lächeln, das ihre Zahnlücke sehen ließ.

KAPITEL 2

Grabinschriften

Ihrem Sohn einen sicheren Job in Fußnähe zu verschaffen, und zwar einen mit einem netten Chef, stand ganz oben auf Janets Liste dessen, was sie sich alles vorgenommen hatte, um Joe-Nathan auf ein selbstständiges Leben vorzubereiten. Die Liste war so lang, dass sie am Ende eine komplette Kladde füllte – und so entstand schließlich ein in blaues Leinen gebundenes Büchlein mit Ratschlägen, geschrieben in Janets sauberer Handschrift. Manchmal, wenn sie ihre eigene Schrift betrachtete, seufzte sie und sagte zu Joe-Nathan: »In der Schule bringen sie einem das Schreiben bei, aber heutzutage bringt einem niemand mehr Schönschrift bei.«

Sie war eine bescheidene Frau, aber selbst sie konnte die Schönheit ihrer Handschrift nicht verleugnen. Sie verwandte viel Zeit und Mühe auf das Schreiben, selbst wenn es sich nur um eine Einkaufsliste oder einen Kalendereintrag handelte.

Jeden Sonntag machten Janet und ihr Sohn einen langen Spaziergang. Joe liebte Friedhöfe, was Janet anfangs ein bisschen morbide vorgekommen war, aber mit der Zeit hatte er sie mit seiner Faszination für Grabinschriften angesteckt. Vor fünf Jahren – nachdem sein Dad Mike gestorben war – hatte Joe zum ersten Mal im Internet nach Friedhöfen gesucht und seine Mum gebeten, mit ihm dorthin zu fahren. Am liebsten mochte er die kleinen, überwucherten Friedhöfe, wie man sie häufig in kleinen Dörfern findet. Er merkte sich die Namen auf den Grabsteinen und entdeckte ein Muster in der Verteilung der Blumen auf einigen Gräbern. Aber er mochte auch die großen Friedhöfe, die sich fast wie Städte mit breiten, leeren Straßen anfühlten; dort erkannte er manchmal Namen wieder, die er bei früheren Besuchen auf den Grabsteinen gelesen hatte, aber die meisten blieben ihm fremd, denn so viele Namen konnte er sich nicht merken. Doch vor allem begeisterten Joe die Grabinschriften.

An einem sonnigen Samstag, als sie wieder einen ihrer Spaziergänge machten, stellte Joe seiner Mum eine wichtige Frage.

»Warum stehen Wörter auf den Grabsteinen? Warum stehen da nicht einfach nur der Name des Verstorbenen und das Todesdatum?«

»Tja, ich nehme an ...«, sagte Janet zögernd. »Ich nehme an, wenn jemand stirbt und in der Grabrede all die netten Worte gesagt sind, versuchen die Leute, das Leben des Toten in einige wenige Worte zu fassen, vielleicht in einen Satz oder zwei, die der Welt sagen, wie sie sich an den Menschen erinnern soll.«

»Auf Dads Grabstein steht ›geliebter Ehemann und Vater‹.«

»Ja, das stimmt. So hätte er gewollt, dass man sich an ihn erinnert.«

»Aber er war doch Buchhalter, sollten wir uns nicht daran erinnern, was er gemacht hat?«

Janet lächelte und hakte sich ein bisschen fester bei Joe unter. Dann sagte sie leise: »Ich glaube nicht, dass es deinem Vater gefallen würde, wenn Leute, die an seinem Grab vorbeigehen, denken, er hätte sich nur für Geld interessiert. Im Leben zählt vor allem die Liebe. Wenn man geliebt hat und geliebt wurde, dann möchte man der Welt so im Gedächtnis bleiben.«

»Aber lustige Leute wollen doch als lustig in Erinnerung bleiben«, sagte Joe.

»Glaubst du? Ja, vielleicht.«

»Ja. Auf Spike Milligans Grabstein steht ›Ich hab euch ja gesagt, dass ich krank war.‹ Wenn also jemand Lustiges als lustig in Erinnerung bleiben will, warum sollte Dad dann nicht wollen, dass die Leute sich daran erinnern, wie geschickt er mit Holz war und was für ein guter Handwerker er war und wie gut er sich mit Finanzen auskannte?«

»Lieber Himmel, Joe, ich möchte lieber nicht wissen, was du mal auf meinen Grabstein schreibst!«

»Ich finde, es sollte darauf stehen, was für eine gute Hausfrau du bist.« Joe sagte das ganz ernst, und Janet hakte sich noch fester ein bei ihrem ehrlichen, einfachen, gutherzigen Sohn.

»Ach du je«, sagte sie. »Und was ist mit der Liebe?«

»Ja. Die Liebe, na klar. Aber auch etwas über die leckeren Sachen, die du mir immer in die Lunchbox packst.«

Janet blieb stehen und drehte sich zu ihrem Sohn um. Sie standen unter leise raschelnden Bäumen, in denen Vögel zwitscherten, die sie nicht sehen konnten. Sie blickten beide nach oben und genossen die Friedhofsstille, die es ihnen erlaubte, all diese leisen Geräusche zu hören. Janet fuhr ihrem Sohn mit dem Daumen über die Wange und schob ihm eine Strähne seines dunklen, vom Wind zerzausten Haars hinters Ohr.

»Soll ich dich nachher noch rasieren und dir die Haare schneiden?«

»Ja, bitte«, sagte Joe.

»Dann schneide ich dir auch noch die Fingernägel, und danach kannst du gemütlich baden, während ich uns Fish 'n' Chips hole. Und hinterher sehen wir uns im Fernsehen *F.R.I.E.N.D.S* an.«

»Danke, Mum«, sagte Joe. Er fragte sich, warum seine Mum feuchte Augen hatte, wo sie doch nur von den schönen Sachen gesprochen hatte, die sie am Abend machen würden, es also gar keinen Grund gab, traurig zu sein. Überhaupt keinen.

»Bist du traurig?«, fragte er. Und als sie nein sagte, gab es auch keinen Grund, ihr nicht zu glauben.

Joe bot ihr seinen Arm an wie ein Gentleman. »Meine Dame«, sagte er, und seine Mum deutete eine Verbeugung an und hakte sich wieder bei ihm ein. An der Weggabelung wandten sie sich nach links und schlenderten langsam den sonnenbeschienenen Weg entlang.

»Gleich da vorne«, sagte Joe, »kommt mein Lieblingsgrabstein.«

Kurz darauf standen Janet und Joe vor einem Grab, auf dem sich die Blumensträuße häuften. An den Sträußen waren Karten befestigt, und Joe legte den Kopf schief, um lesen zu können, was darauf stand. Dann betrachteten sie die Grabinschrift:

Sie hat immer gesagt, ihre Füsse brächten sie um, aber niemand hat ihr geglaubt.

»Das ist lustig«, sagte Joe. »Und klug. Deswegen gefällt es mir so gut.«

»Ich weiß«, sagte Janet.

»Was glaubst du, wer all die Blumen auf das Grab legt?«

»Keine Ahnung.« Janet zog die Stirn kraus. »Wahrscheinlich hat es etwas damit zu tun, dass es ein anonymes Grab ist. Da neigen die Leute zum Übertreiben, sie denken vielleicht, dass diese Frau – wer auch immer sie gewesen sein mag – niemanden hat, der ihr Grab besucht.«

»Oder liegt es vielleicht daran, dass die Inschrift Aufmerksamkeit heischen will?«

Janet öffnete den Mund, zögerte jedoch; Aufmerksamkeit heischen war nichts, was sie mit Grabsteinen assoziierte. Aber sie verstand, was Joe meinte. »In gewisser Weise vielleicht. Dad braucht nichts auf seinem Grabstein, außer, dass er von uns geliebt wurde. Am Ende wiegt das viel schwerer als ein Scherz und bergeweise Blumen von Fremden, findest du nicht?«

»Hm, ja«, sagte Joe und dachte an seinen Kollegen Charlie Fiesling, der Owen immer mit seinen Witzen zum Lachen brachte. »Können wir jetzt nach Hause gehen?«

KAPITEL 3

Der Regen konnte nerven

Die Haustür war für Fremde. Solange Joe-Nathan sich erinnern konnte, waren sie immer nur durch die Hintertür – rechts am Ende der kurzen Einfahrt – hinaus- und hineingegangen. Über der Hintertür befand sich ein geriffeltes Plastikvordach, das bis zur Garage reichte. Joe mochte es, wie die Sonnenstrahlen sich durch das vergilbte Dach arbeiteten, zwischen den dunklen Moosklumpen hindurch, die immer wieder von den Dachziegeln fielen und ein gemütliches, buttriges Licht erzeugten. Wenn Joe unter dem Vordach stand, fühlte er sich in Sicherheit. Sein Vater hatte das Dach angebracht, damit Janet, falls sie mal im Regen nach Hause kam, in Ruhe die Schlüssel aus ihrer Handtasche kramen konnte, ohne sich sorgen zu müssen, dass ihre Dauerwelle durchschlug oder ihre Schuhe nass wurden. Außerdem konnten seine Frau und sein Sohn so aus dem Haus ins Auto steigen oder aus dem Auto ins Haus gelangen, ohne nass zu werden. So ein Mensch war sein Dad gewesen, dachte Joe, einer der wusste, dass der Regen nerven konnte, aber nicht vor der eigenen Hintertür, nicht, wenn er etwas dagegen tun konnte.

Janet drückte sich die Handtasche vor den Bauch und trat einen Schritt zurück, um Joe vorbeizulassen. Er sah sie verständnislos an, aber als sie aufmunternd eine Kopfbewegung Richtung Schlüsselloch machte, sagte er »Oh«. Er zog am Schultergurt, sodass seine braune Tasche nach vorne schwang und er sie öffnen konnte.

Janet hatte ihm die braune Tasche im vergangenen Jahr zum Geburtstag geschenkt, und wenn er morgens zur Arbeit ging, nahm er sie in der Küche vom Haken an der Wand neben der Tür, und dann skandierten er und Janet wie aus einem Mund: *Schlüssel, Brieftasche, Handy, Schlüssel, Brieftasche, Handy.* Aber auch wenn sie am Wochenende oder zu anderen Gelegenheiten aus dem Haus gingen, achtete seine Mutter darauf, dass er seine braune Tasche mitnahm (obwohl Janet ihre Schlüssel immer einsteckte).

»Es ist wie ein Spiel«, hatte Janet zu Joe gesagt, als er mit einem Finger über die glänzende Schnalle fuhr und die Tasche an die Nase hob, um daran zu riechen. »Wenn du dir angewöhnst, diese drei Sachen immer bei dir zu haben, kann dir nichts passieren, selbst wenn du mal eins davon vergisst oder verlierst. Mit den Schlüsseln kommst du immer ins Haus. Mit dem Handy kannst du immer jemanden anrufen und um Hilfe bitten. Du weißt ja, dass dein Chef einen Schlüssel von uns hat, du kannst ihn also immer anrufen und um Hilfe bitten. Und es ist immer gut, deine Brieftasche bei dir zu haben, falls du dir etwas zu essen oder zu trinken kaufen möchtest, oder falls du ein Taxi brauchst oder irgendein Notfall eintritt.«

»Ein Notfall?«, fragte Joe und musterte Janet über seine Tasche hinweg.

»Nur für alle Fälle, mein Schatz«, sagte Janet. Sie gab die Hoffnung nicht auf, sich eines Tages sicher genug zu sein, dass Joe auf sich selbst aufpassen und sie mal wieder mit einer Freundin in die Sauna gehen konnte, so wie früher, als Mike noch gelebt hatte.

»Kann ich die mit Schuhcreme putzen?« Joe befühlte das weiche Leder der Tasche.

»Ich wüsste nicht, was dagegen spricht, schließlich ist sie aus dem gleichen Material wie Schuhe.« Janet stand vom Tisch auf, um die Schuhcreme und einen Lappen aus dem Schrank unter der Spüle zu holen. Dann hielt sie inne, setzte sich wieder und sagte: »Du weißt doch, wo das Schuhputzzeug ist, oder?«

Janet hatte Joe die Dinge des täglichen Lebens beigebracht: aufräumen und putzen, die Waschmaschine und den Trockner bedienen, Wäsche aufhängen, die Spülmaschine einräumen, daran denken, regelmäßig Klarspüler und Salz nachzufüllen. Sie hatte ihm beigebracht, dass es wichtig war, immer bestimmte Lebensmittel wie zum Beispiel Cheerios im Haus zu haben, damit er sich etwas zu essen machen konnte, wenn er mal vergessen hatte einzukaufen, und immer etwas Brot im Tiefkühlschrank zu haben. Sie hatte ihm angewöhnt, an der Milch zu riechen, bevor er sich davon einschenkte, und sie hatte ihm so weit das Kochen beigebracht, dass er sich fünf verschiedene Mahlzeiten zubereiten konnte: Spaghetti Carbonara, Curry mit Reis aus der Mikrowelle, Kartoffelpüree mit Sauerkraut und Würstchen, Hackfleisch mit Zwiebeln und Pellkartoffeln und Hühnchen mit Gemüse. Und jeden Freitag ging Janet mit Joe nach der Arbeit in den Pub, weil sie es schön fand, das Wochenende mit ein paar Bier oder einem Sherry einzuläuten, und weil sie hoffte, dass er sich eines Tages an den Wochenenden mit gleichaltrigen Freunden in einem Pub treffen würde.

Der Samstag war ein guter Tag, sich etwas zu essen kommen zu lassen, hatte sie Joe erklärt. Sie hatte mit der Idee gespielt, ihm zu sagen, dass er sich nicht jeden Samstag Essen bestellen sollte und auch nicht öfter als einmal pro Woche, aber für Joe mussten die Dinge einfach sein, zu viele Optionen machten ihm Stress. Also war der Samstagabend der Abend, an dem es Fish 'n' Chips oder etwas vom Chinesen gab.

Natürlich hatte Janet ihm nicht alles beibringen können, doch immer, wenn sie bei ihm eine Wissenslücke bemerkte, arbeitete sie mit ihm an seinem Verhalten. Sie brachte ihm bei, die Tür aufzuschließen und anschließend wieder abzuschließen (das hatte sie lange Zeit selbst gemacht, weil sie, wenn sie nach Hause kamen, einfach nur schnell ins Haus wollten). Aber sie hatte ihm nicht beigebracht, den Wasserkessel anzuheben, bevor er auf den Knopf drückte, um sich zu vergewissern, dass er nicht leer war und durchbrannte, und dass man nichts aus Metall in die Mikrowelle stellen durfte und wo sich alle Dinge im Haus befanden, auch die, die man gar nicht so oft brauchte, wie das Schuhputzzeug und das Nähzeug. Es gab unzählige Sachen, die sie ihm noch nicht erklärt hatte, und wenn sie von einem Wochenendausflug träumte – oder auch nur von einem bisschen Zeit für sich allein – spürte sie die Last dieser Lücken.

Joe hatte das Gefühl, dass seine Mum langsamer wurde, denn seit einiger Zeit bat sie ihn ständig, all die kleinen Dinge zu tun, die sie bisher immer selbst gemacht hatte. Aber in Wirklichkeit legte Janet an Tempo zu – sie wollte wieder ein eigenes Leben führen – und bemühte sich, ihren Sohn so weit zu bringen, dass er allein zurechtkam, wobei es ihr nicht nur darum ging, dass er allein überleben konnte, sondern auch, dass er seine neue Freiheit genoss. Sie mochte sich nicht vorstellen, dass er frustriert und den Tränen nahe sämtliche Küchenschränke nach Schuhcreme durchsuchte, um seine lederne Tasche zu putzen, während sie sich die Nägel machen ließ und sich anschließend eine Massage und ein Mittagessen gönnte. Es lag noch ein ganzes Stück Arbeit vor ihr, bis sie die Ruhe haben würde, sich eine kleine Auszeit zu nehmen und Joe allein zu lassen, und sei es nur für einen Abend.

KAPITEL 4

Imperial Leather

Alles, was Janet Joe-Nathan beigebracht hatte, stand säuberlich – und in Schönschrift – in einer hellblauen, linierten Kladde, und die lag in einer Küchenschublade, zusammen mit Garantiescheinen, Speisekarten von Essenslieferdiensten, Kerzen, Streichhölzern und einem Adressbuch mit den Telefonnummern von vertrauenswürdigen Handwerkern, ihren Nachbarn, Hazel und Angus, und von Lucy, Joes Sozialarbeiterin.

Das blaue Buch war in mehrere Teile untergliedert. Einer trug die Überschrift *Wohnzimmer*; in dem Teil stand alles, was mit dem Fernseher und den Möbeln zu tun hatte und wie man diese Dinge sauber hielt. Der Teil mit der Überschrift *Küche* war der größte, weil es in der Küche so vieles gab, das dauernd gebraucht wurde, und weil so vieles schiefgehen oder kaputtgehen konnte. Aber übers Kochen stand in dem Teil nichts, dafür gab es einen Extrateil mit der Überschrift *Essen* – auch dieser Teil nahm viel Platz in dem blauen Buch ein –, und er enthielt Rezepte und Menü-Vorschläge.

Manchmal spielten Joe und Janet ein Spiel, bei dem sie ihm Fragen stellte, auf die er die Antworten in dem blauen Buch finden musste, auch wenn er sie bereits kannte. Wenn Joe angespannt war, konnte er nicht klar denken, und wenn zum Beispiel mit der Mikrowelle etwas schiefging, kam er vielleicht nicht darauf, was er tun musste, um die Mikrowelle neu zu programmieren, auch wenn er sich eigentlich mit dem Gerät auskannte. Deshalb war es wichtig, dass er zumindest wusste, wo die Antwort in dem Buch zu finden war.

Janet stellte eine weiße Plastiktüte, die appetitlich nach Fish 'n' Chips in warmem, vom Essig feuchten Papier duftete, auf die Anrichte und schob zwei Teller in die Mikrowelle.

»Joe, hol das blaue Buch heraus und sieh nach, was wir tun müssen.«

Joe nahm das Buch aus der Schublade, setzte sich damit an den Küchentisch und strich mit der flachen Hand über den Deckel, so wie er es Leute in Filmen hatte tun sehen, bevor sie ein wichtiges Buch aufschlugen. Er suchte den Teil mit der Überschrift *Essen* und sah unter *Essen bestellen* nach:

ESSEN BESTELLEN

Fish 'n' Chips

Wenn du die Tüte mit den Fish 'n' Chips abgeholt hast, geh damit nach Hause und stell die Tüte auf dem Küchentisch ab. Wasch dir die Hände. Ketchup steht im Kühlschrank, Essig im Schrank rechts vom Herd, Salz steht auf dem Tisch. Nimm einen Teller, ein Messer und eine Gabel heraus. Geschirrtücher hängen neben der Spüle.

»Ich muss mir die Hände waschen«, sagte Joe. »Dann hole ich all die Sachen raus.« Er ließ das Buch aufgeschlagen auf dem Tisch liegen und ging nach oben ins Bad. Er ließ Wasser ins Waschbecken laufen und hielt das Seifenstück der Marke *Imperial Leather* in der Hand. Die Seife war fast aufgebraucht, es war nur noch das kleine Stückchen unter dem Etikett übrig, das immer ein bisschen länger hielt als der Rest. Er wusch sich die Hände, ließ das Wasser ablaufen und spülte nach, um den Schmutz zu entfernen. Er trocknete sich die Hände ab und legte das Seifenstück sorgfältig auf einem Handtuch ab. Dann öffnete er den Spiegelschrank über dem Waschbecken. Er summte leise die Titelmelodie der Serie *F.R.I.E.N.D.S* vor sich hin, während er im Schrank nach der Pinzette suchte. Er fand die Pinzette, machte den Schrank wieder zu und zuckte – abgelenkt, wie er war – verblüfft zusammen, als sein Gesicht plötzlich im Spiegel vor ihm auftauchte.

»Oh, hallo«, entfuhr es ihm. Dann lachte er leise. »Wie geht's?«, fragte er den freundlichen Mann im Spiegel.

»Gut, danke«, antwortete der Mann.

»Und was machst du mit der Pinzette?«

»Also, wenn das Seifenstück ganz dünn ist, zupfe ich mit der Pinzette das Etikett ab, ganz vorsichtig, damit es nicht kaputtgeht. Es ist rot und golden und *Imperial Leather* steht in geschwungener Schrift darauf. Es ist wie eine Briefmarke, nur für Seife.«

»Wie bleibt das kleine Etikett denn die ganze Zeit auf der Seife, obwohl es dauernd nass wird?«

»Keine Ahnung; das ist eins der großen Geheimnisse des Lebens.«

»Und warum machst du es ab?«, fragte der Mann im Spiegel. Aber statt zu antworten, schaute Joe den Mann nur einen Moment lang ernst an. Dann kniete er sich vor das Seifenstück auf den Boden, die Zunge zwischen den Lippen, beugte sich ganz dicht über das Etikett und zupfte es vorsichtig ab. Er trug das Etikett mit der Pinzette in sein Zimmer und ging zu dem Album, das auf seinem ordentlich aufgeräumten Schreibtisch lag. Er hatte das Album dort parat gelegt, an der richtigen Stelle aufgeschlagen, denn er wusste ja, dass es an der Zeit war, das Etikett von dem Seifenstück zu lösen. Er drückte ein Tröpfchen Kleber auf die nächste freie Stelle im Album, platzierte das Etikett behutsam darauf und drückte es sacht mit der flachen Seite der Pinzette an.

Ohne das Album zuzuklappen – der Kleber war noch nass –, hob Joe die vorderen Seiten an, um sich seine Sammlung anzusehen. Inzwischen enthielt das Album sechzig *Imperial Leather*-Etiketten. Sechzig Seifenstücke hatten sie verbraucht, seit Joes Dad gestorben war (ungefähr ein Seifenstück pro Monat in fünf Jahren). Das waren viele Aufkleber und viele Seifenstücke. Viel Zeit, in der einem jemand fehlen konnte.

Joe ließ das Etikett trocknen, legte die Pinzette zurück in den Spiegelschrank und gesellte sich fürs Abendessen zu seiner Mutter in die Küche.

KAPITEL 5

Ein Puzzle besteht aus einem einzigen Stück Holz

Joe-Nathan war zehn Jahre alt, als sein Dad die Werkstatt hinten im Garten baute. Wenn sein Vater etwas baute – wie zum Beispiel das Vordach über der Hintertür oder den neuen Zaun zwischen ihrem Garten und dem des Nachbarn –, bekam Joe-Nathan seine Unterarme zu sehen, denn dann krempelte Mike sich nach der Arbeit die Hemdsärmel hoch und sagte »So!« wie ein Mann, der entschlossen war, eine Aufgabe anzugehen. Sechs Wochen lang baute Mike jeden Abend nach der Arbeit und jedes Wochenende an der Werkstatt und übertrug Joe-Nathan dabei kleine Aufgaben. (Er sei ihm *eine große Hilfe*, sagte sein Dad. Meistens jedenfalls.)

Die Werkstatt war nicht irgendein Schuppen, sie war richtig schön. Mike hatte Pläne mit Bildern gezeichnet, auf denen zu sehen war, wo die Werkbank hinkam und wo das Holz und das Werkzeug und die Farben aufbewahrt würden. Einmal saß Joe auf der Stufe vor der Werkstatt, es war sein Job, die Bilder mit Buntstiften auszumalen; den Fenstern verpasste er hübsche Vorhänge, und die Außenwände malte er taubenblau an. Als die Werkstatt fertig war, waren Mike und Janet mit ihm in den Garten gegangen, um ihm zu zeigen, dass Janet genau solche Vorhänge genäht hatte wie auf seinem Bild und dass Mike die Außenwände genau in dem Taubenblau gestrichen hatte. Das war schön gewesen. Aber nichts machte so viel Spaß, wie in der Werkstatt zu sein und etwas zu basteln.

Anfangs hatte Joe sich am liebsten ein grobes Stück Holz genommen, es zu einem schönen Würfel oder Quader gesägt und solange geschmirgelt, bis es samtig war wie eine Babyferse. Als er das gut konnte, zeigte Mike ihm, dass das bei vielen Dingen der erste Schritt war: ein Stück Holz zurechtzusägen und glatt zu schmirgeln. Danach konnte man noch mehr mit dem Holz machen: Löcher hineinbohren, mehrere Stücke Holz mithilfe von Scharnieren miteinander verbinden, Griffe anschrauben, es anstreichen. Die Möglichkeiten waren unendlich.

»Denk dir was aus, das du basteln willst, und stell dir die einzelnen Arbeitsschritte vor«, sagte sein Dad. »Mach dir einen Plan und geh Schritt für Schritt vor, dann ist es ganz einfach.« Als Mike vorgeschlagen hatte, Puzzles zu basteln, hatte Joe geantwortet: »Aber ein Puzzle besteht aus zu vielen Teilen, ich würde lieber mit etwas Einfacherem anfangen.«

»Ein Puzzle besteht nur aus einem einzigen Stück Holz, Joe. Egal, in wie viele Stücke du das Brett sägst, letztlich ist es nur ein Stück Holz. Nur ein Bild. Wie ein Mensch: Menschen bestehen aus vielen verschiedenen Teilen, sie sind voller Ideen und Probleme und Eigenheiten. Wenn wir uns immer alle Teile eines Menschen ansehen würden, dann würden wir wahrscheinlich denken, es wäre viel zu anstrengend, jemanden kennenzulernen. Also nehmen wir eine Person erst mal, wie sie ist, wie sie sich uns zeigt, und fangen mit etwas Einfachem an, dem Namen zum Beispiel, und lernen sie dann ganz allmählich kennen.«

In dem Moment hatte es an der Werkstatttür geklopft, und Janet war hereingekommen. Sie hatte ein trauriges Gesicht gemacht.

»Hazel hat grade angerufen. Larry ist letzte Nacht gestorben.«

Mike legte das Holzstück weg, an dem er gerade gearbeitet hatte, stützte sich auf die Werkbank und atmete tief aus. »Die arme Hazel«, sagte er. »Der arme Larry.«

»Sie meinte, es sei eine Erlösung, aber es bricht einem trotzdem das Herz, oder?«

»Ist sie allein? Sollen wir rübergehen?«

»Angus ist bei ihr. Er weiß, wie sich das anfühlt. Er kennt das.«

»Aber Angus hat ein Händchen dafür, immer das Falsche zu sagen«, entgegnete Mike.

»Aber er hat ein goldenes Herz und das am rechten Fleck. Er kümmert sich gut um sie. Ich hab gesagt, wir schauen heute Abend vorbei. Dann nehmen wir einen Eintopf mit und essen zusammen.«

Mike nickte und Janet ging wieder und zog leise die Tür hinter sich zu.

»Ich esse nicht gern bei anderen Leuten«, sagte Joe.

»Ich weiß, aber manchmal, wenn man gebraucht wird, muss man Dinge tun, die einem ein bisschen schwerfallen.«

»Warum braucht Hazel uns denn?«

»Weil ihr Mann gestern Abend gestorben ist, das macht sie sehr traurig, und sie fühlt sich allein.«

»Aber sie wusste doch, dass er sterben würde«, wandte Joe ein.

»Ja, wir wussten alle, dass er sterben würde. Es ist in Ordnung, wenn dich das nicht traurig macht, Joe, aber glaub mir, Hazel ist sehr traurig darüber, und auch wenn es dir – oder uns – nicht genauso geht, reicht es, um zu *verstehen*, dass sie unglücklich ist, und uns zu fragen, wie wir ihr helfen können. Wir können ihr Gesellschaft leisten, und das machen wir heute Abend.«

»Ich könnte ihr ein Puzzle basteln«, sagte Joe. »Puzzles machen gute Laune.«

»Das ist eine großartige Idee«, sagte Mike, und als er sich die Ärmel hochkrempelte, tat Joe es ihm nach.

Joe arbeitete fast den ganzen Nachmittag mit der Zunge zwischen den Lippen. Zuerst zeichnete er auf einem Blatt Papier eine Katze (Hazel liebte ihre Katze, obwohl man nie wusste, ob eine Katze einen auch liebte, wie sie selber sagte). Das Ergebnis, das eine kleine Katze in einer größeren zeigte, gefiel ihm, und er zeichnete das schöne Puzzlemuster mit seinen gewundenen und schnurgeraden Linien auf das Bild und klebte das Blatt Papier auf ein Stück Holz. (Joe liebte den Sprühkleber.) Und dann kam das Spannendste: Während sein Vater hinter ihm stand, fuhr Joe mit der elektrischen Laubsäge an den Linien entlang, die er sorgfältig eingezeichnet hatte, drückte jedes Teil, das er ausgesägt hatte, heraus und sägte das nächste aus, bis alle Puzzleteile vor ihm auf der Werkbank lagen. Auch der nächste Schritt war aufregend (eigentlich war alles an der Herstellung eines Puzzles aufregend): Joe schaltete die Schleifmaschine ein und schmirgelte die Papierzeichnung ab, die auf dem Holz klebte. Es gefiel ihm, wie samtig das Holz nach dem Schmirgeln war und wie weich sich die Häufchen Sägemehl anfühlten, die jetzt auf der Werkbank lagen.

Nachdem alle Kanten geglättet waren, nahm Joe sein Lieblingswerkzeug zur Hand, den Holzbrennstift. Mit der feinsten Spitze verpasste er den Katzen Augen und Schnurrhaare und schrieb die Buchstaben J.N. auf die Rückseite des Puzzles. Inzwischen hatte Mike einen Schuhkarton aufgetrieben, dessen Boden er mit zerknülltem Papier ausgepolstert hatte, und Joe legte das Puzzle vorsichtig hinein und schloss den Deckel.

An dem Abend konnte der zehnjährige Joe es kaum erwarten, zu Hazel hinüberzugehen und ihr zu zeigen, was er für sie gebastelt hatte, aber als sie die Tür öffnete, fragte er sich, ob ihr Mann vielleicht schon viel länger tot war, denn sie sah aus, als würde sie seit einer Woche weinen. Er reichte ihr den Schuhkarton.

»Was ist das?«, fragte sie.

»Etwas, damit du dich besser fühlst trotz deinem toten Mann«, sagte er.

Janet öffnete den Mund, um etwas sagen, und Mike hielt sich die Augen zu. Aber Hazel fasste sich mit einer Hand an die Brust und umklammerte mit der anderen ihr feuchtes Taschentuch noch ein bisschen fester. »Da bin ich aber gespannt!«, sagte sie, und sie folgten ihr ins Wohnzimmer.

KAPITEL 6

Ich dachte, du wärst als Nächstes dran

Hazels Wohnzimmer war groß und hell und ordentlich, und Joe-Nathan fühlte sich dort wohl. Das einzig Unordentliche in dem Zimmer war Angus, ein lotteriger, dünner, rothaariger Mann in einem schief geknöpften karierten Hemd, der finster dreinblickte. Als er Joe anlächelte, waren seine Stirnfalten immer noch da, was wohl bedeutete, dass er sehr häufig finster dreinblickte. Er stand auf und schüttelte erst Joe, dann Mike und dann Janet die Hand. Es gefiel Joe, dass er ihm als Erstem die Hand schüttelte, aber es gefiel ihm nicht, dass er allen außer Hazel die Hand schüttelte. Dass Hazels Hand ausgelassen worden war, ließ ein zersplittertes Muster in Joes Kopf entstehen: etwas Unfertiges, das sein Gehirn fertigstellen wollte. Nach einem Moment großen Unwohlseins schüttelte Joe erst Hazel, dann Angus, dann seiner Mum und seinem Dad die Hand. Danach fühlte er sich besser.

»Dein Hemd ist schief geknöpft«, sagte Joe zu Angus, als er ihm die Hand schüttelte.

»Bei mir ist so einiges schief, mein Junge, und meine Hemdknöpfe sind meine geringste Sorge. Du kannst von Glück reden, dass ich überhaupt ein Hemd anhabe«, sagte Angus. Trotzdem knöpfte er sein Hemd richtig zu.

Nachdem das mit dem Händeschütteln und den Knöpfen geregelt war, war der Schalter in Joes Kopf, der ihm sagte, dass etwas nicht stimmte, wieder umgelegt, und Joe lehnte sich in seinem Sessel zurück. Seine Arme lagen auf den hölzernen Armlehnen, und seine Füße baumelten in der Luft. Auf dem Tisch rechts neben dem Sessel lagen eine Zeitschrift über das Angeln, eine schmale Brille und ein Tablettenröhrchen. Das musste Larrys Sessel gewesen sein, dachte Joe, und das war gut so, denn es bedeutete, dass er selbst gerade niemandem den Platz wegnahm.

Hazel legte die Hände auf den Schuhkarton und schaute Joe an. »Vielen Dank«, sagte sie.

»Du weißt doch noch gar nicht, was drin ist«, sagte Joe.

»Das spielt keine Rolle«, sagte sie. Dann öffnete sie die Schachtel, nahm das Puzzle vorsichtig heraus und legte es auf den Deckel.

»Ach, Joe, das ist ja wunderschön!«, sagte sie und betupfte sich die Augen mit dem feuchten Taschentuch. Janet kam mit einer Schachtel frischer Taschentücher. »Wie schön du die Schnurrhaare gezeichnet hast, sie sehen so freundlich aus.«

»Die habe ich mit einem Holzbrennstift gemacht«, sagte Joe stolz.

»Wirklich?«, fragte Hazel.

»Ja. Und das Papier habe ich mit einer Schleifmaschine abgeschmirgelt und die Teile mit einer Laubsäge gesägt.«

Hazel schnäuzte sich und nickte.

»Findest du es jetzt nicht mehr so schlimm, dass Larry tot ist?«, fragte Joe und drehte sich zu Angus um, der leise geschnaubt hatte.

Hazel stieß ein kurzes, müdes Lachen aus. »Es hilft mir auf jeden Fall. Vielen Dank.«

»Als Allison gestorben ist, hat mir keiner ein Puzzle gebastelt«, sagte Angus.

»Wer ist Allison?«, fragte Joe.

»Meine Frau. Sie ist vor vier Jahren gestorben.«

»Da war ich erst sechs, da wusste ich noch nicht, wie man ein Puzzle bastelt«, sagte Joe.

»Da hab ich auch noch nicht hier gewohnt, und ich hab dich noch nicht gekannt«, sagte Angus. »Ich bin nach ihrem Tod aus Schottland hierher gezogen.«

»Ich bastle dir auch ein Puzzle«, sagte Joe. »Dann geht es dir vielleicht besser.«

»Das müsste aber schon ein tolles Puzzle sein, mein Junge, ich bin ein verdammt harter alter Knochen«, sagte Angus.

Joe, Mike, Janet, Hazel und Angus setzten sich an den Tisch, um den Eintopf zu essen. Angus hatte gar nicht vorgehabt zu bleiben, aber nachdem er betont hatte, dass ihm nach Allisons Tod keiner einen Eintopf gekocht (und erst recht kein Puzzle gebastelt) hatte, war er eingeladen worden.

»Du brauchst eine gute Frau, die sich um dich kümmert und für dich kocht«, sagte Hazel.

»Was sollte eine gute Frau denn schon mit mir anfangen?«, fragte Angus.

»Na ja, Allison wollte mit dir zusammen sein, und sie war eine gute Frau«, sagte Janet. »Das nehme ich doch zumindest an«, fügte sie hastig hinzu.

»Ja, sie war die Beste. Ich war ein besserer Mensch, als sie noch da war. Sie war die Liebe meines Lebens, und jetzt ist sie weg, das hab ich akzeptiert.«

»Aber du bist noch jung genug für eine zweite Chance«, sagte Janet. Angus schnaubte wieder.

Joe schaute erst Hazel, dann Angus an. Dann rechnete er im Stillen. »Allison muss viel jünger gestorben sein als Larry«, sagte er dann.

»Ja, sie war wesentlich jünger.«

»Aber ich dachte immer, die Ältesten sterben zuerst.«

»Leider ist das nicht ganz so einfach, Joe«, sagte Hazel, trank einen Schluck Tee und lächelte Janet und Mike an.

»Ich dachte, du wärst als Nächstes dran«, sagte Joe zu Hazel, und Mike vergrub das Gesicht in den Händen und unterdrückte ein Lachen. Daran erinnerte Joe sich später, denn tatsächlich war es nicht Hazel, sondern sein Dad, der als nächster starb.

KAPITEL 7

Abendessen und Nachtisch

Auf dem Weg zur Arbeit vermied Joe-Nathan alle Risse und Spalten auf dem Gehweg. Aber machten das nicht alle so? Außerdem salutierte er, wenn ein weißes Auto an ihm vorbeifuhr, und spiegelte das Aussehen der Bäume wider, die ihm auf seinem Weg Handzeichen gaben. Eine Baumkrone etwas weiter entfernt sah aus wie eine winkende Hand, die alle Finger zusammen und nur den Daumen abgespreizt hielt; die Krone eines anderen Baums machte eine Rockstargeste, wie Joe sie auf Postern gesehen hatte, den kleinen Finger und den Zeigefinger arrogant ausgestreckt, die anderen eingeklappt; die dritte Baumkrone, die dem Compass Store am nächsten stand, mochte Joe am liebsten, sie war vor langer Zeit wohl einmal brutal beschnitten worden, sodass nur noch zwei Aststümpfe übrig waren, die sich jetzt als Friedenszeichen vor dem Himmel abhoben. Es gab Joe ein tiefes Wohlbehagen, das Friedenszeichen widerzuspiegeln, und der Baum schien es ihm zu danken. Nach dem Friedenszeichen waren es nur noch vier große Schritte über ein Stück unebenen Asphalt, dann trat er durch die Schiebetüren des Ladens.

Mit gesenktem Blick marschierte Joe in Richtung Norden, machte wie ein Soldat auf dem Mosaik eine zackige Linksdrehung in Richtung Nordwesten und gelangte mehr oder weniger auf direktem Weg zum Personalraum. Er sagte kein Wort, bis er seine Tasche im Spind und seine Lunchbox im Kühlschrank verstaut und sich die grüne Schürze umgebunden hatte.

Im Personalraum gab es sechs runde Tische, eine Kaffeemaschine, einen Wasserkocher, einen großen Kühlschrank und einen Verkaufsautomaten, den Joe nie benutzte. Nachdem er die Klettverschlüsse seiner Überwurfschürze befestigt und seine

Lunchbox im obersten Kühlschrankfach abgestellt hatte (wo nichts auf sie heruntertropfen konnte), sah er sich in dem Raum um. Charlie Fiesling saß am hintersten Tisch und unterhielt sich mit Owen. Charlie schaute zu Joe herüber, und während sein Blick noch auf Joe gerichtet war, sagte Owen etwas, das Joe nicht hören konnte. Die beiden jungen Männer lachten in Joes Richtung. Es war schön, Leute lachen zu sehen, aber Owens Lachen (er lachte viel, vor allem, wenn er mit Charlie zusammen war) und auch Charlies (das besonders) fühlten sich an, als wäre es kein lustiges oder frohes Lachen.

»Hallo, Joe«, rief Owen, »ich hab gehört, du hast Angst vor Spaghettisoße.« Dann lachte er wieder, und Charlie stieß ihm einen Ellbogen in die Rippen, aber freundschaftlich.

»Ja«, sagte Joe.

»Ich hatte mal ein furchtbares Erlebnis mit nem Glas Mayonnaise«, sagte Owen mit ernstem Gesicht.

»Wirklich?«, fragte Joe.

Aber Owen antwortete nicht, sondern lachte nur weiter und lehnte sich gegen Charlie, der ihn lächelnd wegschob.

Es war noch jemand im Raum. An einem Tisch saß eine Frau, die Joe noch nie gesehen hatte. Sie schien älter zu sein als er selbst, vielleicht vierzig, ihr blondes Haar war streng zu einem Pferdeschwanz zusammengefasst, und sie hielt eine Tasse Kaffee in den Händen, als fürchtete sie sich, sie loszulassen.

»Hallo«, sagte Joe.

»Hi«, sagte die Frau mit einem dankbaren Lächeln. Sie hatte große Augen, und ihre getuschten Wimpern wurden von ihren Brillengläsern noch vergrößert. Sie sah genauso aus wie seine Tante, dachte Joe, wenn er eine sehr glückliche, lächelnde Tante gehabt hätte.

»Wie heißt du?«, fragte Joe, während er versuchte, sich daran zu erinnern, was seine Mutter ihm für Situationen beigebracht hatte, wenn er einer Person zum ersten Mal begegnete. Da fiel ihm ein, dass er sich zuerst selbst hätte vorstellen sollen.

»Ich heiße Joe-Nathan«, stieß er hervor, als die Frau gerade antworten wollte. Sie wiederholte ihren Namen. »Ich heiße Phillipa«, sagte sie. »Jonathan?«

»Joe-*Nathan*«, sagte Joe langsam. »Ich halte die beiden Teile meines Namens gern auseinander, wie Abendessen und Nachtisch.«

»Was für ein nettes Bild«, sagte sie. »Vielleicht sollte ich mich Phil-*Ippa* nennen.«

»Wenn es dir gefällt«, sagte Joe. Er streckte den Arm aus, woraufhin sie aufstand und ihm übertrieben förmlich die Hand schüttelte, genau wie der Geschäftsführer es gemacht hatte, als Joe den Job angenommen hatte. »Freut mich, dich kennenzulernen, Joe-Nathan. Du kannst mich Pip nennen, das machen alle. Nur meine Mutter sagt Phillipa zu mir.«

Joe fühlte sich unwohl: Er wusste nicht recht, was er mit seiner Hand tun sollte, am liebsten hätte er allen im Raum die Hand geschüttelt, so wie er es meistens tat. Normalerweise würde er es einfach tun, aber Charlie Fiesling und Owen konnte er unmöglich die Hand schütteln, und dieses Gefühl, etwas nicht vollenden zu können, machte ihn nervös, wie eine juckende Stelle, an der er sich nicht kratzen konnte. Er trat von einem Bein aufs andere, bis Pip ihm einen Platz an ihrem Tisch anbot. Es gefiel ihm, dass Pip wie seine Mum klang, und er dachte, genauso wie Hugo alt genug war, um sein Dad zu sein, war Pip alt genug, um seine Mum zu sein, wenn auch knapp. Joe schüttelte den Kopf. Seine Schicht fing gleich an, und er machte sich auf den Weg ins Lager, um einen von diesen großen Einkaufswagen voll mit Suppendosen zu holen, die darauf warteten, in Gang acht ins Regal geräumt zu werden. Er hatte immer noch das Gefühl, dass etwas nicht stimmte oder unvollendet war, ein Gefühl, das ihn leicht bis zur Mittagspause begleiten konnte. Er versuchte sich davon abzulenken, indem er im Stillen immer wieder den Namen Pip wiederholte.

Als Joe den schweren Wagen durch die doppelflügelige Tür des Lagers schob, sah er Charlie Fiesling, der in die entgegengesetzte Richtung wollte. Joe blieb stehen und versuchte, Platz zu machen, damit Charlie vorbeikonnte, aber der passte nicht auf und stieß gegen Joes Schulter. Er reckte den Hals, sodass ihre Köpfe sich fast berührten, und flüsterte Joe etwas ins Ohr. Sein Atem war feucht. »Abendessen und Nachtisch? Was für ein Scheiß! Joe-*Nathan*? Du meinst wohl eher Joe-*Nichtsnutz*. Einer, der nichts zu bieten hat.« Dann verschwand er im Lager. Joe ging in Richtung Südwesten und versuchte, sich Charlies Atem aus dem Ohr zu wischen. Ganz leise sang er den Titelsong von *F.R.I.E.N.D.S* vor sich hin, und nach einer Weile ging es ihm wieder besser.

Im Laden war viel los, obwohl es noch ziemlich früh war. Es gefiel Joe, dass man von Orten, wo sich besonders viele Leute aufhielten, sagte, dort gehe es zu »wie in einem Bienenstock«, denn er stellte sich gern vor, wie die Kunden wie Bienen durch die Gänge flogen und ihre Einkäufe erledigten, ohne miteinander zusammenzustoßen. Währenddessen lauschte Joe gedankenverloren dem Klingeln der Kassen, den Ansagen aus den Lautsprechern und den Schritten und Stimmen der Menschen um ihn herum.

Die Überwurfschürzen der Mitarbeiter trugen auf dem Rücken die Aufschrift *Fachverkäufer. Ich helfe Ihnen gern, wenn Sie etwas suchen.* Owen kam mit einem Glas Tomatensoße auf Joe zu, warf es in die Luft und fing es kurz über dem Boden auf, ohne Joe dabei aus den Augen zu lassen. »Vorsicht, Spaghettisoße!«, rief er und tat so, als hätte er Mühe, das Glas festzuhalten. Joe fasste sich an die Brust und wagte nicht, sich zu rühren, aber Owen stellte das Glas in das Regal mit den Handtüchern und verzog sich wortlos. Nach einer Weile beruhigte sich Joes Puls, und es kehrte wieder Frieden ein.

Joe stellte eine Dose Campbell's-Suppe ins Regal am Ende des Gangs. Das Etikett war rot und weiß und der geschwungene Schriftzug hübsch anzusehen. Es gab Joe ein gutes Gefühl, die

Dose ins Regal zu stellen – mit bloßem Auge zu erkennen, dass sie genauso hoch war wie die anderen Dosen – und sie dann zu drehen, bis genauso viel von dem Etikett zu sehen war wie bei den anderen Dosen.

»Verzeihung?«, sagte jemand.

»Kann ich Ihnen helfen?«, fragte Joe beim Umdrehen. Vor ihm stand ein dicker Mann mit einem rötlichen Zottelbart und betrachtete einen total zerknitterten Zettel, auf dem etwas gekritzelt stand.

»Ich, äh, ich suche ...« Der Mann blickte auf und hielt inne, als er Joe erblickte. Stirnrunzelnd musterte er Joe von oben bis unten. Joe folgte seinem Blick, sah an sich hinunter und betrachtete seine Schürze, seine saubere hellgraue Jogginghose, seine blitzblanken Schuhe. *Ach du je*, dachte er, *ich habe schon wieder die falschen Schuhe an.* Janet hatte ihm erklärt, dass er zur Jogginghose Sportschuhe tragen sollte, aber diese Regel konnte Joe sich nicht merken, weil er einfach auf elegante Schuhe stand.

»Schon gut«, murmelte der Mann und ging weg.

Joe schaute dem Mann nach, der langsam zwischen den anderen Kunden hindurch in Richtung Osten ging. Der Kopf des Mannes bewegte sich hin und her, bis er einen anderen Mitarbeiter mit einer grünen Schürze entdeckte (sogar von hinten konnte Joe erkennen, dass es Owen war, der es übrigens nicht ausstehen konnte, Kunden behilflich zu sein). Der Mann tippte Owen auf die Schulter. Joe beobachtete das Geschehen voller Bewunderung: Es sah beinahe so aus, als hätte Owen damit gerechnet, dass der Kunde ihm auf die Schulter tippte, er drehte sich ganz gelassen um, statt zusammenzuzucken, wie Joe es getan hätte. Owen sagte nichts zu dem Mann, und er lächelte auch nicht; er sagte nicht: »Kann ich Ihnen helfen?«, wie er es hätte tun sollen und wie Joe es getan hatte; Owens Lippen bewegten sich nicht, sie verzogen sich nur gerade soweit, wie es nötig war, um dem Mann zu zeigen, dass er ihn nicht mochte. Joe rechnete damit, dass der Kunde sich auf Owens unfreundliche Begrüßung hin entfernte, dass er vielleicht zu Joe zurückkam, einem Mitarbeiter, der Kunden freundlich behandelte. Aber das passierte nicht. Der Mann stellte Owen eine Frage, die Joe nicht hören konnte, woraufhin Owen mit dem Daumen in Richtung Südosten zeigte und sich abwandte. Der Kunde wirkte weder beleidigt noch enttäuscht oder verwirrt, er sah nur noch einmal auf seinen Zettel und ging dann in die Richtung, in die Owen gezeigt hatte.

Und Joe empfand etwas. Er war weder beleidigt noch enttäuscht noch verwirrt, aber er *empfand* etwas, für das er kein Wort fand, etwas, das sich anfühlte wie eine schwache Mischung aus all dem.

KAPITEL 8

Der allerletzte Mann auf der Welt

Joe-Nathan wandte sich wieder seinen Suppendosen zu und summte zu der blechernen Musik mit, die ihn – wenn er sich dafür entschied zuzuhören – von den anderen Geräuschen im Laden ablenken konnte. Gerade lief ein heiteres Lied; es war so heiter, dass Joe alle schlechten Gefühle vergessen konnte, wenn er zuhörte.

Konservendosen zu stapeln war eine äußerst beruhigende Tätigkeit, die ihn ganz und gar in Anspruch nahm und bei der er nur hin und wieder von Kunden unterbrochen wurde, die ihn um seine Hilfe baten (und meistens sagten sie, es habe sich schon erledigt, ehe er dazu kam zu fragen, was sie suchten) oder von Kunden, die eine der Dosen aus dem Regal nehmen wollten, die er gerade eingeräumt hatte (was Joe nichts ausmachte – schließlich kamen die Leute zum Einkaufen her, und er konnte die Lücke jederzeit mit einer neuen Dose füllen).

»Hey, du Penner, was machst du da?«

Die Stimme riss Joe aus seiner Stapeltrance, und er drehte sich um. Es war Chloe: cool, schwarze Klamotten, schwarze Stiefel, rote Lippen, Zahnlücke. Sie schlenderte auf ihn zu, die Hände in den Hosentaschen; die grüne Überwurfschürze wirkte an ihr fehl am Platz.

»Ich bin fast mit dem Einräumen fertig«, stammelte Joe.

»Du doch nicht«, sagte Chloe, ihr Gesichtsausdruck wurde weicher, als ihre Augen sich leicht bewegten, sodass sie ihn direkt ansah. Jetzt merkte Joe, dass sie ihn, als sie die Frage stellte, gar nicht angesehen hatte. »Du bist doch kein Penner, Joe.« Ihre Augen bewegten sich wieder, schauten an ihm vorbei.

»Ich rede mit dir, du Depp, was machst du da?«

Joe drehte sich um 180 Grad, um zu sehen, mit wem sie

sprach, und sah zu seiner Verblüffung Charlie Fiesling ganz dicht vor sich. Während Chloe auf eine Antwort von Charlie wartete, fiel Joe aus dem Augenwinkel etwas Merkwürdiges in der Reihe seiner Suppendosen auf: Einige waren ein bisschen nach hinten geschoben worden, sodass sie nicht mehr richtig in der Reihe standen, andere umgedreht worden, sodass die Etiketten wie Kraut und Rüben aussahen.

»Oh«, sagte Joe, er hatte plötzlich das Gefühl, als würde sich alles drehen. »Was macht die denn hier?« Zwischen den Dosen *Campbell's Tomatensuppe* stand eine Dose *Heinz Baked Beans*.

»Was ist dein Problem?«, fragte Chloe, und einen Moment lang dachte Joe wieder, sie meinte ihn.

Charlie deutete mit dem Kinn auf Joe und flüsterte verschwörerisch: »Ich glaub nicht, dass *ich* hier derjenige bin, der ein Problem hat, wenn du verstehst, was ich meine.«

»Ich habe keine Ahnung, was du meinst, Charlie. Und jetzt hau ab.«

Chloe funkelte Charlie wütend an, bis er seine Hand vom Regal nahm und sich verzog. Sie tätschelte Joe den Arm, dann wollte sie sich wieder auf den Weg dahin machen, wo sie hergekommen war. Aber Charlie überlegte es sich anders und kam noch einmal zurück. »Hey, Chloe, mir ist was aufgefallen!« Chloe drehte sich um, als wäre sie müde. Sie schob sich die Ärmel hoch (Joe sah etwas Dunkles – ein Stückchen von einem Tattoo) und stellte sich neben Joe. Charlie redete mit ihr, als wäre Joe unsichtbar. »Mir ist aufgefallen, dass du immer ganz hitzig wirst, wenn ich in der Nähe bin, so als würde die Leidenschaft mit dir durchgehen. Ich werd's dir leicht machen.«

Chloe verschränkte die Arme, und Charlie fuhr fort. »Offensichtlich kannst du mir kaum widerstehen. Ich wette, ein Psychologe würde sagen, dass du mich zusammenstauchst, weil du einfach nicht weißt, wie du ein normales Gespräch mit mir anfangen sollst. Deswegen hab ich beschlossen, dich von deinem Elend zu erlösen. Ich lade dich auf einen Drink ein.«

Weil er so viele Folgen von *F.R.I.E.N.D.S* gesehen hatte, wusste Joe, dass Charlie Chloe gerade zu einem Date eingeladen hatte und dass ein Date (vor allem das erste) eine aufregende Sache war, verbunden mit Vorfreude. Gespannt, was sie sagen würde, lächelte er Chloe an.

Ihre Augen wurden schmal. »Weißt du was, Charlie? Das Schwierigste an der Zusammenarbeit mit Typen wie dir ist, dass ich in Gegenwart von Kunden freundlich zu dir sein muss, obwohl ich dir am liebsten eine in die Fresse hauen würde. Ich weiß nicht, wie du auf die Idee kommst, ich könnte *jemals* mit dir ausgehen wollen, ich vermute einfach mal, dass du mich mit irgendjemandem verwechselst. Deswegen lass mich eins klarstellen: Selbst wenn du der allerletzte Mann auf der Welt wärst, würde ich nicht mit dir ausgehen.«

Charlie schnaubte. »Kein Problem, ich kann warten. Ich durchschau deine Masche: Du machst einen auf schwer rumzukriegen. Das gefällt mir. Und wenn der Typ da der allerletzte Mann auf der Welt wär …« Charlie zeigte mit dem Daumen auf Joe. »… dann würdest du mit ihm auch nicht ausgehen. Mit sowas kannst du mich also nicht beleidigen. Da musst du schon früher aufstehen.« Er zwinkerte ihr zu.

Chloe wandte sich an Joe. »Trinkst du?«, fragte sie mit einem kessen Lächeln.

Joe zögerte. Gespräche waren wie Straßenverkehr, und er brauchte einen Moment, um die Spur zu wechseln.

Charlie lachte lautlos, wie es typisch für ihn war, was für Joe das Stichwort war.

»Meine Mum geht jeden Freitag um sechs mit mir in den Pub.«

»Klingt großartig!«, sagte Chloe. »Beim nächsten Mal geh ich mit!«

Sie bedachte Charlie mit einem Schnauben, lächelte Joe zu und dampfte in Richtung Westen ab. Joe schaute Charlie an, der mit einem Knurren einen Ellbogen in die aufgereihten Suppendosen stieß, sodass sie alle durcheinandergerieten, und dann in die entgegengesetzte Richtung abmarschierte.

Joe blickte nach Osten, wohin Charlie verschwunden war, und nach Westen, wohin Chloe verschwunden war. Am besten ging er für ein paar Minuten auf die Toilette, damit niemand ihn ansprechen konnte, während er zu verstehen versuchte, was gerade geschehen war, oder bis er sich damit abgefunden hatte, dass er es nicht verstand. Er versprach den Dosen, er werde so bald wie möglich zurückkommen, dann ging er zum Mosaik, um sich zu orientieren. Er folgte dem Pfeil zu den südlichen Toiletten und nahm sich eine Auszeit. Seine Mutter und sein Chef hatten ihm beide dazu geraten, sich eine Auszeit zu nehmen, wenn er sich gestresst oder verwirrt fühlte, und im Moment war er sehr verwirrt. Seine Mum würde ihm sicher alles erklären, wenn er nach Hause kam, und in dem sicheren Wissen, dass sie ihn aufklären würde, wusch er sich sorgfältig die Hände und ordnete seine Gedanken. Dann ging er zum Suppenregal zurück und fing noch einmal von vorne an und half den Dosen, sich von ihrer besten Seite zu zeigen.

KAPITEL 9

Lebendig an seinem Platz

Joe-Nathan klopfte an die Hintertür und wartete unter dem Plastikvordach, dass seine Mutter aufmachte. Es war still, nur das Rascheln in den Baumkronen und das gedämpfte Gebrumm der Hauptstraße waren zu hören. Joe legte den Kopf in den Nacken und betrachtete das Moos, dann schloss er die Augen und wiegte sich leicht hin und her. Nach Hause zu kommen war etwas Schönes, ein Gefühl so sanft und beruhigend wie kein anderes. Joe wartete, dann klopfte er noch einmal. Er drückte die Nase an das kleine Fenster in der Tür. Die Scheibe war aus Ornamentglas und hatte ein Muster aus lauter kleinen Blumen; sie sah aus, als wäre sie durchsichtig, aber das war sie nicht, man konnte nur wackelnde Farben und Formen an ungefähr den richtigen Stellen erkennen. Joe strengte seine Augen an: Er meinte, das blaue Kleid seiner Mutter ausmachen zu können. Aber sie bewegte sich nicht.

»Mum, lass mich rein«, sagte er und klopfte noch einmal.

»Hast du deinen Schlüssel dabei?«, fragte das verschwommene Gesicht über dem blauen Kleid. »Schließ die Tür selbst auf.«

In letzter Zeit war Joe häufiger aufgefallen, dass seine Mum müde war: Sie war doch da in der Küche, warum machte sie ihm nicht die Tür auf wie sonst? Plötzlich kam Joe eine Idee, wie er ihr helfen konnte. Er schwang seine Tasche nach vorne und kramte die Schlüssel heraus. Er musste es mehrmals versuchen, aber er schaffte es in die Küche. Da saß Janet in ihrem blauen Kleid, und jetzt stand sie auf und kam zu ihm und küsste ihn auf die Wange.

»Hallo, mein Schatz. Hattest du einen schönen Tag?«

»Ja, danke.«

»Ich würde gern heute Abend für dich kochen«, sagte Joe und

strahlte vor lauter Freude über seine tolle Idee von einem Ohr bis zum anderen.

Janet legte die Hände auf Joes Wangen und schaute ihn mit diesem merkwürdigen Gesichtsausdruck an, den er in letzter Zeit häufiger bei ihr bemerkt hatte, als wäre sie glücklich und traurig zugleich.

»Das ist ja großartig! Wie nett von dir. Darf ich fragen, warum du das tun willst?«

»Du willst doch immer, dass ich alles mache, und du bist müde und wirst alt, und um dir zu helfen, möchte ich für dich kochen. Ich nehme das blaue Buch zu Hilfe, und ich decke den Tisch und alles.«

Nachdem Joes Dad gestorben war, hatten Janet und Joe den rechteckigen Esstisch in die Küchenecke geschoben, sodass jetzt zwei Seiten an der Wand standen und zwei nicht. Joe hatte die Idee gehabt, ein Foto von seinem Vater über den Tisch an die Wand zu hängen, ungefähr da, wo er sitzen würde, wenn er noch bei ihnen wäre. Es war ihm wichtig, dass es ein fröhliches Foto war, aber er sollte nicht zu breit lächeln. »Dad hätte nie während des ganzen Essens so gelächelt«, hatte Joe gesagt. Die Idee mit dem Foto hatte Janet gefallen, aber als Joe auch noch für Mike den Tisch hatte decken wollen, hatte sie ihm Einhalt geboten.

»Es reicht, dass sein Bild an der Wand hängt, Teller und Besteck sind zu viel«, hatte sie gesagt, und Joe hatte genickt.

Wenn Joe am Tisch saß und aß, stellte er sich manchmal vor, seinen Vater aus dem Augenwinkel zu sehen, lebendig an seinem Platz. Auch Janet machte das manchmal. Das Foto von Mike war schön: ein Lächeln mit geschlossenen Lippen, glatt rasierte Wangen (in Wirklichkeit hatten sie sich rau angefühlt, wie Joe sich erinnerte, und nach *Imperial Leather*-Seife gerochen), ein wenig braunes Haar über den Ohren, ein freundlicher, glänzender Kopf, ein schickes, aber bequem aussehendes braunes Jackett, eine Krawatte mit violettem Paisleymuster, die Joe seinem Dad einmal zum Geburtstag geschenkt hatte.

Dass der Tisch jetzt in der Ecke stand, hatte den Nachteil, dass weder Joe noch Janet beim Essen in den Garten hinausschauten. Aber schließlich konnten sie den Bilderrahmen auch nicht in der Luft aufhängen, und der Garten war keine Konkurrenz für das Gesicht von Joes Dad. Wenn es draußen warm genug war, setzten sich Janet und Joe nach dem Essen mit einer Tasse Tee und einem Keks auf die Gartenbank hinter dem Haus und genossen den frühen Abend – meist in traulichem Schweigen.

Der Garten hatte eine größere Grundfläche als das Haus und war in drei Vierecke unterteilt, die hinter dem Haus aufeinander folgten. Das erste Viereck war ein kleiner, gepflegter Rasen mit einem kleinen alten Baum auf der linken Seite. Das nächste war einmal ein Gemüsegarten gewesen, hatte sich aber mit der Zeit in einen Blumengarten mit Beeten und Sträuchern verwandelt, der weniger Arbeit machte (allerdings zog Janet immer noch Zwiebeln, weil sie so nützlich waren). Das hinterste Viereck lag ein bisschen erhöht, und dort stand die Werkstatt. Joe erinnerte sich noch gut, wie er seinem Vater dabei geholfen hatte, sie zu bauen, und er würde nie den Tag vergessen, an dem sein Dad ihn, nachdem er sich mit dem Hammer auf den Daumen gehauen hatte, angeschrien hatte: »Manchmal ist Hilfe *überhaupt keine Hilfe!*« Joe hatte nicht verstanden, was sein Dad damit meinte, aber er wusste noch, dass sein Dad ihn hinterher ganz doll umarmt und mehrmals betont hatte, es tue ihm leid.

In der Werkstatt hingen immer noch dieselben Vorhänge, und die würden nie so aussehen wie die gelblich-grauen Gardinen, die in vielen heruntergekommenen Schuppen hingen; sie waren rot-weiß-kariert und mit Bändern gerafft, und Janet wusch sie regelmäßig. Die Werkstatt war genauso wichtig wie alles im und am Haus, und Mike hatte viel Zeit da drinnen verbracht, weil es ihm Spaß gemacht hatte, Sachen zu reparieren, zu basteln und Joe sein Können beizubringen. Joe hatte es immer genossen, mit seinem Dad auf der Stufe vor der Werkstatttür zu sitzen und sich eine Flasche Bier zu gönnen. Das war nicht oft vorgekommen, aber Joes Dad hatte immer gesagt: »Nach vollbrachtem Tagwerk schmeckt eine Flasche Bier am besten.« Und damit hatte er recht gehabt.

Wie versprochen kochte Joe an dem Abend für Janet, und die Spaghetti Carbonara wurden richtig gut. Allerdings hatte er so viel davon gekocht, dass sie noch zwei Tage von den Resten würden leben können. Janet machte eine Kanne Tee, und sie setzten sich mit ihren Tassen auf die Gartenbank. Nach dem vielen Essen fühlte Janet sich ein bisschen schläfrig, und sie schloss die Augen, während sie ihre Tasse vorsichtig auf dem Schoß hielt. Als Joe etwas zu ihr sagte, merkte sie, dass sie fast eingeschlafen war, und musste ihn bitten, es zu wiederholen.

»Chloe geht am Freitag mit uns in den Pub.«

Janet versuchte, sich an sie zu erinnern. Ach ja, Chloe. Joe hatte Janet viele Geschichten über sie erzählt, die junge Frau schien ein bisschen exzentrisch zu sein und auf jeden Fall eine von den Netten.

»Eine schöne Abwechslung«, sagte Janet.

»Abwechslung«, sagte Joe. Bei dem Wort begann er, an den Handflächen zu schwitzen.

»Hast du sie eingeladen?«, fragte Janet. Sie bezweifelte, dass Joe das getan hatte, aber sie konnte sich auch nicht vorstellen, dass die junge Frau sich selbst eingeladen hatte. Andererseits hatte Joe eben für seine Mutter gekocht, vielleicht machte seine Selbstständigkeit ja tatsächlich Fortschritte.

Joe versuchte zu antworten, geriet jedoch ins Stocken. »Ich kann mich nicht erinnern, ob ich sie eingeladen habe oder ob sie mich gefragt hat«, sagte er schließlich.

KAPITEL 10

Vermutungen

Was Vermutungen anging, hatte Janet gemischte Gefühle; sie war ihnen nicht selten ausgesetzt und auch nicht dagegen immun, selbst welche anzustellen. Man hatte ihr und Mike erklärt, sie könnten keine Kinder bekommen, und die Ärzte waren sich ihrer Sache so sicher gewesen, dass sie keine Verhütungsmittel benutzt hatten, was dazu geführt hatte, dass Janet im Alter von siebenundvierzig Jahren Joe-Nathan zur Welt brachte. Sie hatte nicht gewusst, dass sie schwanger war, und als sie es erfuhr, war es zu spät, »um etwas dagegen zu unternehmen« (wie ein sehr unsensibler Mensch es ausgedrückt hatte), und darüber war sie froh. Wenn sie und Mike früher von der Schwangerschaft erfahren hätten, hätte es jede Menge peinliche Gespräche mit Ärzten gegeben, ob es klug wäre, in ihrem Alter noch ein Kind zu bekommen, dass Mike zu alt wäre, um mit seinem Sohn Fußball zu spielen; als spielte das eine Rolle. Dass sie es so spät erfahren hatten, nahm ihnen die Entscheidung aus der Hand, und das war Janet vollkommen recht gewesen, es ging schließlich um ihr Wunschkind, ein Kind, von dem sie geglaubt hatten, es nie bekommen zu können. Als Joe geboren wurde, rechneten sie mit schlimmen Nachrichten, doch alles war in Ordnung, und sie schalten sich erleichtert, dass sie sich Sorgen wegen etwas gemacht hatten, das nicht eingetreten war.

Aber die Leute betrachteten Joe und stellten Vermutungen an, und die Leute sahen auch Janet an – sahen, wie alt sie war – und machten ihr Vorwürfe. *Ist es ein Wunder?*, meinte sie, die Leute sagen zu hören. Einmal hatte sie sogar genau gehört, wie jemand diese Frage hinter vorgehaltener Hand gestellt hatte.

Erst als er vier Jahre alt war, merkten sie, dass er in Verhalten und Entwicklung anders war; und vielleicht war Joe wegen ihres

Alters so wie er war, vielleicht aber auch nicht. Doch so oder so, sie würde ihn niemals ändern wollen, sie wollte keinen anderen Joe, selbst wenn es in ihrer Macht gestanden hätte, sie hätte nichts von dem, was Joe zu dem machte, der er war, ändern wollen. Joe war wunderbar. Die Leute ahnten gar nicht, was für eine Freude er seinen Eltern war, was für eine Freude er anderen Menschen war. Das begriffen sie erst, wenn sie es selbst erlebten.

Wenn es etwas gab, das sie sich wegwünschte, dann war es ihre Angst um Joes Zukunft. Auch wenn sie bei einem Sohn, der nicht so verwundbar wäre wie Joe, sich weniger Sorgen machen würde, dass das Leben ihm übel mitspielen könnte, hätte sie doch ein größeres Vertrauen, dass er das Leben bei den Hörnern packen und sich wenn nötig zur Wehr setzen könnte.

Janet wusste, dass Vermutungen müßig waren: Sie waren eine einfache Möglichkeit, Lücken zu füllen, wenn man nicht genug Informationen hatte. Vermutungen waren eine Möglichkeit, die Punkte miteinander zu verbinden, um ein taugliches Bild zu erhalten, auch wenn es nicht notwendigerweise das richtige war. Und nicht notwendigerweise der Wahrheit entsprach. Janet hatte versucht, Joe beizubringen, wie man Vermutungen anstellte, denn natürlich konnten sie manchmal auch nützlich sein; manchmal blieb einem eben nichts anderes übrig, als die Lücken zu füllen, nur musste man es mit Vernunft und Feingefühl tun und akzeptieren, dass man sich irren konnte. Aber sie fürchtete, dass Joe jedes Lächeln und jedes Lachen für freundlich halten könnte, was – wie Janet wusste – durchaus nicht immer der Fall war.

Janet war schließlich auch nur ein Mensch; auch sie stellte unwillkürlich hin und wieder Vermutungen an. Als sie Chloe zum ersten Mal begegnet war, hatte sie bewusst keine der typischen langweiligen Vermutungen angestellt, die manche Leute aufgrund von Chloes breitem Lidstrich, ihren schweren Stiefeln, ihres betont gelangweilten Blicks und dergleichen voreilige Schlüsse ziehen ließen. Sie hatte die junge Frau bei den wenigen Begegnungen im Compass Store richtig nett gefunden, und das reichte ihr. Dennoch konnte sie nicht umhin zu vermuten, dass Chloe etwas Besseres zu tun hatte, als einen Freitagabend mit einer alten Frau und ihrem Sohn im *Ink & Feather* zu verbringen.

Wie an jedem Freitag holte Janet Joe um 17:30 Uhr bei der Arbeit ab, denn von dort konnten sie zu Fuß zum Pub gehen. Diesmal wartete Chloe zusammen mit Joe am Eingang des Ladens; sie sagte gerade etwas zu Joe, und er nickte. Als die beiden Janet bemerkten, hakte Chloe die Daumen in die Gurte ihres kleinen Rucksacks ein, als wäre sie bereit zum Aufbruch.

»Danke, dass ich mitkommen darf«, sagte sie. »Ich hoffe, ich störe nicht?«

»Natürlich nicht!«, sagte Janet. »Je größer die Runde, desto besser.«

Joe runzelte die Stirn. »Wir drei sind genug«, sagte er, als fürchtete er, seine Mum und Chloe könnten irgendwelche Passanten einladen, sich ihnen anzuschließen.

Sie brauchten eine halbe Stunde bis zu dem Pub, weil sie nicht den kürzesten, sondern den schönen Weg nahmen, an dem besonders viele Bäume standen. Joe liebte Bäume, und Janet erzählte den Leuten gern, dass er als kleiner Junge einmal gesagt hatte: *Wenn Leute mehr wie Bäume wären, dann wären sie glücklicher.*

Chloe wirkte entspannt, sie sprach über ihre Arbeitskollegen und brachte das Gespräch dabei immer wieder mit einer Anekdote auf Joe, die seine guten Eigenschaften unterstrich: seine Freundlichkeit, seinen Humor, seinen rührenden Perfektionismus (was für Janet die charmanteste Art war, Joes Zwangsstörung zu beschreiben, die sie je gehört hatte).

Unterwegs fragte Janet Chloe, wo sie wohnte, ob sie mit Freunden oder ihrer Familie zusammenlebte, aber irgendwie gelang es Chloe jedes Mal, das Gespräch von sich weg und zurück zu Joe zu lenken, und irgendwann merkte Janet, dass Chloe keine einzige ihrer Fragen beantwortet hatte.

Im Pub herrschte trotz der frühen Stunde Hochbetrieb, weil viele Handwerker direkt nach Feierabend herkamen, um ihren Durst zu stillen; das ergab immer eine bunte Mischung aus Stamm- und Gelegenheitsgästen. Hier ging es eher laut und chaotisch zu, aber auf eine freundliche Art, und das gefiel Janet; sie fand stille Pubs unerträglich.

Das *Ink & Feather* war mit dunklem Holz vertäfelt, und es gab einen langen Tresen, auf den man direkt zuging, wenn man den Pub betrat. Es lief keine Musik, aber die Geräuschkulisse sorgte immer dafür, dass man sich ungestört unterhalten und niemand mithören konnte. Janet ging voraus zum Tresen und bestellte einen großen Sherry und ein großes Lager, dann drehte sie sich zu Chloe um und fragte sie, was sie trinken wollte.

»Äh, einen Wodka-Tonic, bitte.« Chloe wandte sich Joe zu, um ihr Gespräch wieder aufzunehmen, und stellte verwundert fest, dass er nicht mehr neben ihr stand. Sie sah, wie er auf einen Tisch zuging, an dem drei junge Männer in Warnwesten saßen, sah, wie Joe den Arm ausstreckte und einer der Männer ihm die Hand schüttelte. Der nächste zögerte kurz, tat es seinem Kumpel aber nach. Der dritte, der etwas langsam von Begriff war, stellte sein Bierglas ab, wischte sich die Hände an seiner Jeans ab und deutete ein Aufstehen an, als er Joe die Hand schüttelte. Als Joe weiterging, nahmen die Männer ihr Gespräch wieder auf. Chloe drehte sich ganz langsam um sich selbst und beobachtete fasziniert, wie Joe einem nach dem anderen im Pub die Hand schüttelte. Janet reichte Chloe ihren Wodka-Tonic, und Chloe nahm ihn, ohne den Blick von Joe abzuwenden.

»Was macht er da?«, fragte sie.

»Das macht er immer«, sagte Janet. »An anderen Orten macht er es auch manchmal, aber hier immer. Er schüttelt jedem die Hand. Er möchte, dass sich alle wohlfühlen.«

Während Joe sich durch den Pub arbeitete, konnte Chloe erkennen, wer die Stammgäste waren: Es waren die, die Joe und sein Händeschüttelritual kannten. Einige sprangen begeistert auf, ergriffen Joes Hand mit beiden Händen und fragten ihn, wie es ihm ging. Die Neuen zögerten eher, unsicher, wie sie reagieren sollten; so einen freundlichen Fremden war man nicht gewohnt; aber die meisten reagierten höflich und ein bisschen amüsiert. Chloe lächelte und stieß mit Janet an, während sie beide Joes Rundgang verfolgten. Chloe bemerkte den skeptischen Gesichtsausdruck zweier Männer mittleren Alters, die Joe mit seiner ausgestreckten Hand in ihrem Gespräch unterbrach. Einer der beiden sagte etwas, woraufhin Joes Lächeln verrutschte. Der andere Mann sagte auch etwas, dann lachten sie beide. Joe blickte zwischen den Männern hin und her, die Hand über dem Tisch ausgestreckt, ignoriert und verwirrt. Joe rührte sich nicht. Einer der Männer sagte wieder etwas, und der andere lachte so laut, dass plötzlich alle im Pub verstummten. Alle Blicke richteten sich auf die drei. Chloe trank ihr Glas aus und reichte es Janet. Ehe Janet reagieren konnte, stand Chloe neben Joe.

»Los, schüttel ihm die Hand, du Arschloch«, sagte Chloe so laut, dass alle es hören konnten. Einer der Männer sagte etwas, das nicht zu hören war, woraufhin Chloe so heftig mit beiden Händen auf den Tisch schlug, dass eins der Biergläser umfiel und das ganze Bier sich auf die Schenkel des Mannes ergoss. Er sprang fluchend auf und spuckte Chloe vor die Füße.

»Gehen wir«, sagte der andere Mann und funkelte Chloe und Joe wütend an. »Ich kenn 'n Pub, wo man reden kann, ohne von Schwachköpfen belästigt zu werden.«

Chloe holte aus, versetzte dem Mann einen Kinnhaken und hielt sich dann die schmerzende Faust.

Der Mann schaute in Richtung Tresen, die eine Hand am Kinn, die andere hoch erhoben, wie um zu fragen, ob nicht irgendjemand eingreifen wollte. Die Wirtin war bereits auf dem Weg zu ihm, ein Geschirrtuch über der Schulter.

»Ihr beide habt ab sofort Hausverbot«, sagte sie zu den Männern, während sie mit dem Geschirrtuch das Bier aufwischte. »Und Sie, junge Frau, können sich am Tresen eine Tüte Eis für Ihre Hand abholen. Und einen doppelten Wodka aufs Haus.«

Janet, eine Hand vor den Mund geschlagen, schaute Joe und

Chloe verdattert an, als sie zu ihr zurückkamen. Und sie fand immer noch keine Worte, als sie mit ihren Getränken an einem Tisch saßen, Chloe mit einem Eisbeutel auf dem Handrücken. Der Erste, der seine Sprache wiederfand, war Joe, der wusste, dass seine Mutter nichts von Gewalt hielt.

»Chloe, du kannst nicht jeden schlagen, der mich Schwachkopf nennt«, sagte er.

Chloe sah ihn kopfschüttelnd an. »Doch, kann ich«, sagte sie. »Das kann ich, verdammt nochmal, und das werde ich.«

KAPITEL 11

Seltsam und sehr nett

Janet hatte Joe-Nathan versichert, dass er sich nicht dafür zu entschuldigen brauchte, dass Chloe Schimpfwörter benutzte. »Zu manchen Leuten passt das. Ich glaube, Chloe ist so jemand. Und das sage ich nicht oft!«, fügte sie hinzu und lächelte Chloe auf die gleiche Art und Weise an, wie sie Joe-Nathan neuerdings gern anlächelte: zufrieden und zugleich traurig. Dieses verwirrende Lächeln beunruhigte Joe; er konnte sich nicht erklären, was es bedeutete.

Joe trank vier Glas Bier, und Janet, die mit Chloe mithalten wollte, trank einen Sherry mehr als gewöhnlich, um nach all der Aufregung ihre Nerven zu beruhigen.

»Ich würde mich niemals trauen, einem so kräftigen Mann einen Kinnhaken zu verpassen«, sagte sie.

»Solche Rüpel bringen mich einfach auf die Palme«, sagte Chloe. »Ich hatte keine Zeit, mich zu fragen, ob ich mich traue, und ehe das Signal in meinem Gehirn ankam, hatte ich schon zugeschlagen.«

»Prügeln Sie sich öfters?«

»Nein. Aber ich habe ein loses Mundwerk.« Sie zwinkerte Janet zu. »Das wundert Sie sicher.«

»Ja, allerdings«, sagte Janet und zwinkerte zurück.

»Bitte, sagt keine Sachen, die ihr gar nicht meint, und zwinkert euch dann so zu, so kann ich euch nicht folgen.«

»Tut mir leid, Joe«, sagte Janet. Sie wandte sich Chloe zu, um ihr zu erklären, was Joe meinte.

Doch Chloe hob abwehrend ihre unverletzte Hand. »Alles klar, ich hab's kapiert«, sagte sie. »Tut mir leid, Joe.«

Als Janet Chloe einlud, nach dem Pub noch zuhause mit ihnen zu Abend zu essen, spürte sie, wie Joe leicht zusammenzuckte. Nach kurzem Zögern sagte Chloe: »Tolle Idee, vielen Dank!« Woraufhin Joe erneut zusammenzuckte.

Janet schlug den beiden vor, im Wohnzimmer ein bisschen fernzusehen, während sie sich um das Abendessen kümmerte. Chloe fuhr mit den Fingern über den Cordbezug ihres Sessels, es war ein schönes Gefühl. Im Zimmer duftete es nach Raumerfrischer, und als Janet in einer geblümten Kittelschürze erschien, um Joe ein großes Glas Orangensaft zu bringen, und Chloe fragte, was sie trinken wollte (*Vielleicht etwas Stärkeres?*), kam Chloe sich vor, als wären sie zwei Kinder, die so taten, als wohnten sie in einem Altersheim.

»Kann ich auch Orangensaft haben?«, fragte sie.

Während Janet in die Küche ging, richtete Joe die Fernbedienung auf den Fernseher, die Brauen konzentriert zusammengezogen. Als der Bildschirm zum Leben erwachte, wandte er sich Chloe zu.

»Staffel 9, Folge 2«, sagte er.

»Staffel 9, Folge 2 wovon?«, fragte sie.

»Von *F.R.I.E.N.D.S.* Sie heißt *Emma weint*. Ich fand, das passt gut, nach dem, was im Pub passiert ist.«

»Wieso?«

Joe schaute Chloe an, als vermutete er eine Fangfrage. »Das weißt du nicht?«

»Nein. Echt nicht.«

Joe setzte sich in seinem Sessel so hin, dass er sie direkt ansah. »In dieser Folge ist Ross sauer auf Joey, und Joey sagt zu Ross, er soll ihn schlagen. Das will Ross gar nicht, aber am Ende macht er's doch. Joey duckt sich unwillkürlich weg, und Ross trifft die Stahlstange hinter ihm. Als Ross sich an der Hand wehtut, reagiert er genauso wie du vorhin im Pub, als du den Mann geschlagen hast. Als es dir passiert ist, war das nicht lustig, aber bei Ross ist es lustig. Wart's ab.«

»Ah, cool«, sagte Chloe, und Joe drückte die Abspieltaste.

Das Lachen der beiden war bis in die Küche zu hören, und

Janet ließ sich Zeit, Käse zu reiben und Tomaten in Scheiben zu schneiden. Als die Sandwiches fertig, die Schalen mit Chips und Gürkchen auf dem Tisch verteilt waren und ein kleiner Kaffee-Walnusskuchen auf dem Tisch bereitstand, war die Folge von F.R.I.E.N.D.S fast zu Ende. Janet wollte gerade das Wohnzimmer betreten, hielt jedoch inne, die Hand auf der Türklinke.

»Sind wir ein Pärchen?«, hörte sie Joe gerade sagen.

Janet hielt den Atem an, denn sie kannte die Antwort und ging davon aus, dass Chloe mit der Frage gut zurechtkam, aber sie konnte Joes Reaktion nicht einschätzen. Ablehnung tat immer weh.

»Nein«, sagte Chloe. »Wir sind Freunde.«

»Gute Freunde.«

»Ja, gute Freunde, Joe, genau wie die da im Fernsehen.«

»Ein paar von den Freunden im Fernsehen sind Pärchen.«

»Ich weiß. Aber Phoebe und Joey nicht, die sind einfach nur Freunde. Du bist Joey, und ich bin Phoebe. Du siehst sogar ein bisschen aus wie Joey«, hörte Janet Chloe sagen.

»Aber du siehst kein bisschen aus wie Phoebe«, sagte Joe.

»Ich seh wie niemand aus«, sagte Chloe.

»Stimmt«, sagte Joe.

Und Janet atmete wieder, denn es war keine Ablehnung: Joe hoffte gar nicht, dass Chloe sagen würde, sie seien ein Paar, er wollte nur Klarheit. Und was konnte man sich mehr wünschen als Klarheit, wer seine Freunde waren. Und Chloe hatte weiß Gott bewiesen, was für eine gute Freundin sie sein konnte. Janet öffnete die Wohnzimmertür und bat die beiden in die Küche.

»Wie schön«, sagte Chloe, als sie am Tisch saßen. »Wie im Bilderbuch.« Dann zeigte sie auf das Bild an der Wand. »Ist das dein Dad?«

»Ja«, sagte Joe.

»Der sieht echt nett aus«, sagte Chloe. »Äh, Janet, finden Sie es unhöflich, wenn ich die Tomaten von meinem Sandwich nehme?«

»Ich würde es unhöflich finden, wenn Sie sie mit Widerwillen runterwürgen.«

»Komisch, ich steh auf Ketchup, aber frische Tomaten kann ich nicht ausstehen.« Vorsichtig zog Chloe die dünnen Scheiben heraus und legte sie auf ihren Teller.

»Bei mir ist es genau umgekehrt«, sagte Joe. »Ich habe Angst vor roten Flüssigkeiten. Die erinnern mich an … du weißt schon … schlimme Sachen. Blut. Meinen Dad …« Joe schluckte. »Er hat sich einmal in den Finger geschnitten und …«

Chloe und Janet warteten vergeblich darauf, dass er den Satz beendete.

»Und was ist mit Baked Beans?«, fragte Chloe.

»Die gehen, die Soße geht noch als orange durch. Außerdem kann ich echte Tomaten essen. Die fühlen sich gut an im Mund.«

Chloe nickte. »Verstehe«, sagte sie. »Aber einer der Gründe, warum ich keine frischen Tomaten mag, ist die Art, wie sie sich im Mund anfühlen, also, das Glibberige in der Mitte. Das da.« Mit ihrer Gabel zeigte sie bei einer der Tomatenscheiben an ihrem Tellerrand auf die Stelle, die sie meinte, und verzog das Gesicht. »Das Glibberige an Eiern kann ich auch nicht ausstehen.« Chloe machte ein Geräusch, als müsste sie würgen. »Überhaupt erinnern mich Eier an Augen.« Sie zog die Schultern hoch. »Manche Menschen sind echt seltsam, oder?«

»Ja«, sagte Janet. »Seltsam und sehr nett.«

KAPITEL 12

Abenteuer

Wenn Joe-Nathan bei der Arbeit war, nutzte Janet die Zeit für Erledigungen und Besuche. Lange hatte sie sich eingeredet, das würde ihr genügen, sie war zufrieden gewesen mit ihrer Rolle, hatte sich nützlich und ausgefüllt gefühlt. Aber Janet las viele Bücher, und darin war sie Menschen begegnet, die sich ebenso wie sie einredeten, sie seien glücklich und zufrieden, während sie in Wirklichkeit nicht wahrhaben wollten, was sie verpassten, und ihre Zeit ausfüllten wie die Bilder in einem Malbuch. Das hatte Janet getan, seit Mike vor einigen Jahren gestorben war, aber jetzt sehnte sie sich danach, die Leere außerhalb des Bilds farblich zu gestalten. Je mehr sie darüber nachdachte, was das Leben wohl noch alles zu bieten haben könnte, desto mehr prallten ihre Emotionen gegeneinander wie die Kandidaten in einem Wettstreit. Anfangs war die Schuld die stärkste Kandidatin gewesen, aber der Groll machte ihr zusehends Konkurrenz. Kein Groll auf irgendeine bestimmte Person, am allerwenigsten auf Joe, den sie über alles liebte, vielmehr erfüllte es sie mit Groll, dass sie zur Sklavin ihrer eigenen Existenz geworden war.

Den Groll hatte Janet für untauglich erklärt, als ihr bewusst geworden war, dass es die falsche Emotion war; er implizierte, dass Janet sich unfair behandelt fühlte, dass sie sich über ihre Situation ärgerte, aber so war es nicht. Janet wollte einfach nur ein bisschen mehr. Sie klopfte an Hazels Tür und trat zwei Schritte zurück. Wartete, klopfte noch einmal. Sie ging um das Haus herum und fand Hazel und Angus im Garten, wo sie im Schatten eines großen Baums auf hölzernen Liegestühlen saßen. Als Angus Janet erblickte, sprang er auf, holte einen weiteren Liegestuhl aus dem Schuppen und klappte ihn auf.

»Es wird wieder warm genug, um draußen zu sitzen«, sagte Hazel.

Janet nickte Angus zum Dank zu und setzte sich wortlos in den Liegestuhl.

»Stimmt irgendwas nicht?«, fragte Hazel.

»Wieso?«, fragte Janet.

»Weil ganz offensichtlich irgendwas nicht stimmt«, sagte Angus, als wäre sie eine schlechte Schauspielerin.

Janet schüttelte missbilligend den Kopf (über sich selbst, nicht über Angus). »Sieh dir uns an, zwei Witwen und ein Witwer, die sich durchs Leben treiben lassen.«

»Ich lasse mich nicht treiben«, sagte Hazel träge.

»Ich glaube doch«, sagte Janet. »Ich glaube, das tun wir alle drei.«

»Verwitwet und im Wartezustand«, sagte Angus.

»Genau«, sagte Janet und klatschte in die Hände. »Ich habe das Gefühl, dass ich meine Zeit absitze, bis ich sterbe. Dabei glaube ich, dass Joe schon so gut wie selbstständig ist, dass er notfalls auch ohne mich zurechtkommt. Aber was ist mit mir? Warte ich nur noch auf den Tod?«

»Janet!«

»Im Ernst, Hazel. Ich will wieder mein Leben leben.«

»Eine Zeitlang ging es mir genauso«, sagte Angus und betrachtete den Rasen zu seinen Füßen. »Ich hatte das Gefühl, als würde meine Zeit ablaufen und als stünde ich auf einem Bahnsteig und wartete auf einen Zug.«

»Und was ist dann passiert?«

Angus seufzte. »Ich hab gewartet und gehofft und auf die Schienen gestarrt, und irgendwann hab ich mich auf den Bahnsteig gesetzt und akzeptiert, dass der Zug nicht kommt. Ich habe aufgehört zu warten, und ich habe aufgehört, mich darüber zu grämen.«

»Aber du redest davon, dass du gehofft hast, jemanden kennenzulernen, oder?«, fragte Janet.

»Wovon redest du denn?«

»Ich rede davon, dass ich Lust habe, vom Bahnsteig auf die Gleise zu springen und auf ihnen entlangzulaufen, um mal zu sehen, ob noch Abenteuer auf mich warten«, sagte Janet.

»Ah, du redest von einem Spa-Wochenende«, sagte Hazel, lehnte sich in ihrem Liegestuhl zurück, hielt das Gesicht in die Sonne und schloss die Augen.

Janet lachte. »Na, das wäre immerhin ein Anfang.«

»Ich steh nicht auf Spas«, sagte Angus.

»Wie wär's denn mit einem Wanderwochenende?«, fragte Hazel mit geschlossenen Augen.

Angus grunzte.

»Wir könnten uns in einem netten Gasthof einquartieren, tagsüber wandern und am Abend im Pub was essen und trinken«, sagte Hazel.

»Hmm«, machte Angus etwas freundlicher, als das Wort »Pub« fiel.

»Klingt gut«, sagte Janet.

»Bestimmt keine schlechte Idee, auf der Suche nach Abenteuern mit was Überschaubarem anzufangen.«

»Was ist mit Joe?«, fragte Angus.

»Es wäre vielleicht eine gute Gelegenheit, ihn in die Selbstständigkeit zu entlassen. Wobei ich gestehen muss, dass ich entspannter wäre, wenn einer von euch während meiner Abwesenheit hier wäre.«

»Ich könnte hierbleiben, wenn du willst«, sagte Angus.

»Oh nein! Du kommst mit!«, sagte Janet. »Ich glaube, Joe hat eine Freundin gefunden, die bereit wäre, ein Auge auf ihn zu haben, und wenn wir nicht zu weit weg fahren … Für den Anfang würde ich nicht länger als eine Nacht wegbleiben wollen.«

»Dann ist das abgemacht«, sagte Hazel und stand aus ihrem Liegestuhl auf.

»Wo willst du hin?«, fragte Janet erschrocken.

»Meinen Kalender holen«, rief Hazel über die Schulter.

»Meine Güte«, sagte Janet und schaute Angus an. »Wir machen es wirklich!«

Die Verwitweten entschieden sich für ein Wochenende im kommenden Monat; so konnte das Wetter noch ein bisschen milder werden, und Janet hatte Zeit, für Joe alles zu planen und mit Lucy, Joes Sozialarbeiterin, zu besprechen. Dann musste Janet nach Hause, und Hazel bat Angus, die Liegestühle in den Schuppen zu tragen, bevor auch er sich auf den Weg machte.

»Für heute Abend ist Regen angesagt«, bemerkte Hazel.

Aber Angus blieb länger als nötig im Schuppen, und als er herauskam, hielt er etwas Schwarzes in den Armen.

»Es tut mir so leid, Hazel«, sagte er. »Es ist dein Kater, der arme Banjo. Ich dachte, er schläft, aber er ist tot.«

Nachdem Janet Joe an dem Abend von dem Kater (aber nicht von dem Wanderwochenende) erzählt hatte, krempelte Joe seine Ärmel hoch und verschwand in der Werkstatt. Er sägte ein Brett in der Form und Größe eines Buchs und versah es mit einem Pflock. Er schmirgelte das Brett glatt, stöpselte seinen Holzbrennstift ein und brannte eine Inschrift hinein. Schließlich überzog er das Brett mit einem Holzschutzlack und klemmte es in einen Schraubstock, damit es über Nacht an der Luft trocknen konnte. Die Inschrift lautete:

Hier liegt Banjo, der Hazel wahrscheinlich geliebt hat.

KAPITEL 13

Die Welt ist manchmal ganz schön verkorkst

»Hey, Joe-*Nichtsnutz*, ich hab gehört, dass Chloe sich am Wochenende wegen dir im Pub mit nem Mädchen geprügelt hat.« Charlie Fiesling sprach Joe-Nathan an seinem Spind an, noch bevor der dazu kam, den Spind zuzumachen, den Schlüssel umzudrehen, das Klettband an seiner Überwurfschürze zu schließen und seine Lunchbox in den Kühlschrank zu stellen. Bis all das erledigt war, sagte Joe nie ein Wort, ja, es behagte ihm nicht einmal, seinen Blick auf irgendetwas anderes zu richten, ehe er mit allem fertig war.

Joe konnte akzeptieren, dass sich alles Mögliche im Lauf des Tages änderte: das Wetter, die Leute, die Aufgaben, die man ihm bei der Arbeit zuteilte. Aber all das passierte innerhalb eines mehr oder weniger festen Rahmens. Das Wetter war zum Beispiel äußerst selten so, wie er es noch nie erlebt hatte, und wenn neue Leute auf der Arbeit waren, taten sie mehr oder weniger das Gleiche, was andere auch taten; Hugo, der Chef, hängte einen Zettel mit den Aufgaben für ihn an die Anschlagtafel, und er hatte Joe noch nie mit einer Aufgabe betraut, mit der er sich nicht auskannte. Mit Veränderungen, die innerhalb eines gewissen Rahmens auftraten, konnte Joe umgehen, vorausgesetzt, er hatte alle grundlegenden Dinge vorher erledigt, denn diese machten ihn startklar für den Tag, etwa so, wie viele Menschen morgens eine Dusche und ein Frühstück brauchten. Der große Unterschied war der, dass Joes Liste der »grundlegenden Dinge« wesentlich länger war als die anderer Menschen: Er grüßte die Bäume mit einem Winken, einer Rockstargeste und dem Friedenszeichen, er ging als Erstes zum zentralen Mosaik, nahm Kurs in Richtung Nordwesten, legte seine Tasche in seinen Spind und zog seine Schürze an, dann schloss er seinen Spind ab, befestigte die Klettverschlüsse an seiner Schürze und verstaute seine Lunchbox im Kühlschrank. Wenn all das erledigt war, konnte er ein bisschen Blickkontakt aufnehmen, ein paar Worte mit anderen Leuten wechseln und ein paar Aufgaben übernehmen – solange es sich in Grenzen hielt. Wenn er seine grundlegenden Dinge nicht ohne Unterbrechung erledigen konnte, war es, als würde er aus der Dusche steigen, ohne sich das Shampoo aus den Haaren gespült zu haben, und barfuß aus dem Haus gehen. *Dann war er einfach noch nicht bereit für den Tag.*

Charlie Fiesling verbog den Hals wie die Schlange Kaa im Dschungelbuch, um Joe zu zwingen, ihm in die Augen zu sehen, obwohl Joe erst an die Decke und dann auf den Fußboden schaute. Joe rief sich in Erinnerung, dass Kaa zwar eine furchteinflößende Figur in dem Buch war, aber eigentlich eher berechnend als böse, und dass sie Mogli mochte, weil er intelligent und ihr ebenbürtig war. Das hatte seine Mum ihm alles erklärt, als sie ihm das Buch vorgelesen hatte.

Pamela kam zu den Spinden; sie arbeitete schon seit ewigen Zeiten im Compass Store und hatte etwas Mütterliches. Sie erinnerte Joe an eine Henne mit aufgeplustertem Brustgefieder und einem Blick, als müsste sie ihre Küken verteidigen. Charlie Fiesling senkte leicht den Kopf und wich einen Schritt zurück, als sie eine Flasche Deo aus ihrem Spind nahm und sich damit einsprühte. Sie sah Charlie in die Augen, ohne zu lächeln, dann sah sie Joe durchdringend an und fragte: »Alles in Ordnung?«

Joe nickte. Pamela machte ihren Spind langsam wieder zu und ging.

Charlie wartete einen klitzekleinen Moment, dann trat er wieder zu nah an Joe heran. »Stimmt das? Hat sie sich deinetwegen geprügelt?«

Joe sagte nichts. Charlies Atem roch nach Kaffee, und die Vorstellung, dass dieser stinkige Atem in seine Lunge geraten könnte, fand Joe eklig. Er hielt die Luft an, damit nichts mehr hineinkam. Er starrte die Styroporplatten an der Decke an und nickte knapp in der Hoffnung, dass Charlie weggehen würde.

Es funktionierte. Charlie ließ Joes Spindtür los und trat einen Schritt zurück. Joe ergriff die Gelegenheit und machte die Tür zu, drehte den Schlüssel um, befestigte die Klettverschlüsse an seiner Schürze und ging so schnell wie noch nie zum Kühlschrank.

»Sieh mal einer an, wer hätte gedacht, dass die Mädels auf dich stehen?« Charlie drehte sich grinsend nach den Leuten im Raum um. Ein älterer Mann ignorierte das Geschehen und konzentrierte sich auf einen Prospekt über Lebensversicherungen, eine junge Frau tippte auf ihrem Handy herum. Owen war die einzige andere Person in der Nähe, die reagierte, er lachte höhnisch und wiederholte Charlies Worte: »Ja, wer hätte das gedacht?« Worauf Charlie sagte: »Nicht wahr?«

Der Laden war weiß und strahlend hell. Joe konnte sich beinahe vorstellen, dass er nach Minze duftete, so frisch und sauber fühlte er sich an diesem Montagmorgen an. Er atmete tief ein und aus, füllte seine Lunge mit der sauberen Luft und vertrieb mit jedem Ausatmen Charlies stinkigen Atem.

Während Joe gerade beim Ausatmen war, stieß etwas gegen seine Knie, das ihn kurz aus dem Gleichgewicht brachte. Joe schaute nach unten, und ein kleines Kind schaute zu ihm hoch. Es hatte den Daumen im Mund, und ein dünnes Tuch hing ihm aus dem Mundwinkel und schleifte über den Boden wie ein unhygienischer blauer Musselinschleier.

Joe sagte nichts, er war ganz damit beschäftigt, seine Lunge zu reinigen.

»Ich muss Pipi«, sagte das Kind, ohne den Daumen aus dem Mund zu nehmen.

Joe hielt inne und wechselte innerlich die Spur. Er musste aufhören, an Charlie zu denken, und einem Kunden zeigen, wo die Toiletten waren. Das Kind wartete. Es schien nicht einmal zu blinzeln.

»Ich erkläre dir, wo die Klos sind«, sagte Joe. Das Kind sagte nichts und blinzelte immer noch nicht (es sei denn, es blinzelte gleichzeitig mit Joe). »Du musst bis zum Mosaik gehen, dann musst du in Richtung Süden gehen, dann kommst du zu den südlichen Klos.«

Eine lange Pause entstand, in der Joes Worte aus seinem Mund langsam bis zu dem Kind hinunter zu reisen schienen, das von weit weg zu ihm hochschaute. Als die Worte bei dem Kind ankamen, blinzelte es schließlich.

»Ich weiß nicht, was das bedeutet«, sagte das Kind, den Daumen immer noch im Mund.

»Soll ich dich hinbringen?«

»Ja, bitte«, sagte das Kind, und Joe machte sich auf den Weg Richtung Mosaik. Das Kind nahm Joes Hand. Die kleine Hand fühlte sich fürchterlich feucht und warm und klebrig an, und Joe verzog das Gesicht. Er schaute zu dem Kind hinunter, das ihn verhalten anlächelte.

Joe sagte: »Das gehört zu meinem Job.« Es war seine einzige Möglichkeit, mit der kleinen schmutzigen Hand umzugehen, die er normalerweise nie angefasst hätte.

»Okay«, sagte das Kind.

Er würde sich gleich die Hände waschen, dachte Joe, und Charlies Atem müsste inzwischen auch weg sein. Bald wäre wieder alles normal.

Ehe sie das Mosaik in der Mitte des Ladens erreichten, kam eine Frau aufgeregt auf sie zu, sie rannte beinahe und presste die Hände an die Brust, als müsste sie ihr Herz an Ort und Stelle halten.

»Wo warst du denn?«, schrie sie das Kind an. »Du hast mich in Angst und Schrecken versetzt!«

Der kleine Junge schaute seelenruhig zu Joe hoch, so als wüsste der die Antwort auf die Frage der Frau. Noch ehe Joe etwas sagen konnte, riss die Frau den kleinen Jungen von ihm weg und drückte ihn an sich. Sie war wütend und erleichtert und durcheinander, aber diese Gefühle waren so ineinander verwoben, dass Joe sie nicht auseinanderhalten konnte; die Frau war wie ein Gewitter. Er hatte das schon bei anderen Kunden erlebt, deren Kinder sich verlaufen hatten.

Die Frau ging mit ihrem Kind weg und redete in kurzen, unverständlichen Stößen auf es ein.

»Ich muss Pipi«, sagte der kleine Junge noch einmal. Dann waren sie verschwunden.

Joe betrachtete seine Hand. Er konnte das Klebrige nicht sehen, aber er fühlte es. Er spreizte die Finger, ballte sie zur Faust und spreizte sie wieder. Ja, die Hand war ganz klebrig.

»Tut mir leid«, sagte eine Stimme.

Joe blickte auf, und da war die Frau wieder. Sie sah ganz anders aus als noch vor ein paar Sekunden, so als hätte sie einen freundlichen Zwilling. Sie schob sich die Haare aus dem Gesicht und wischte sich mit der Hand die Wange, wo eine Träne getrocknet war.

»Ich hätte mich bei Ihnen bedanken sollen.« Sie schluckte. »Dass Sie sich um ihn gekümmert haben.« Sie lächelte zaghaft, während der kleine Junge sich sein Tuch an die Wange drückte und sich an ihren Hals schmiegte.

»Gern geschehen«, sagte Joe. »Aber Sie sollten ihm die Hände waschen.«

Die Frau nickte und ging.

Joe schob einen Einkaufswagen mit Rückläufern zum Mosaik, bevor er die Waren zurück an ihren richtigen Platz brachte. Eine fröhliche Melodie dudelte aus dem Lautsprecher, Joe war entspannt und machte seine Arbeit gut. Er war wie üblich ganz in seine Tätigkeit versunken, und als sich eine Hand auf seinen Arm legte, war es, als würde er sanft geweckt.

»Hä?«, sagte er.

»Ich bin's nur«, sagte Chloe. »Wie war dein Wochenende denn noch so?«

»Äh, ich habe ein bisschen *F.R.I.E.N.D.S* geguckt und ein paar Sachen gebastelt, und ich habe mit meiner Mum einen Spaziergang auf einem Friedhof gemacht.«

»Wie schön. Welche Folgen hast du dir denn angesehen?«

»Also, am Sonntagmorgen habe ich die erste Folge von Staffel geschaut. Manchmal sehe ich mir gern nochmal die ersten Folgen an, um mich zu erinnern, wie alles angefangen hat.«

»Und dann seid ihr auf den Friedhof gegangen, weil du mal sehen wolltest, wie alles endet?«

»Nein. Um die Inschriften zu lesen«, sagte Joe.

»Wirklich?« Chloe zog die Schultern hoch, dann grinste sie und sagte mit einem amerikanischen Akzent: »*Auf deinem Grabstein kann stehen, was du willst, auf meinem steht auf jeden Fall: ›Phoebe Buffay, lebendig begraben‹.*«

Joe nickte lächelnd. Es war ein richtig guter Tag! »Staffel 2, Folge 6!«, sagte er. »Die, in der Ross Rachel umarmt«, fügte er ernst hinzu. In dem Moment ging Charlie vorbei. Er warf ihnen einen finsteren Blick zu und fing an zu singen: *Love is in the air, everywhere I look around.*

Als er außer Hörweite war, sagte Chloe: »Charlie erzählt überall rum, ich hätte mich deinetwegen mit einem Mädchen geprügelt. Kümmer dich einfach nicht um ihn, okay?«

»Chloe, ich ...«

»Was?«

»Er hat mich gefragt, ob es so war, und ich habe genickt.«

»Ist mir egal, ignorier ihn einfach. Der ist auf Streit aus.«

»Ich glaube, er mag mich nicht«, sagte Joe.

»Im Ernst? Wie kommst du denn darauf?« Chloe zog die Brauen so hoch, dass sie fast davonflogen.

»Na ja, so wie er mich ansieht und wie er mit mir redet und was er mit mir macht und wie er lacht. Er lächelt mich an, aber es ist kein echtes Lächeln.«

»Und das ist alles?«

»Ja, das ist alles.«

»Also, Sherlock, mein Freund, ich gebe dir recht. Ich glaube, der Typ kann dich nicht leiden. Aber das ist in Ordnung, weißt du? Wieso willst du, dass er dich mag? Er ist ein Arschloch.«

»Aber ich kann keiner Fliege etwas zuleide tun.«

»Hä?«

»Ich kann keiner Fliege etwas zuleide tun, also warum kann

er mich nicht leiden? Wenn einer nichts Böses in sich hat, wie kann jemand ihn dann nicht mögen?«

»Ich sage dir, die Welt ist manchmal ganz schön verkorkst. Es gibt Leute, die können andere genau deswegen nicht leiden, weil die nett sind und sie neben denen schlecht dastehen. Neben dir kommt ein Typ wie Charlie doch noch zehnmal schlechter rüber als neben jedem anderen.«

»Aber was kann ich denn tun, damit er mich mag?«, fragte Joe.

»*Nichts*. Du musst kapieren, dass es nicht nötig ist, dass Charlie – oder sonst irgendwer – dich mag. Du bist liebenswert, so wie du bist. Nicht *du* hast ein Problem, sondern er. Mach bloß nichts. Kümmer dich einfach nicht um ihn.« Sie lächelte. »Ich muss los. Die Arbeit ruft.«

Aber während Joe seinen Wagen in die Abteilung Haushalt schob (Ost-Nord-Ost), um eine Glühbirne zur Glühbirnenfamilie zurückzubringen, sagte er sich, dass es meistens irgendetwas gab, worüber der andere sich freute, es musste also auch etwas geben, womit er Charlie Fiesling eine Freude machen konnte, wenn er mal wieder in Joes Nähe war. Joe musste nur herausfinden, was das war, und es tun.

KAPITEL 14

Lucy

Joe-Nathan klopfte an die Hintertür, aber seine Mutter machte nicht auf. Doch statt sich mit Rufen bemerkbar zu machen, schob er seine Tasche nach vorne und kramte seine Schlüssel heraus. Die Zunge zwischen den Lippen steckte er den Schlüssel ins Schloss, was ihm gleich beim ersten Versuch gelang, aber ehe er ihn umdrehen konnte, hörte er Stimmen im Gespräch und erstarrte. Die Stimmen kamen aus der Küche. Er zog den Schlüssel wieder aus dem Schloss und drückte das Gesicht an das kleine Fenster in der Tür. Es waren mehr Farben zu sehen – sie nahmen mehr Raum ein als gewöhnlich –, aber er konnte nichts erkennen, es war, als würde er durch ein Kaleidoskop versuchen, Personen zu identifizieren. Als er ein Ohr an das kleine Fenster legte, verstummten die beiden Stimmen.

»Ich kann dich sehen, Joe-Nathan!«, rief seine Mutter. »Komm rein, Lucy ist hier.«

Joe hatte vergessen, dass die Sozialarbeiterin Lucy ihren Besuch angekündigt hatte, und er vergaß doch nie etwas. Deswegen fragte er sich, ob seine Mutter vielleicht vergessen hatte, es ihm mitzuteilen. Was ihn noch mehr beunruhigte. Joe vergaß nie, wann Lucy kam, weil seine Mutter nie, niemals vergaß, ihm mitzuteilen, wenn sie Besuch erwarteten.

Joe machte die Augen zu, holte tief Luft, steckte den Schlüssel wieder ins Schloss und betrat die Küche. Er hängte seine Tasche an den Haken hinter der Tür und drehte sich zu seiner Mutter um.

»Hallo, mein Schatz«, sagte sie, stand auf und küsste ihn auf die Wange. »Hattest du einen schönen Tag?«

»Ich hatte einen sehr schönen Tag, danke. Hattest du einen schönen Tag?«

»Ja, danke.«

Joe schaute Lucy an. »Hatten Sie einen schönen Tag?«

»Ja, danke, dass du fragst.«

Joe schüttelte erst Lucy, dann seiner Mutter die Hand.

»Ich habe Lucy gerade erzählt, was für guten Tee du machst, deswegen haben wir auf dich gewartet, damit du uns einen aufgießt. Ist das in Ordnung?«

»Ja«, sagte Joe. Er blieb einen kurzen Augenblick stumm stehen, dann hob er einen Finger und sagte: »Blaues Buch.« Er nahm es aus der Schublade, und Janet und Lucy warteten schweigend, bis er die richtige Seite gefunden hatte.

»*Küche*«, las er vor.

»*Wasserkocher. Tee aufgießen: Wasserkocher mit Wasser füllen und einschalten. Für jede Person eine Tasse aus dem Schrank nehmen, in jede Tasse einen Teebeutel hängen. Milch steht im Kühlschrank, Zucker und Süßstoff sind im Hängeschrank über dem Wasserkocher. Teelöffel sind in der Besteckschublade. Alle fragen, ob sie Milch, Zucker oder Süßstoff wollen und wie viel.*«

»Ah, das berühmte blaue Buch«, sagte Lucy. »So ein Buch könnten wir alle gebrauchen, Janet.«

»Er hat auch noch seine Fächermappe, erinnern Sie sich?«, sagte Janet. »In seinem Zimmer.«

»Ah, ja. Auch etwas, das ich mir mal anschaffen sollte! Was bewahrst du noch mal darin auf, Joe?«

Joe unterbrach seine Tätigkeit. »Die Mappe hat lauter Fächer, die sind alphabetisch geordnet, und darin kann ich Sachen aufbewahren, die mit dem Leben zu tun haben, wie zum Beispiel meine Geburtsurkunde. Einige Fächer sind noch leer, aber schon fertig beschriftet für Dokumente, die ich da reintun kann, wenn ich sie bekomme. Damit ich sie nicht verliere. Wenn ich mal Autofahren lerne, kommt mein Führerschein auch in die Mappe. Unter A wie Auto.«

»Möchtest du gern Autofahren lernen?«, fragte Lucy und lehnte sich zurück, als Joe eine Tasse vor sie hinstellte.

»Ich brauche es nicht zu lernen. Ich gehe zu Fuß zur Arbeit

und zum Pub und zum Einkaufen, und Mum fährt mich zum Friedhof, oder wir fahren mit der Bahn. Zufußgehen ist gesund, und Autofahren ist gefährlich. Ich glaube also nicht, dass ich es lernen möchte.«

»Klingt vernünftig!«, sagte Lucy und machte ein Häkchen in ihr Notizheft. »Wie läuft's denn auf der Arbeit?«

»Gut. Ich bin zufrieden. Ich mache meine Arbeit gut. Der Chef ist nett, und Chloe ist auch nett. Die Leute sind nett.«

»Schön. Und ihr beide geht immer noch jeden Freitag in den Pub?«

»Ja, und letzten Freitag ist Chloe mitgegangen, und dann hat es eine Prügelei gegeben.«

»Eine Prügelei?« Lucy warf Janet einen Blick zu, der sagte: Erzählen Sie's mir!

»Joe-Nathan hat sich nicht geprügelt«, sagte Janet. »Chloe, seine Freundin von der Arbeit, hat einen Mann geschlagen, der gemein zu Joe war.«

»Wirklich?«, Lucy schaute Joe an. »Und wie hast du dich dabei gefühlt?«

»Ich hatte das Gefühl, dass sie es nicht mag, wenn jemand mich beschimpft, aber statt es mit Worten zu erklären, hat sie es mit ihrer Faust erklärt.«

»Wow«, sagte Lucy und sah Janet an, als wäre sie ehrlich beeindruckt. Janet nickte, wie um zu sagen, dass sie auch ehrlich beeindruckt war.

»Und wie hast du dich gefühlt, als dieser Mann dich beschimpft hat?«

Joe zögerte. »Ich war enttäuscht. Ich wollte ihm sagen, dass ich ihn nett fand, dass ich ihm deswegen die Hand schütteln wollte. Ich wollte, dass er mich auch mochte. Aber er mochte mich nicht.«

»Ich glaube, wir wollen alle gemocht werden, was meinst du?«, sagte Lucy. »Aber es klappt nicht immer, und das ist in Ordnung.«

»Das hat Chloe auch gesagt.«

»Diese Chloe scheint mir sehr nett zu sein«, sagte Lucy und notierte sich etwas. »Hast du noch mehr Freunde?«

Am liebsten hätte Joe Lucy gesagt, dass er sechs ganz besondere Freunde hatte, die er jeden Tag im Fernsehen sah: Chandler, Joey, Ross, Rachel, Monica und Phoebe. Aber das tat er nicht. Er räusperte sich und versuchte, sich an Lucys Frage zu erinnern. Ah, ja. »Ich habe nette Nachbarn. Die stehen im blauen Buch. Ich kann mich darauf verlassen, dass sie mir helfen, und ich kann ihnen auch helfen. Hazel zum Beispiel. Sie ist Wildwe.«

»Du meinst Witwe«, sagte Janet.

»Ja. Und wenn sie traurig ist, bastle ich Puzzles für sie. Als ihr Kater gestorben ist, habe ich aus Holz eine Gedenktafel gebastelt, die sie in ihrem Garten aufstellen kann, wenn sie ihn beerdigt. Ich habe mit dem Holzbrennstift eine Inschrift darauf geschrieben.« Joe richtete sich auf seinem Stuhl auf.

»Das ist aber wirklich nett von dir«, sagte Lucy. »Und wer sind die anderen Nachbarn?«

Joe sackte leicht in sich zusammen, weil Lucy nicht nach der Inschrift und nach dem Holzbrennstift gefragt hatte.

»Zum Beispiel Angus. Er ist klein und wütend auf die Welt. Manchmal redet er ganz schnell, dann kann ich ihn nur schwer verstehen. Für ihn habe ich auch Puzzles gebastelt, aber einmal hat er deswegen geweint.«

»Er hat ein Herz aus Gold«, sagte Janet.

»Ah, ja, das war das Wichtige, tut mir leid«, sagte Joe. »Angus hat ein Herz aus Gold.«

»Was glaubst du, wie du dich fühlen würdest, wenn du eines Abends allein im Haus wärst und Hilfe bräuchtest. Wen würdest du um Hilfe bitten?« Lucy legte ihren Stift weg und lächelte Joe an.

»Wie bitte?«, sagte Joe.

»Bevor du nach Hause gekommen bist, hat deine Mum mir gesagt –«, setzte Lucy an.

»Ich habe nichts dergleichen gesagt!«, fiel Janet ihr ins Wort. Lucy sah sie stirnrunzelnd an.

Janet räusperte sich. »Kekse?«, fragte sie und sprang auf. Sie nahm eine lila Blechdose aus einem Schrank und stellte sie auf den Tisch.

Umständlich öffnete sie die Dose und reichte sie herum. Der Gedanke an ihr Gespräch mit Lucy ließ sie erröten; dass sie ihr von dem Wunsch erzählt hatte, mehr Zeit für sich zu haben, von der Idee, mal ein Wochenende wegzufahren. Die Schuldgefühle ließen ihren Hals glühen, obwohl sie wusste, dass sie keinen Grund für Schuldgefühle hatte. Sie errötete noch schlimmer, als sie sich daran erinnerte, wie Lucy ihr gut zugeredet und gesagt hatte: *Vielleicht lernen Sie ja auch nochmal jemanden kennen, Sie sind doch noch jung, Janet.*

»Ich bin dreiundsechzig!«, hatte Janet mit einem Blick auf Mikes Foto geantwortet.

»Das ist heutzutage immer noch jung«, hatte Lucy gesagt.

Später, nachdem Lucy ihr Notizheft eingepackt und sich verabschiedet hatte, fragte Joe seine Mum, warum sie ihm nichts von Lucys Besuch erzählt hatte.

»Ach, hab ich das nicht erwähnt? Ach du je, das tut mir leid! Lucy kommt einmal im Quartal. Am besten, wir tragen ihre Besuche im Kalender ein.« Sie nahm den Kalender mit den Kätzchen von der Wand, verglich ihn mit ihrem Terminkalender und trug bei jedem dritten Monat das Wort Lucy ein. Während seine Mum schrieb, betrachtete Joe von der Seite ihr Gesicht.

»Bist du in Ordnung?«, fragte er.

»Ja!«, antwortete sie, als wäre das eine alberne Frage.

KAPITEL 15

Neues war nicht unmöglich

Es war ein grauer Tag, und Joe-Nathan ging etwas schneller, um bei der Arbeit zu sein, bevor es anfing zu regnen. Er mochte weder Regenschirme noch Mützen noch nasse Haare und atmete erleichtert auf, als er durch die Schiebetür trat und trocken in Richtung Mosaik marschierte. Es gab ihm ein Gefühl der Sicherheit, unter dem Dach des Compass Store zu sein, wo er den ganzen Tag verbringen konnte, ohne mitzubekommen, wie draußen das Wetter war (es sei denn, er achtete darauf, wie sich das Wetter auf die Kunden auswirkte, die kamen und gingen). Der Compass Store war wie ein Raumschiff: mit allem ausgestattet und von der Außenwelt abgetrennt. Joe hatte sich ausgerechnet, dass genug Essen und Trinken für alle da wäre, sollte einmal eine Katastrophe passieren, die es mit sich brächte, dass er und seine Kollegen im Laden eingeschlossen wären. Und falls alle dreißig Mitarbeiter zur selben Zeit Schicht hätten und man alles unter ihnen aufteilen müsste, dann würden die Lebensmittel mindestens … also sie würden ziemlich lange reichen. Joe versuchte, es genau auszurechnen, aber im Kopf schaffte er das nicht, außerdem wurde er ständig von den Aufgaben abgelenkt, die er zu bewältigen hatte – Sachen wieder an ihren richtigen Platz stellen, Regale einräumen und was sonst noch so anfiel. Er würde sich zuhause mit Stift und Papier hinsetzen müssen, um es genau auszurechnen.

Er machte seinen Spind zu, befestigte die Klettverschlüsse seiner Schürze, stellte seine Lunchbox in den Kühlschrank und ging zur Anschlagtafel, um die Liste mit seinen Aufgaben für den Tag zu holen. In dem Augenblick kam Pip in den Personalraum gestürmt; ihre Wangen waren gerötet, die nassen Haare klebten ihr im Gesicht, ihr Sweatshirt war klatschnass. Sie rutschte mit ihren hochhackigen Schuhen ein bisschen auf dem Linoleumboden aus und sagte »Uff«, als sie sich wieder gefangen hatte.

»Uuh«, sagte sie und zog an dem nassen Sweatshirt, das ihr an der Haut klebte. »Das schüttet wie aus Eimern da draußen. Die reinste Sintflut! Ich war nur eine halbe Minute im Regen! Gott, meine Haare!« Pip zog eine der Schubladen unter der Spüle auf und nahm ein sauberes Geschirrtuch heraus. »Glaubst du, jemand stört sich daran, wenn ich …?« Ehe Joe sie daran hindern konnte, rubbelte sie sich schon mit dem Geschirrtuch die Haare trocken.

»Du trägst die falschen Schuhe«, sagte Joe. »Das passiert mir auch manchmal.«

Pip betrachtete ihre pinkfarbenen Stilettos und grinste.

»Wer schön sein will, muss leiden«, sagte sie mit einem Augenzwinkern.

Joe nahm den Zettel von der Anschlagtafel, den Hugo Boss jeden Tag für ihn dorthin hängte. Im selben Moment entdeckte er das handgeschriebene Plakat direkt über seinem Aufgabenzettel:

QUIZ-ABEND IM COMPASS STORE,
Samstag 18. März, Teams aus 4 bis 6 Leuten,
8 Pfund pro Ticket, Fish 'n' Chips inklusive,
Überschuss für wohltätige Zwecke. Buddelparty.

Joe betrachtete den Zettel. Buddelparty? Leise sprach er das Wort mehrmals aus. Was konnte damit gemeint sein? Was hatte ein Quiz-Abend mit buddeln zu tun? Verwirrt betrachtete Joe das Plakat und merkte gar nicht, dass Pip die ganze Zeit neben ihm stand und sich gedankenverloren die Haarspitzen trocknete.

»Gehst du hin?«, fragte sie.

»Wie bitte?«

»Zu dem Quiz. Willst du ein Team zusammenstellen?«

»Ich weiß nicht. Nein. Meine Mum und ich holen uns samstags immer etwas zu essen vom Imbiss.«

Pip beäugte Joe von der Seite, als versuchte sie herauszufinden, wie groß er war.

»Du könntest deine Mum mitbringen. Hugo hätte bestimmt nichts dagegen. Der ist doch so nett.«

»Hugo ist sehr nett«, sagte Joe.

»Ja«, sagte Pip. »Sehr, sehr nett. Wenn du verstehst, was ich meine.« Joe glaubte zu verstehen, was sie meinte.

Pamela kam näher, um sich das Plakat anzusehen. Auch sie trug höhere Absätze als gewöhnlich, und Joe fragte sich, warum so viele Leute am selben Tag die falschen Schuhe trugen.

»Gehst du zu dem Quiz, Pamela?«, fragte Pip mit einem freundlichen Lächeln.

»Auf jeden Fall«, antwortete Pamela, ohne zu lächeln. »Hugo hat mich gebeten, neben ihm zu sitzen und ihm beim Punkteaufschreiben und bei der ganzen Organisation zu helfen. Ich bin nämlich super gut im Organisieren«, fügte sie hinzu.

»Ach ja?«, sagte Pip, deren Lächeln plötzlich verschwunden war. Joe bemerkte, dass Pip sich kein bisschen über Pamelas Organisationstalent zu freuen schien, was Joe gar nicht verstehen konnte.

Pamela ging, und Pip schnaubte leise.

Joe betrachtete wieder das Plakat und hielt den Atem an. Am Samstagabend Fish 'n' Chips, aber nicht zuhause. Seine Handflächen fühlten sich feucht an, und das Schlucken fiel ihm schwer. Aber er mochte Frage-und-Antwort-Spiele und Quiz-Sendungen. Vielleicht wäre es okay, wenn seine Mum mit dabei wäre.

»Ich könnte Chloe fragen, ob sie mit uns im Team sein will«, sagte Pip. »Dann hätten wir schon ein Viererteam, wenn deine Mutter auch kommt. Vielleicht macht es ja Spaß.«

»Vielleicht macht es Spaß«, wiederholte Joe.

»Also gut. Dann organisiere ich das. Ich rede mit Hugo wegen deiner Mum, aber er sagt bestimmt ja.« Sie zwinkerte Joe zu. Zum zweiten Mal. Vielleicht war es ein Tick, dachte Joe; na ja, er selbst hatte auch jede Menge Ticks.

»Vielleicht macht es Spaß«, sagte Joe noch einmal, wie um sich selbst zu überzeugen. »Vielleicht macht es Spaß.«

»Mach dir keine Gedanken. Merk dir einfach das Datum«, sagte Pip.

Joe verbrachte den Vormittag damit, Rückläufer einzusortieren und Handtücher zu falten. Hugo war vorbeigekommen, als Joe gerade in Gang zehn eine Glasvase vorsichtig ins Regal stellte. Als die Vase sicher im Regal stand, hatte Hugo ihn gefragt, ob er in der kommenden Woche mit der Ausbildung zum Kassierer anfangen wollte. Joe hatte ja gesagt. Ihm gefiel die Vorstellung, an der Kasse auf Knöpfe zu drücken und Sachen einzuscannen, aber eigentlich gefiel es ihm auch, Regale zu füllen, und er war zufrieden mit den Aufgaben, die ihm aufgetragen wurden. Neues war nicht unmöglich, aber man musste sich daran gewöhnen. Eine neue Sache war in Ordnung, und wenn das Neue alt wurde, hatte Joe es gern, wenn erst einmal lange nichts Neues in sein Leben trat. So wusste Joe, dass sein Leben sich mit der Zeit mit Dingen füllen würde, mit denen er sich wohlfühlte. Aber bitte schön langsam. *Mit Geduld und Spucke fängt man eine Mucke*, wie seine Mum zu sagen pflegte. Joe lächelte innerlich. Er dachte an die Kassen, dann dachte er an die Mücke, die man schließlich doch fing.

»Ach, fast hätte ich's vergessen!« Hugo kam noch einmal zurück, beide Hände erhoben, als wollte er gleich in einem Musical singen. »Pip hat mich gefragt, ob deine Mum an unserem Quiz-Abend teilnehmen kann, und die Antwortet lautet natürlich ja! Das wird der beste Quiz-Abend, den wir je hatten. Ich muss mir einen Namen machen.« Dann eilte er davon, griff nach dem Bleistift hinter seinem Ohr und notierte sich etwas auf seinem Klemmbrett.

Joe überlegte. Kassenausbildung und ein Quiz-Abend. Das

wären zwei ziemlich neue Dinge, die gleichzeitig in sein Leben kämen. Er ging zum Mosaik, wandte sich in Richtung Süden und ging zur Toilette, um sich eine Pause zu gönnen. Er wusch sich die Hände mit kaltem Wasser, atmete durch die Nase ein und durch den Mund aus. Wenn er am Abend nach Hause kam, würde er mit seiner Mum darüber reden: Sie würde ihn beruhigen.

Am Nachmittag fiel Joe auf, dass mehr Kunden im Laden waren als am Vormittag, und alle hatten trockene Haare und Kleider, was bedeutete, dass es aufgehört hatte zu regnen. Joe beobachtete häufig die Kunden im Laden; er mochte es, wie sie umeinander herum manövrierten wie Autos im Straßenverkehr; wie sie Abstand zueinander hielten, wie sie sich entschuldigten, wenn einer mal in den persönlichen Raum eines anderen eingedrungen war, in dem kein Fremder etwas zu suchen hatte. Manchmal kam es vor, dass zwei Kunden zusammenstießen – wie Autos –, und manchmal gingen sie dann nett miteinander um und manchmal nicht, aber es gab nie Tote oder Verletzte, und niemand musste die Versicherung anrufen, es war also immer besser als der Straßenverkehr. Joe fühlte sich meistens nicht besonders wohl unter Menschen, aber im Compass Store war es anders, denn hier trug er eine grüne Überwurfschürze, was ihn irgendwie von den anderen trennte und ihn sich eher wie ein Zoobesucher fühlen ließ, der einen sicheren Abstand hielt.

Er sah sich um. Die Lampen im Laden leuchteten so hell, dass man meinen könnte, draußen sei ein sonniger Tag, aber wenn er zwischendurch zu den voll verglasten Eingangstüren hinüberblickte, sah er, dass der Himmel immer noch dunkel und gewittrig war.

Joe musste sich konzentrieren, vor ihm lag eine gefährliche Aufgabe: Pastasoßen einräumen. Als Erstes nahm er sich die ungefährlichen vor: Carbonara. Dann: Béchamel. Dann kamen Puttanesca, Napolitana und Marinara an die Reihe – die roten. Solange die Soßen in den Gläsern und die Deckel fest zugeschraubt waren, hatte Joe kein Problem damit. Aber die Angst, er könnte eins von den Gläsern fallen lassen, beschäftigte ihn derart, dass er den Rest des Ladens und die Kunden um sich herum vollkommen vergaß, während er die Gläser mit zwei Händen aus dem Karton nahm – eine Hand unter dem Glas, die andere seitlich daran – und sie vorsichtig ins Regal stellte.

Joe war ganz in den langsamen Rhythmus versunken, mit dem er die roten Gläser ins Regal stellte, und je mehr sich das Regal füllte und sich der Korb leerte, desto sicherer fühlte er sich. Als er gerade wieder ein Glas fest in den Händen hielt, berührte ihn jemand sanft an der Schulter. Er drehte sich um und umklammerte das Glas noch fester. Vor ihm stand Hugo und schaute ihn traurig an. Die Geräusche des Ladens stürzten auf Joe ein, als hätte ganz plötzlich jemand alles auf höchste Lautstärke gestellt: das Piepen der Kassen, die Musik, die Schritte und die Stimmen fremder Menschen. Hugo wartete, dass Joe ihm eine Antwort gab – so schien es jedenfalls –, aber Joe hatte nicht gehört, was Hugo gesagt hatte.

»Alles in Ordnung?«, fragte Hugo jetzt.

»Ja«, sagte Joe.

»Komm mit, Joe, ich muss dir etwas sagen.«

»Was denn?«, fragte Joe und hoffte inständig, dass es nicht schon wieder etwas Neues gab.

Hugo lächelte das winzigste Lächeln, das Joe je gesehen hatte. Es kam vor, dass er die Bedeutung eines Lächelns nicht verstand, aber in dem Moment durchfuhr ihn die Angst wie ein Blitz. Er betrachtete die rote Soße in dem Glas in seiner Hand und spürte, wie sich ihm die Kehle zuschnürte. Er wusste nicht, warum er auf einmal Angst hatte, aber die Angst war trotzdem da.

Er blickte nach Osten und entdeckte Chloe in der Nähe von Gang fünf; sie hob eine Hand und winkte, dann sah er, wie sie die Stirn runzelte. Sie ließ den winkenden Arm sinken, dann hob sie den anderen, und machte einen Riesenschritt in seine Richtung, nur dass es eine Ewigkeit dauerte, bis ihr Fuß auf den Boden aufsetzte; er war sich sicher, dass er den Sekundenzeiger einer Uhr dreimal laut ticken hörte, ehe ihr Stiefel den Boden berührte. Er sah, wie sich ihr Mund langsam öffnete, als würde sie gähnen – oder ganz langsam etwas rufen –, aber es kam kein Geräusch heraus. Joe betrachtete seine Hände und sah, dass sie leer waren, das Glas mit der Spaghettisoße schwebte in der Luft zwischen seinen Fingern und dem Boden. Die Zeiger der Uhr rasten plötzlich los – holten die angehaltene Zeit auf –, dann zerschellte das Glas auf den weißen Fliesen vor seinen Füßen, und er wurde mit passierten Tomaten bespritzt. Er spürte nichts, als sein Gesicht einen Augenblick später auf dem Boden aufschlug.

KAPITEL 16

In der Soße

Joe-Nathan wollte die Augen nicht aufmachen. Er roch Pastasoße und spürte durch sein *F.R.I.E.N.D.S*-T-Shirt etwas Feuchtes im Rücken. Er vermutete, dass er mit Rot besudelt war und in Rot lag.

»Ich habe ihn auf den Rücken gedreht, aber er ist bei Bewusstsein, deswegen habe ich ihn nicht in die stabile Seitenlage gebracht«, sagte Hugo gerade. »Ich glaube, er kneift einfach die Augen zu.«

»Joe?« Das war Chloe. Joe drehte den Kopf leicht in ihre Richtung, machte die Augen aber nicht auf.

»Chloe?«

»Ich hab feuchte Tücher, Joe. Ist es in Ordnung, wenn ich dir damit das Gesicht und den Hals abwasche? Du hast dich mit – was bekleckert.«

Er nickte energisch und presste die Lippen fest aufeinander, jetzt wo er wusste, dass er rote Soße im Gesicht hatte. Wenn die in seinen Körper gelangte, wäre das ganz furchtbar. Das feuchte Tuch berührte seine Stirn, es roch gut und sauber, aber es war kalt und unangenehm. Das feuchte Tuch berührte seine Wange, das tat weh, und Joe zuckte zusammen.

»Ja, Kumpel, das gibt ein Veilchen«, sagte Hugo.

»Was machen wir mit seinen Kleidern?«, fragte Chloe.

»Ich hab ne ganze Kiste voll mit liegengebliebenen Klamotten – ihr glaubt ja gar nicht, was die Leute in den Umkleidekabinen und im Personalraum alles liegen lassen –, aber ich würde sagen, es ist besser, wenn Joe sich was Neues hier aus den Regalen aussucht. Pip!«, rief Hugo laut. » Hier sind noch mehr Scherben. Wir müssen Warnschilder aufstellen.«

Joe hörte das Klackern von Pips Pfennigabsätzen näherkommen.

»Ach du je, was ist denn hier passiert? Geht es ihm gut?«, fragte sie atemlos.

»Ich glaube ja«, sagte Hugo.

»Geht es dir gut?«, fragte Pip dann sehr leise, und Joe wusste nicht, wem die Frage galt, bis Hugo sich räusperte und *Ja, natürlich* sagte.

»Sag mir, was ich tun kann«, sagte Pip.

»Wenn du dafür sorgen könntest, dass die Sauerei hier weggemacht wird, wäre das eine große Hilfe.«

»Für dich tu ich alles«, sagte Pip, dann hörte Joe wieder das Klackern ihrer Pfennigabsätze, das sich diesmal von ihm entfernte.

»Die steht auf dich, Chef«, sagte Chloe.

Hugo schnitt eine Grimasse. Dann sagte er leise: »Kannst du mir helfen, ihn in mein Büro zu bringen? Da ist er vor Blicken geschützt.«

»Klar«, sagte Chloe.

Die beiden so über ihn reden zu hören, so dicht über ihm, während er die Augen geschlossen hatte, gab ihm das Gefühl, er wäre tot, und das war gar nicht so schlecht. Es war sehr entspannend, niemanden anzusehen und mit niemandem zu reden. Er hatte noch nie im Laden auf dem Boden gelegen, und abgesehen davon, dass er in der roten Soße lag, war es erstaunlich erholsam.

Joe wurde von mehreren Händen an den Armen gepackt, eine Hand – er wusste nicht, ob es Hugos oder Chloes war – griff vorsichtig nach seiner Taille, dann wurde er unter gemurmelten Entschuldigungen und beruhigenden Worten in Hugos Büro geführt. Irgendwie wurde er in frische Sachen gesteckt und auf ein Sofa gesetzt, und die ganze Zeit sah er nur die Innenseite seiner Augenlider. Er begann, den Moment zu fürchten, wenn er sie würde öffnen müssen.

»Wie geht's deiner Backe, Joe?«, fragte Hugo, und Joe berührte sie.

»Tut weh.«

»Das wird erst noch richtig wehtun«, sagte Chloe.

»Aber du solltest mal den anderen sehen!«, sagte Hugo.

»Welchen anderen?«, fragte Joe.

»Joe, mach die Augen auf.« Das war Chloe, ihre Stimme klang sanft und lieb.

»Nein, danke. Was wollten Sie mir überhaupt sagen?« Joe drehte den Kopf in die Richtung, in der er Hugo vermutete. Er spürte, wie das Sofa sich bewegte, als Chloe sich neben ihn setzte. »Bitte, sagen Sie mir nicht, dass es schon wieder was Neues gibt.«

»Äh ... das ist nicht so einfach, aber ...« Hugo zögerte.

»Geht es um das Quiz?«

»Nein.«

»Das Kassentraining?«

»Nein.«

»Oh nein«, sagte Joe. »Es ist also doch was Neues.«

Joe spürte, wie etwas seine Hand berührte; er zog die Hand weg und legte sie in seinen Schoß. Erst da wurde ihm bewusst, dass es vermutlich Chloes Finger waren, die seine Hand aus Versehen berührt hatten. Er rückte ein bisschen nach rechts, um ihr Platz zu machen.

»Schau mich bitte an, Joe.«

Widerstrebend öffnete Joe die Augen. Die Dunkelheit hatte ihm besser gefallen, als er gedacht hätte, und das Licht war grell, es gab zu viele Farben, zu viele Dinge im Raum. Er richtete den Blick auf seinen Schoß: Jetzt sah er nur seine Hände und seine Hose und im Hintergrund – verschwommen – den Teppichboden und Hugos Schuhspitzen. Hugo hockte sich vor ihn, und jetzt sah er den ganzen Hugo. Joe atmete durch die Nase ein und durch den Mund aus.

»Joe, deine Mum ... ist jetzt an einem besseren Ort.«

»Wo denn?« Joe versuchte sich vorzustellen, wo seine Mum lieber sein könnte als zuhause, aber ihm fiel nichts ein. »Im Pub? Auf dem Friedhof?«

»Nein, Joe, es tut mir leid, aber sie ist ... entschlafen.«

»Woher wissen Sie das?«, fragte Joe.

»Hugo!«, sagte Chloe. »Du musst ehrlicher sein, direkter.«

»Ich kann das nicht«, sagte Hugo.

»Mist«, sagte Chloe. Sie schüttelte missbilligend den Kopf. Hugo stand auf, trat einen Schritt von den beiden weg, drehte ihnen den Rücken zu und schien sich eine Hand vor den Mund zu halten. Joe drehte sich zu Chloe um. Sie kniff die Augen zu und nickte kurz, als wollte sie fragen: »Bist du bereit?« Und obwohl sie es nicht aussprach, nickte Joe, wie um zu sagen: »Ja, ich bin bereit.«

Sie holte tief Luft und sagte: »Deine Mum ist tot.«

Joe hatte genug Filme gesehen und genug Geschichten gehört, um zu wissen, dass es Wörter gab, die nicht nur *etwas* Neues ankündigten, *eine* Veränderung, sondern die bedeuteten, dass sich *alles* veränderte. *Alles.* Und Joe wusste, was Veränderungen und neue Dinge mit ihm machten. Er drehte die Hände und betrachtete seine Handflächen, aber sie schwitzten nicht. Er betastete seine Augen, aber da waren keine Tränen. Er wartete darauf, dass etwas Schreckliches mit ihm passierte, wie wenn er auf einem Bahnsteig stand und ein Schnellzug vorbeiraste, sodass das Blut in seinen Adern vibrierte und er das Gefühl hatte, gleich unter den Zug gezogen zu werden. Aber nichts passierte. Es war still im Zimmer; mit so etwas hatte er nicht gerechnet. Eigentlich müssten doch jetzt alle weinen und wehklagen, warum passierte das nicht? Die Wörter waren monumental, das wusste er. Aber es waren nur Wörter; sie waren leise in den Raum gesprochen worden und hatten sich wie Dampf in der Luft aufgelöst.

»Was hast du gesagt?«, fragte Joe, um zu testen, ob es wieder passieren würde.

»Deine Mum ist tot.«

Ja, es passierte wieder: Die Wörter kamen und verflüchtigten sich. Joe folgte den Wörtern mit dem Blick und stellte sich vor, wie sie sich langsam auflösten, wie sie sich im Auflösen gegen das geschlossene Fenster drückten, wie sie versuchten, aus dem Raum zu entkommen und in den Himmel aufzusteigen, zwischen den flüsternden Bäumen zu verschwinden.

»Können wir das Fenster aufmachen?«, fragte er.

»Na klar, Kumpel«, sagte Hugo und öffnete das Fenster ganz weit und ließ die Wörter hinaus.

KAPITEL 17

*Das Jetzt verstehen;
verstehen, was als Nächstes kommt*

Sie schwiegen alle drei. Hugo nahm sich einen Stuhl und setzte sich vor Chloe und Joe-Nathan, die Beine überkreuzt, die Arme verschränkt, den Kopf gebeugt. Die Stille war angenehm, friedlich, und Joe begann sich zu sorgen, wie es sein würde, wenn die Stille zu Ende war, so wie er sich gesorgt hatte, wie es sein würde, wenn er die Augen aufmachte. Er dachte daran, wie noch vor wenigen Minuten alles dunkel und einfach gewesen war. Als er dachte, seine Mum würde noch leben. Jetzt wusste er, dass das nicht so war.

Chloe räusperte sich, und Hugo schaute sie an, doch sie sagte nichts.

»Möchtest du ein Glas Wasser oder irgendwas?«, fragte Hugo.

Joe wollte kein Wasser, und er war sich nicht einmal sicher, ob Hugo mit ihm sprach oder nicht, also sagte er nichts. Aber die Stille war gebrochen, und es war okay.

»Was mach ich denn jetzt?«, fragte Joe.

»Also, ich denke, du kannst nach Hause gehen«, sagte Hugo. »Nimm dir ein paar Tage frei. Trauerzeit.«

»Es ist erst siebzehn nach vier«, sagte Joe mit einem Blick auf die riesige Uhr an der Wand.

»Nicht mehr lange bis Feierabend«, sagte Chloe.

»Es ist Freitag«, sagte Joe. »Meine Mum holt mich um halb sechs ab, und dann gehen wir in den Pub.«

Chloe und Hugo sahen einander an, dann blies Hugo die Luft durch die Lippen, und es klang, als würde ein Autoreifen langsam Luft verlieren.

»Möchtest du bis Feierabend auf der Arbeit bleiben und dann mit mir zum Pub gehen?«, fragte Chloe.

»Ja.«

»Möchtest du noch ein bisschen länger in meinem Büro bleiben?«, fragte Hugo.

»Nein.«

Hugo Boss beugte sich zu Chloe hinüber. »Bleibst du bei ihm?« Chloe nickte. »Wenn er nach Hause will, begleitest du ihn?« Chloe nickte wieder. »Ich muss mit der Personalabteilung reden«, sagte Hugo mehr zu sich selbst.

Chloe und Joe falteten Vorhänge und legten sie über große Bügel, die sie an Schienen aufhängten, damit die Kunden sie sich leichter ansehen konnten. Sie arbeiteten langsam, denn diesmal spielte die Zeit keine Rolle, und das mit den Vorhängen hatte keine Eile. Alles, was Joe tat, tat er, um von einem Moment zum nächsten zu kommen, so sah Chloe es zumindest.

»Ich mochte deine Mum, sie war nett«, sagte sie.

»Ja, sie war nett«, sagte Joe. Er hielt inne und lauschte im Kopf nach den Wörtern, die sie gerade gesagt hatten. »War«. Vergangenheit.

»War, war, war«, sagte er. Dann schüttelte er den Kopf, damit das Wort wegging, es klang schlecht und unpassend, wenn er es wiederholte, es bereitete ihm ein mulmiges Gefühl. Er versuchte, es durch ein anderes zu ersetzen, »Pip, pip, pip, Buddelparty, Buddelparty, Buddelparty.« Mit dem Kopf nickend murmelte er die Wörter leise vor sich hin.

»Wir können ein bisschen früher losgehen, wenn du möchtest«, sagte Chloe.

»Wieso?«, fragte Joe.

»Dann sind wir ein bisschen früher im Pub. Hugo lässt uns heute machen, was wir wollen.«

»Aber warum sollten wir früher gehen?«

»Weil es besser ist, als weiterzuarbeiten.«

»Ich verstehe nicht, was du meinst.«

Chloe hielt beim Falten der Vorhänge inne und legte den Kopf schief. »Manches tue ich, weil ich es gerne tue, und manches tue ich, weil ich es muss«, sagte Chloe. »Wenn ich etwas tue, das ich tun muss – wie arbeiten –, denke ich immer daran, wie froh ich sein werde, wenn ich damit aufhören kann, wenn ich gehen und die Sachen machen kann, die mir Spaß machen.«

»Du arbeitest vierzig Stunden pro Woche«, sagte Joe.

»Zweiundvierzig.«

»Du arbeitest zweiundvierzig Stunden pro Woche und wünschst dir die ganze Zeit, du würdest stattdessen etwas anderes tun?«

»Mhmm. Machen doch alle.«

»Ich nicht. Wenn ich hier bin, weiß ich, was ich zu tun habe und wann ich es zu tun habe. Das beruhigt mich.«

»Aber im Pub ist es schöner.«

»Aber das kommt später. Das kommt freitags nach der Arbeit. Wenn es so weit ist, weiß ich, was zu tun ist. Wenn wir jetzt gehen, bin ich zur falschen Uhrzeit am falschen Ort.«

Sie nahmen ihre Tätigkeit wieder auf und falteten eine Weile schweigend Vorhänge. »Geht es dir gut, Joe?«

»Ja.«

»Und das mit deiner Mum?«

»Wenn ich den Laden um halb sechs verlasse, werde ich nicht wissen, was ich tun soll. Solange ich hier bin, geht es mir gut, weil ich immer hier bin, freitags um ...« Er warf einen Blick auf seine Armbanduhr. »... Um sechzehn Uhr neunundfünfzig. Aber was passiert um siebzehn Uhr dreißig?« Joe schaute nicht oft nach vorn. Wenn er sich bei dem, was er gerade tat, wohlfühlte und wusste, was als Nächstes kam, dann war das Leben für ihn wie ein Weg aus Trittsteinen: gute, solide Steine, nicht solche, die glitschig waren oder zu klein oder zu weit voneinander entfernt. Joe fühlte sich geborgen in seiner ihm vertrauten Welt, in der er das Jetzt verstand und das, was als Nächstes kam. Manchmal dachte Joe ein kleines bisschen über den nächsten Moment hinaus, zum Beispiel an den kommenden Abend, aber eigentlich war das unsinnig, denn der Abend kam, wenn er kam, und Joe wusste, was er bringen würde, wenn er kam. Aber wenn er jetzt wagte, sich vorzustellen, was um halb sechs sein würde (die Uhrzeit, zu der ihn seine Mum normalerweise abholte, was sie jetzt nie mehr tun würde), hörte er sein Herz pochen und seinen Atem schneller gehen.

»Was passiert um halb sechs?«, fragte er noch einmal.

Chloe wirkte sehr traurig, und das tat Joe sehr leid. Sie hatte wieder aufgehört, Vorhänge zu falten. »Ich weiß es nicht«, sagte sie. »Aber ich werde bei dir sein.«

KAPITEL 18

Das Einzige, was einfach ist

Der Sturm, vor dem Joe-Nathan sich fürchtete, als er um halb sechs den Laden verließ, blieb aus. Nachdem die Türen sich hinter ihm und Chloe geschlossen hatten, zog er die Schultern ein und hielt die Hände schützend über den Kopf, aber als er die Arme langsam wieder sinken ließ, sah er, dass eigentlich alles aussah wie immer. Er hatte mit Aufruhr gerechnet, mit wabernder Luft, die sich zu einem Tornado zusammenbraute, doch wo auch immer der Sturm sein mochte, er wartete nicht vor dem Laden auf ihn.

Chloe hakte die Daumen in ihre Rucksackgurte ein. »Alles klar?«, fragte sie.

Joe nickte ein Mal.

»Wir gehen zum Pub, wir machen einen Schritt nach dem anderen«, sagte sie. Dann gingen sie los.

»Was glaubst du, wie sie gestorben ist?«, fragte Joe nach mehreren Minuten.

»Oh«, sagte Chloe. »Das ist normalerweise das Erste, wonach die Leute fragen, aber es ist gar nicht darüber gesprochen worden.«

»Heißt das, wir müssen raten?«, fragte Joe.

»Nein, natürlich nicht«, sagte Chloe. Sie würde Hugo anrufen und ihm ein paar Fragen stellen müssen, dachte sie.

»Was glaubst du, wo sie ist?«

»Das weiß ich auch nicht, tut mir leid, Joe«, sagte sie. »Wenn wir im Pub sind, ruf ich Hugo an und frag ihn, mit wem wir reden müssen.« Sie gingen schweigend weiter.

»Ich müsste eigentlich weinen, aber es kommen keine Tränen«, sagte Joe und betastete die Haut unter seinen Augen, während sie unter den Bäumen entlanggingen.

»Wie fühlst du dich denn?«, fragte Chloe, die nicht recht wusste, was sie tun oder sagen sollte.

»Ich denke gerade daran, wie ihre Schuhe jetzt normalerweise auf dem Pflaster klappern würden.«

»Hmm«, sagte Chloe. »Es war ein großer Schock. Es kam so unerwartet.«

»Der Tod kommt nicht unerwartet.«

»Äh, also, nein. Ich …« Chloe schaute Joe von der Seite an. »Du meinst wahrscheinlich, dass wir alle irgendwann mit dem Tod rechnen müssen. Aber sie war doch nicht krank.«

»Nein, aber sie war alt. Und nach alt kommt tot.«

»Na ja, *so* alt war sie nun auch wieder nicht. Und selbst wenn man damit rechnen muss, irgendwann zu sterben, ist es doch eine schreckliche Überraschung, wenn es passiert, oder?« Chloe wusste nicht mehr, was richtig und was falsch war. Sie glaubte, das Richtige zu sagen, bis Joe antwortete, dann schien das, was *er* sagte, das Richtige zu sein, auch wenn es gar nicht ihrer Intuition entsprach.

»Ich kann nichts daran machen.« Joe sprach die Dinge aus, wie sie waren.

»Stimmt. Und das macht es so schwer«, sagte Chloe.

»Nein.« Joe blieb stehen und sah sie an. »Das ist das Einzige, was einfach ist.« Er ging weiter, und nach einem kurzen Zögern folgte Chloe ihm.

Im *Ink & Feather* fanden sich gerade die ersten Feierabendgäste ein, die meisten in gelben Warnwesten. Oberflächlich betrachtet schien dieser Freitagnachmittag für alle ein ganz normaler Freitagnachmittag zu sein; für Joe war es der erste Freitag in seinem Leben, den er ohne seine Mum verbrachte. Als er und Chloe den Pub betraten, sprang eine gestresst wirkende Frau mit einer Aktentasche von einem Barhocker auf. Sie schlug sich mit der Hand vor die Brust, schloss die Augen und atmete tief aus.

»Ach, Joe, ich freue mich so sehr, dich zu sehen«, sagte die Frau. Sie streckte Chloe eine Hand hin und fügte hinzu: »Ich bin

Lucy, Joe-Nathans Sozialarbeiterin.« (Joe schüttelte sie vorsichtshalber nicht die Hand, es würde nur dazu führen, dass er anschließend sämtlichen Leuten im Pub die Hand schüttelte.) Lucy war rosig und aufgeregt, vor lauter Mitgefühl hatte sie die Brauen so stark zusammengezogen, dass sie in der Mitte fast aneinanderstießen, und Chloe befürchtete schon, dass sie gleich in Tränen ausbrechen würde.

»Es tut mir so leid, da ist etwas schiefgelaufen. Dein Chef hat einen Anruf erhalten, dass deine Mutter tot ist, obwohl ich dir eigentlich persönlich mitteilen wollte, was geschehen ist. Er hat mir gesagt, dass ich dich hier finden würde. Es tut mir so leid, dass es anders gelaufen ist als geplant.«

»Chloe hat's mir gesagt«, sagte Joe.

»Danke, Chloe.« Lucy lächelte. »Ich habe schon von Ihnen gehört.«

»Ich hoffe, nur Schlechtes.«

»Ganz im Gegenteil«, antwortete sie ernst.

Lucy wandte sich wieder an Joe. »Du hast bestimmt viele Fragen zu deiner wunderbaren Mum. Ich bestelle uns allen etwas zu trinken, dann setzen wir uns an einen Tisch und reden. Was möchtest du?«

»Bier«, sagte Joe.

»Für mich bitte einen Wodka-Tonic mit viel Eis«, sagte Chloe.

»Brauchst du das Eis für deine Hand?«, fragte Joe.

»Nein, im Glas. Joe trinkt einen Halben, Lucy«, sagte Chloe.

Während Lucy am Tresen auf die Getränke wartete, sah Chloe zu, wie Joe seine Runde machte und allen die Hand schüttelte. Das Sonnenlicht fiel auf diese ganz bestimmte Weise durch die Fenster, wie es das immer nach dem Regen tat. *Gott steh dem Idioten bei, der heute nicht nett zu Joe ist*, dachte sie, während sie die Hand immer wieder zur Faust ballte. (Sie schmerzte immer noch von dem Schlag letzte Woche.)

Das Händeschütteln verlief ohne Zwischenfall, und die drei setzten sich an denselben Tisch wie in der Woche zuvor. Lucy saß auf dem Stuhl, auf dem Janet beim letzten Mal gesessen hatte. Sie legte ihr Notizheft und ihren Stift vor sich auf den Tisch und sah Joe liebevoll an.

»Deine Mum war eine ganz besondere Frau, Joe. Was hat man dir gesagt?«

»Dass sie heute gestorben ist.«

»Hat man dir sonst noch etwas gesagt?«

»Nein.«

»Auf dem Weg hierher ist uns klar geworden, dass wir nicht wissen, wie sie gestorben ist, und auch nicht, wo sie jetzt ist«, sagte Chloe.

»Das Herz deiner Mum hat aufgehört zu schlagen«, sagte Lucy. Nachdem sie ihm diese Information übermittelt hatte, machte sie eine Pause, als würde sie ein kleines Kind füttern und müsste warten, bis es den Bissen geschluckt hatte, bevor sie mit dem nächsten kam. »Das nennt man Herzinfarkt.« Pause. »Sie war sofort tot.« Pause. »Sie hat keine Schmerzen gespürt.« Pause. »Ihr Körper liegt jetzt in einem speziellen Zimmer im Krankenhaus, und ich kann dich morgen dorthin begleiten, wenn du das möchtest.«

Die Wörter, die sie sagte, fühlten sich anders an als die in Hugos Büro. Diese Wörter schwebten nicht davon auf der Suche nach der Tür, dem Fenster, der Welt draußen. Diese Wörter blieben auf dem Tisch vor Joe liegen wie Papierbögen, die man dort aufeinandergestapelt hatte.

»Ist sie umgefallen?«, fragte Joe. Im Fernsehen hatte er einmal gesehen, wie ein Mann sich plötzlich an die Brust gefasst hatte und dann auf den Boden gekracht war.

»Ich glaube, ja. Sie war im Supermarkt, und es ist ganz plötzlich passiert, ich glaube also nicht, dass sie Zeit hatte, sich hinzusetzen.«

»Wo?«

»Im Supermarkt.«

»Ich meine, wo im Supermarkt?«

»Ach so. Sie hatte gerade bezahlt und war mit ihrem Einkaufsbeutel auf dem Weg zum Ausgang.«

»Wo ist er?«

»Der Supermarkt?«

»Nein, der Einkaufsbeutel.«

»Ach so. Im Kofferraum meines Autos.«

»Kann ich ihn sehen?«

»Ja, natürlich. Es gehört alles dir. Ich hole den Beutel.« Lucy kramte ihre Autoschlüssel aus ihrer Handtasche. »Bin gleich wieder da.«

»Geht es dir gut?«, fragte Chloe leise und klemmte sich die Hände unter die Achseln, um dem Impuls zu widerstehen, nach Joes Hand zu greifen.

Joe betrachtete den Tisch, wo Lucys Wörter lagen. Er hatte die Wörter gehört, und er hatte sie verstanden. Aber sie waren weit weg. Da. Auf dem Tisch: Wörter, die er sich immer wieder anhören, die er aber nicht fühlen konnte. Es waren *Informationen*, und die verstand er, aber sie hatten ihn noch nicht berührt.

Lucy kam zurück und stellte den Einkaufsbeutel vorsichtig auf den Stuhl neben Joe. Er betrachtete ihn, dann beugte er sich vor und lugte in die Öffnung zwischen den Henkeln.

»Möchtest du sehen, was da drin ist?«, fragte Lucy, und Joe nickte. »Soll ich die Sachen herausnehmen?« Er nickte noch einmal.

Der Beutel enthielt nicht viel. Ihren großen Einkauf machte Janet immer dienstags. Freitags kaufte sie gewöhnlich nur ein paar Sachen ein für einen kleinen Imbiss nach dem Pub, samstags bestellten sie sich immer etwas, sonntags gab es Braten und montags Reste. Lucy stellte zwei Kartons fettarme Milch, eine Packung mit vier Aufback-Croissants und ein Glas Zitronenmarmelade vor Joe auf den Tisch. Er reihte alles sorgfältig nebeneinander auf und drehte das Marmeladenglas so, dass das Etikett gut zu sehen war.

»Das war ihre Lieblingsmarmelade«, sagte Joe, und er spürte ein Geräusch auf sich zukommen: den Schnellzug, der durch den Bahnhof rasen und ihm Ohrenrauschen verursachen würde.

»Moment, das ist noch nicht alles«, sagte Lucy, aber Joe betrachtete nur die hellgrüne Marmelade. Er blinzelte nicht. Langsam stellte Lucy den letzten Gegenstand neben die anderen, wobei sie darauf achtete, dass er genau in einer Linie mit den anderen stand, das Etikett nach vorne, so wie Joe es gemacht hätte.

Joe brach den Blickkontakt mit der Marmelade ab, um den letzten Gegenstand anzusehen, den Lucy auf den Tisch gestellt hatte. Im selben Augenblick donnerte das Geräusch, das er von Weitem gehört hatte, auf ihn ein und füllte seinen Kopf. Von irgendwoher, von wo auch immer sie sich versteckt hatten, prasselten die Wörter – Chloes Wörter, die Wörter, die in Hugos Büro aus dem Fenster geweht waren – aufeinander, bildeten etwas Kleines, Hartes und trafen ihn wie eine Gewehrkugel mitten in die Brust: DEINE MUM IST TOT. Joe hielt sich die Ohren zu. Noch einmal betastete er sein Gesicht. Immer noch keine Tränen. Er schaute Chloe an – da waren sie: Die Tränen waren auf ihrem Gesicht, sie hatte die Arme fest verschränkt, als fürchtete sie, ihre Hände könnten davonfliegen, und ihre Mundwinkel zeigten nach unten: traurig.

Er nahm den letzten Gegenstand vom Tisch, hielt ihn sich unter die Nase und atmete tief ein. »*Imperial Leather*«, sagte er.

KAPITEL 19

Ein verdammt perfekter Freitagabend

Iris, der Wirtin des *Ink & Feather*, fielen die drei auf, die dort in ihrem Pub um einen Tisch herum saßen: Joe-Nathan, aber merkwürdigerweise ohne Janet, das Mädchen, das in der Woche zuvor einen ihrer Gäste geschlagen hatte, und noch eine Frau, die professionell und zugleich allzu aufgeregt wirkte, um eine Amtsperson zu sein. Als Iris die Gegenstände sah, die säuberlich aufgereiht auf dem Tisch standen, überkam sie die Neugier, und da es gerade ziemlich ruhig im Pub war, ging sie zu dem Tisch hinüber.

»Hallo, Joe, mein Lieber, wo ist denn deine Mum?«

»Tot«, sagte Joe. Iris erstarrte.

»Was?«, entfuhr es ihr, und sie schaute die drei nacheinander an.

»Sie ist *tot*«, sagte Joe etwas deutlicher.

Langsam ließ Iris sich auf den Stuhl neben Chloe sinken und schüttelte den Kopf. »Das ist ja *schrecklich*«, sagte sie. »Schrecklich! Was ist denn passiert?«

Lucy wandte sich Joe zu, um zu sehen, ob er etwas sagen wollte, doch er trank einen Schluck von seinem Bier und sah Lucy nur an. »Also, ich habe Joe und Chloe gerade erzählt, dass Janet heute einen Herzinfarkt hatte und …« Sie seufzte.

»Gestorben ist«, sagte Joe und half Lucy, ihren Satz zu beenden, da ihr offenbar nicht das richtige Wort einfiel.

Ein paar Minuten lang saßen sie schweigend da und die Frauen schüttelten den Kopf und sagten, *nein, was für ein Schock*. Dann stand Iris auf, nahm ein leeres Glas vom Nebentisch, holte einen Kugelschreiber aus ihrer Schürzentasche und klopfte so lange mit dem Kuli gegen das Glas, bis alle im Pub erwartungsvoll in ihre Richtung schauten.

Iris räusperte sich und wischte sich die Augen. »Heute ist eine sehr liebe Frau gestorben, und ich möchte, dass wir alle einen Moment innehalten.« Zu dieser frühen Abendstunde waren nur etwa fünfzehn Gäste im Pub versammelt, einige nickten, andere lehnten sich mit verschränkten Armen auf ihrem Stuhl zurück, und alle hörten zu, was Iris über Joes Mum zu sagen hatte.

»Janet verstand die Bedeutung von – na ja, sie verstand die Bedeutung von vielen Dingen –, aber sie verstand eben auch die Bedeutung dieses Pubs; was es bedeutet, das Ende der Woche, den Beginn des Wochenendes, mit einem Drink zu begehen. Das hatte nichts mit Saufen zu tun, sondern damit, dass hier in diesem Pub ...« Iris versagte die Stimme. Sie unterbrach sich, schluckte einen Schluchzer hinunter, hob das Kinn, atmete tief durch die Nase ein und sammelte ihre Kraft. Dann zeigte sie auf die Eingangstür und hob die Stimme, um sie unter Kontrolle zu halten. »Dass hier in diesem Pub alle gleich sind, egal wer durch die Tür kommt.« Ein paar Gäste murmelten *Bravo*. Mit feuchten Augen schaute sie sich um. »Und jeder, der anderer Meinung ist, kann gehen.« Iris flüsterte *sorry*, schnäuzte sich und fuhr fort. »Jeden Freitagabend ist Janet mit ihrem Sohn hierhergekommen, und sie hat mir das gesagt. *Sie* hat mir gesagt, dass es hier keine Rolle spielt, wer man ist, wo man herkommt oder wie klug man ist.« Sie warf die Hände in die Luft, als wüsste sie nicht mehr weiter. »Ich kann es einfach nicht glauben, dass sie nicht mehr da ist«, sagte sie, den Blick ins Nichts gerichtet. Alle schwiegen, warteten. »Es interessiert mich nicht, wie intelligent ihr seid, was für eine Arbeit ihr macht«, sagte sie. »Wenn ihr das erste Mal herkommt, erfahre ich euren Namen, beim zweiten Mal erinnere ich mich an euren Namen. Leute wie Janet wissen, wie wichtig so etwas ist, und sie hat es auch ihrem Sohn beigebracht.« Iris schaute in Joes Richtung, nickte ihm zu, dann rief sie dem Barmann zu: »Bring mir zwei Flaschen Harveys und zwanzig Schnapsgläser!« Unter respektvollem Gemurmel füllte Iris die Gläser und stellte eins vor jeden Gast.

»Ehe wir mit ihrem Lieblingsdrink auf unsere gute Janet anstoßen, möchte ihr Sohn vielleicht noch etwas sagen?«

Chloe und Lucy richteten sich auf, und Chloe schüttelte den Kopf. »Du musst das nicht«, sagte sie zu Joe, aber er bat Lucy, ihn vorbeizulassen, und stellte sich neben Iris, die ihm ein Glas Sherry reichte.

»Du hast das Wort, mein Junge«, sagte sie.

Joe sprach langsam und laut. »Das Herz meiner Mum hat heute aufgehört zu arbeiten. Aber bis dahin hat es sehr, sehr hart gearbeitet.« Er schaute Lucy an, um sich zu vergewissern, dass das so stimmte. Lucy nickte entschieden, dann leerte sie ihr Glas in einem Schluck. Joe nahm einen kleinen Schluck von seinem Sherry, verzog das Gesicht und sagte: »Iih!«

Die Leute riefen: »Auf Janet!« und tranken aus, und im Pub zog wieder die Normalität ein.

Als Joe sich wieder an den Tisch setzte, das Glas immer noch in der Hand, nahm Chloe es ihm ab und trank den Sherry aus.

»Hier«, sagte Iris und stellte die Flasche Harveys auf den Tisch. »Für euch.« Auf dem Weg zurück hinter den Tresen schüttelte sie den Kopf und murmelte vor sich hin »Janet, ach, Janet«, als hätte Janet sie enttäuscht.

Chloe und Lucy waren beide noch nie von Sherry betrunken gewesen, aber als Lucy aufs Klo wollte, fiel sie vom Stuhl und beschloss daraufhin, ihr Auto stehenzulassen und mit dem Taxi nach Hause zu fahren. Joe lehnte ein fünftes Bier ab und sah zu, wie Chloe einen Sherry nach dem anderen kippte, und als sie schließlich anfing zu fluchen, sagte er: »Können wir jetzt gehen?«

Joe trug den Beutel mit den letzten Einkäufen seiner Mutter, während Chloe kichernd neben ihm her stolperte und immer wieder »Sorry« sagte. An der Hintertür angekommen, kramte Joe den Hausschlüssel aus seiner Tasche. In der Stille des Gartens war nur Chloes Schluckauf zu hören. Chloe stand neben ihm und wankte hin und her. Dann beugte sie sich in einer fließenden Bewegung vor und übergab sich neben die Hintertür.

»Sorry«, sagte sie, betrachtete ihr Erbrochenes und wischte sich mit dem Handrücken den Mund ab. »Sherry ist ein verdammtes Sauzeug. Kein Wunder, dass man ihn aus so kleinen Gläsern trinkt.«

Während Joe ratlos in der Küche stand und sich fragte, wie er das Erbrochene wegbekommen sollte, schob Chloe sich an ihm vorbei ins Haus und trank gierig direkt aus dem Wasserhahn.

»Was machst du da?«, fragte Joe.

»Ich muss bei dir auf dem Sofa pennen, so kann ich nicht nach Hause laufen.«

Joe suchte nach der Normalität der Situation, konnte sie jedoch nicht finden. Auf der Türschwelle lag Erbrochenes, und in der Küche war eine betrunkene Frau, die auf dem Sofa schlafen wollte. Er war viel später nach Hause gekommen als normalerweise, und er hatte noch nicht zu Abend gegessen; seine Mum war nicht da, und sie würde am nächsten Morgen nicht da sein, um mit ihm zum Friedhof zu fahren. Und sie würde überhaupt nie wieder hier sein. Er machte die Augen zu und versuchte, sich auf seine schwitzenden Handflächen zu konzentrieren, das war wenigstens etwas Vertrautes. Er wünschte, es wäre Montagmorgen, dann könnte er zur Arbeit gehen und sich entspannen, denn dann wüsste er, wo sein Platz auf der Welt war. Er merkte, dass er tat, was Chloe immer tat: Er wünschte, die Zeit würde schneller vergehen; und zum ersten Mal verstand er sie. Zumindest einen Moment lang.

»Ich hole einen Eimer und putze deine Kotze weg, dann esse ich eine Portion Cheerios und gehe ins Bett«, verkündete er.

Chloe blinzelte und hielt sich an einem Küchenstuhl fest. »Klingt nach einem verdammt perfekten Freitagabend.«

KAPITEL 20

Die Schachtel

Am nächsten Morgen saß Chloe verkatert am Tisch, aß ein Croissant und sagte, sie müsse jetzt gehen. Joe-Nathan hatte seinen Schlafanzug noch an und machte sich eine Portion Cheerios.

»Seit meine Mum gestorben ist, habe ich nur Cheerios gegessen«, sagte er.

»Vielleicht solltest du mal einkaufen gehen«, sagte Chloe. Sie ließ einen Rest Tee in ihrer Tasse kreisen und räusperte sich mehrmals. »Tut mir leid, dass ich mich gestern übergeben hab und in deinem Wohnzimmer schlafen musste. Und eigentlich hab ich das Gefühl, dass ich bei dir bleiben müsste, aber ich muss jetzt wirklich gehen.«

Chloe verzog das Gesicht bei ihren eigenen Worten. Sie könnte bleiben, sie müsste nur ein paar Anrufe machen, aber sie wollte nicht, so einfach war das. Und total egoistisch. *Mist,* dachte sie, *wer ist gestorben und hat mich zum Babysitter gemacht?* Dann dachte sie an Janet, und das machte ihr schlechtes Gewissen noch schlimmer.

»Ist in Ordnung, ich möchte, dass du gehst«, sagte Joe.

»Echt jetzt!« Chloe lachte.

»Es ist nicht normal, dass du hier bist, und ich will, dass alles möglichst normal ist.«

»Ach so. Klar. Soll ich später mal anrufen, um zu hören, wie du mit Lucy zurechtkommst, im Krankenhaus?«

»Nein. Das ist nicht normal«, sagte Joe.

»Ich geb dir trotzdem mal meine Nummer, für alle Fälle«, sagte Chloe. Joe nahm das Adressbuch aus der Küchenschublade, sie schrieb ihre Nummer auf, malte ein Smiley daneben und ging.

Joe betrachtete drei Cheerios, die in dem Rest Milch unten in seiner Schale schwammen, und beschloss, sie nicht zu essen. Sie kamen ihm auf einmal wie eine Familie vor, und er wollte sie nicht voneinander trennen, die Familie nicht zerstören. Auch wenn ihnen auf jeden Fall ein schreckliches Schicksal bevorstand, egal, ob er sie aß, oder ob er sie in den Ausguss schüttete. Aber zumindest waren sie zusammen. Er schüttete sie in die Spüle. Als er gerade den Wasserhahn aufgedreht hatte, um die Milch wegzuspülen, klopfte es an der Haustür. Er hielt den Atem an und wartete. Es klopfte wieder. An der *Haustür*. Er hatte Angst. Wer auch immer das war, es konnte niemand sein, den er gut kannte, denn nur Fremde kamen an die Haustür, und wenn seine Mutter aufgemacht hatte, waren es meistens Leute gewesen, die ihre Religion oder teure Küchengeräte verkaufen wollten oder ihre verschwundene Katze suchten. Joe blieb reglos stehen und wartete darauf, dass wer auch immer es war, wegging. Niemand würde an der Haustür stehenbleiben, wenn keiner aufmachte.

Er hatte gerade wieder angefangen zu atmen und sich über die Spüle gebeugt, als es erneut klopfte. Er zuckte so heftig zusammen, dass ihm seine Schale beinahe aus der Hand gerutscht wäre. Er stellte sie ganz, ganz leise auf das Abtropfgestell. Dann schlich er in Richtung Diele, lugte vorsichtig um die Ecke und ging auf Zehenspitzen näher zur Tür. Er war gerade auf halbem Weg, da klappte der Briefschlitz auf, und zwei Augen lugten hindurch.

»Er ist da!«, rief eine Stimme, und der Briefschlitz klappte wieder zu. Einen Augenblick später klappte er wieder auf, und zwei andere Augen lugten in die Diele.

»Hallo, Joe«, sagte eine sanfte Frauenstimme. »Ich bin's, Hazel. Angus ist auch hier. Lässt du uns rein?«

Joe rührte sich nicht. Er wusste, dass Hazel und Angus ungefährliche Leute waren, aber er hatte noch nie die Haustür aufgemacht und einen Fremden hereingelassen, wenn seine Mum nicht da war. Er wollte, dass sie weggingen. Allein konnte er nicht mit Besuch umgehen. Er machte die Augen zu. Der Briefschlitz klappte wieder zu, und vor der Tür waren Stimmen zu hören. Zuerst hörte er Hazels sanfte Stimme, ihre Wörter waren wie Butter, sie schmolzen dahin, ehe er sie verstehen konnte; dann die zweite Stimme. Die von Angus. Seine Stimme war wie ein Messer in der Butter, und jedes Wort war laut und deutlich, sodass Joe die Hälfte des Gesprächs verstehen konnte:

»Mmm mmm hmm«, machte Hazels Stimme.

»Dann sag's ihm halt«, sagte Angus.

»Hmm mm hmm«, sagte Hazel. Joe konnte ihre leisen Wörter immer noch nicht verstehen.

»Sag ihm einfach, dass sie uns geschickt hat.« Angus klang jetzt ein bisschen verärgert.

Einen Moment lang war es still, dann klappte der Briefschlitz wieder auf. »Joe, Schatz, wir haben gehört, was mit deiner Mum passiert ist, deswegen sind wir rübergekommen. Janet schickt uns.«

Mum schickt sie?, dachte Joe. *Wie kann das sein?*

»Kommt zur Hintertür«, brachte er mühsam heraus, dann hörte er, wie sie um das Haus herumgingen.

Hazel und Angus wurden von dem goldenen Licht unter dem Vordach der Hintertür beleuchtet. Hazel lächelte traurig, und Angus stand da wie ein Soldat: breitbeinig und die Lippen auf eine Weise geschürzt, die ihn geschäftig und effizient wirken ließ. Er hielt eine Schachtel in den Händen, deren Deckel von einem breiten, himmelblauen Band zugehalten wurde, wie ein Geschenk für ein neugeborenes Baby.

»Können wir reinkommen?«

»Ja«, sagte Joe.

»Wo sollen wir das hinstellen?«, fragte Angus.

»Was ist das?«

»Ich würde sagen, das ist ziemlich offensichtlich eine Schachtel, Joe.«

»Vielleicht kannst du sie ins Wohnzimmer bringen, dann

können wir uns dort alle gemütlich hinsetzen«, sagte Hazel und legte Angus geduldig eine Hand auf die Schulter.

Joe ging voraus und setzte sich in seinen Sessel. Hazel schüttelte die Sofakissen auf – die ganz zerknautscht waren und alle an einem Ende des Sofas lagen, weil Chloe dort geschlafen hatte – und öffnete das Fenster einen Spaltbreit.

»Ich mache uns mal eine ordentliche Kanne Tee. Solange könnt ihr Jungs ja ein bisschen plaudern.«

Jetzt waren Angus und Joe allein. Die Schachtel stand auf dem Sofatisch, und Joe betrachtete sie. Angus seufzte mehrmals tief, bis er sich zum Sprechen aufraffte.

»Wieso lässt die schwatzhafteste Person immer die Idioten miteinander allein, die nicht wissen, wie sie ein Gespräch anfangen sollen? Ich sollte in der Küche sein und den verdammten Tee machen.«

Joe schaute Angus nur an.

»Du nicht, Joe, du bist kein Idiot. Ich rede von mir.«

»Wir brauchen kein Gespräch zu führen«, sagte Joe.

Angus lächelte Joe seltsam an. »Wie geht es dir, Kumpel? Das mit deiner Mum ist echt traurig. Sie war ein guter Mensch.«

»Ich weiß nicht, wie es mir geht«, sagte Joe. »Ich warte einfach darauf, dass die Dinge passieren. Wenn die Uhr eine bestimmte Zeit anzeigt, weiß ich, dass ich etwas tun muss und was. In der Zwischenzeit warte ich einfach. Aber bis jetzt war nicht viel Zwischenzeit.«

Angus nickte mehrmals freundlich und sagte mehrmals bedeutungsvoll »Ja«, obwohl Joe gar keine Frage gestellt hatte, bis Hazel mit einem Tablett mit Teesachen ins Wohnzimmer kam, da sprang er auf und nahm ihr das Tablett ab. Hazel nahm die Schachtel vom Tisch, damit Platz für das Tablett war, dann setzte sie sich aufs Sofa und stellte die Schachtel auf ihren Schoß.

»Soll ich die Mutter machen?«, fragte Angus, beugte sich vor und nahm die Teekanne.

»Angus!«, schalt Hazel ihn.

»Ach Gott, tut mir leid, Joe«, sagte Angus. »Ist nur so eine Redensart.«

»Lieber Joe«, sagte Hazel. Es hörte sich an, als würde sie ihm einen Brief vorlesen, und das gefiel Joe. »Das mit deiner Mutter tut mir unendlich leid. Wir haben sie sehr lieb gehabt, und sie fehlt uns allen.« Plötzlich wurde ihr Gesicht runzlig wie ein alter Apfel. »Aber keinem wird sie so sehr fehlen wie dir. Du warst ihr Leben, das weißt du ja.«

»Ja, das weiß ich«, sagte Joe.

»Und sie hat sich immer Sorgen gemacht, dass du es, falls – wenn – sie mal stirbt, sehr schwer haben wirst. Sie hat sich bemüht, dich so gut es ging vorzubereiten. Ach, verdammt«, sagte sie, zog ein Taschentuch aus ihrem Jackenärmel und wischte sich die Tränen fort, als wären sie ein Ärgernis. Sie schniefte und setzte sich aufrechter hin. »Jedenfalls hat sie mir – uns – diese Schachtel gegeben. Zuerst hat sie sie mir gegeben, aber ich bin ja noch älter als deine Mum, deswegen haben wir beschlossen, Angus mit einzubeziehen, ihm die Schachtel auch anzuvertrauen.«

»Ein nachträglicher Einfall«, sagte Angus und sah Joe mit hochgezogenen Brauen an. Joe runzelte die Stirn.

»Ganz und gar nicht, es war kein nachträglicher Einfall, es war eine Absicherung, ein Sicherheitsnetz«, sagte Hazel. »Kannst du mir folgen?«

»Was?«, fragte Joe.

»Verstehst du?«

»Was soll ich verstehen?«

»Diese Schachtel ist von deiner Mutter«, sagte sie und tätschelte den Deckel. »Wir sollten sie dir im Falle ihres Todes geben.«

KAPITEL 21

Im Falle meines Todes

Hazel reichte Joe-Nathan die Schachtel, und jetzt saß er da mit der Schachtel auf dem Schoß. Vorsichtig zog er an der Schleife, und das Band glitt an den Seiten hinunter. Er hob den Deckel an und spürte, wie sich ein Lächeln auf seinem Gesicht ausbreitete. Dann machte er die Augen zu, denn einen Moment lang tat es zu weh hinzusehen. Er machte sie wieder auf und schaute noch einmal hin. Er hörte ein Geräusch wie ein Schluchzen und schaute Hazel an, aber die war still, und Angus auch. Das Schluchzen war wohl aus ihm gekommen und *durch das offene Fenster auch schon wieder verschwunden,* dachte er.

Aus der Schachtel sah ihm das Gesicht seiner Mum entgegen: ein gerahmtes Foto von Janet. Sie lächelte ein liebevolles Lächeln. Man konnte ihre Zähne sehen, die ein bisschen schief standen; ihre pfirsichfarbenen Wangen waren leicht gepudert. Sie trug ein blaues Kleid – Joes Lieblingskleid – und Perlenohrringe. An der Glasscheibe befand sich ein Klebezettel, auf dem in ihrer schönen Handschrift geschrieben stand: *Häng es an die Wand über dem Küchentisch, neben das Bild von deinem Dad.*

Joe legte das Bild vorsichtig auf die Sessellehne und schaute nach, was sich sonst noch in der Schachtel befand. Er sah ein Buch mit einem gelben Einband. Er nahm es heraus, schlug es aber noch nicht auf.

»Deine Mum hat gesagt, du hast schon ein blaues Buch«, sagte Hazel leise. »Sie meinte, da stehen lauter Ratschläge für jeden Tag drin. Das gelbe enthält Dinge, von denen sie glaubte, dass sie dir helfen können, die aber nicht in das blaue Buch gehören. Wenn sie zum Tee vorbeigekommen ist, hat sie dieses gelbe Buch immer mal wieder zur Hand genommen und etwas hineingeschrieben.«

Joe fuhr mit der Hand über den gelben Einband und schlug das Buch auf.

Mein liebster Joe-Nathan. Ich wünschte, ich könnte immer für dich da sein und dir mit Rat und Tat zur Seite stehen. Aber da das nicht geht, schreibe ich dir hier ein paar Dinge auf, die dir vielleicht irgendwann im Leben nützlich sein können. Ich bin keine Expertin auf diesen Gebieten, aber wenn du heute meine Hilfe bräuchtest, würde ich dir folgende Ratschläge geben.

»Es ist ein Buch mit Ratschlägen«, sagte Joe.

Es gab ein Inhaltsverzeichnis, und Joe überflog es. Dort standen Dinge wie: Geschenke, Kleidung, Liebe, Freunde, Streit, Reisen, Schimpfwörter; Unfälle und Verletzungen, Beerdigungen.

»Es ist nicht alphabetisch«, sagte Joe.

»Nein«, sagte Hazel. »Und deine Mum meinte, das würde dir nicht gefallen. Aber sie hat das alles so aufgeschrieben, wie es ihr in den Sinn gekommen ist.«

Joe schlug eine beliebige Seite auf und las die Überschrift: *Liebe* stand da. Er hob den Kopf und schaute Hazel an. »Das verstehe ich nicht.«

»Was verstehst du nicht?«

»Mum schreibt, dass sie keine Expertin auf den Gebieten ist, die in dem Buch vorkommen, aber es gibt ein Kapitel über die Liebe, und da war sie auf jeden Fall eine Expertin. War. *Ist ist ist.* Sie hat mich jeden Tag meines Lebens geliebt.«

Angus räusperte sich. »Ich weiß nicht, was deine Mum da drin über die Liebe geschrieben hat, aber ich nehme an, sie spricht über *Beziehungen.* Meinst du nicht auch, Hazel?«

»Ja, ich denke, deine Mum ist davon ausgegangen, dass du irgendwann einmal jemanden kennenlernst, für den oder die du mehr empfindest als Freundschaft, und sie wird versucht haben, dir die Fragen zu beantworten, die du ihr in dem Fall vielleicht stellen würdest.«

»Oh«, sagte Joe, klappte das Buch sorgfältig zu und legte es auf den Bilderrahmen.

»Aber sie hat dich sehr geliebt, in dem Punkt hast du vollkommen recht«, fügte Hazel hinzu. »Ist sonst noch etwas in der Schachtel?«

»Ein Brief«, sagte Joe und nahm einen Umschlag vom Boden der Schachtel. Er war aus dickem, cremefarbenen Papier, und vorne drauf stand: *Im Falle meines Todes meinem Sohn zu übergeben.*

»Soll ich ihn jetzt gleich aufmachen?«

»Ich an deiner Stelle würde es tun«, sagte Hazel und trank einen Schluck Tee.

Joe schaute Angus an. »Ich auch«, sagte der.

Vorsichtig öffnete Joe-Nathan den Umschlag, nahm den Brief heraus und las laut:

Lieber Joe-Nathan,
wenn du diesen Brief zum ersten Mal liest, bedeutet das, dass ich tot bin und dass Hazel oder Angus oder beide bei dir sind und dir die Schachtel mit der blauen Schleife gegeben haben. Du weißt bestimmt, was du mit dem gerahmten Foto machen musst: schlag einen Nagel in die Wand und hänge es neben das Foto von Dad, damit du unsere beiden Gesichter sehen kannst, wenn du zu Abend isst.
Vergiss nicht, das blaue Buch für alle alltäglichen Dinge zu benutzen.
In dem gelben Buch versuche ich, dir all die Fragen zu beantworten, die du mir noch nicht gestellt hast. Es sind nur Ratschläge, du musst sie nicht befolgen. Für die Themen in dem Buch gibt es keine festen, einfachen Regeln, aber es gibt einige Regeln (auch wenn sie nicht fest und einfach sind), die dir vielleicht dabei helfen können, mit bestimmten Situationen leichter umzugehen. Ich hoffe es jedenfalls. Hab keine Angst, andere um Hilfe zu bitten, und versuche zu verstehen, wer deine Freunde sind. Freunde werden dich

immer unterstützen. Manchmal musst du dir von ihnen
helfen lassen. Und denk dran, ihnen auch zu helfen.
Ich weiß natürlich, dass du, wenn die Imperial Leather-Seife
dünn wird, das Etikett ablöst und es in dein Album klebst,
damit du immer weißt, wie viel Zeit vergangen ist, seit Dad
gestorben ist. Und vermutlich wirst du dir etwas Ähnliches
für mich ausdenken. Ich habe viel darüber nachgedacht.
Wenn du mich fragst, glaube ich, dass es reicht, wenn du
einfach mit den Seifenetiketten weitermachst. Andererseits
wirst du allein weniger Seife verbrauchen, und es wird
weniger Etiketten geben, jetzt, wo wir beide tot sind. Ich
glaube zwar nicht, dass es wichtig ist, aber ich wollte es dir
sagen, weil ich mir vorstellen kann, dass es dich beunruhigt.
Lucy sagt, wenn es so weit ist und du mich noch einmal
sehen willst, wird sie dich begleiten. Das ist allein deine
Entscheidung; bitte, denk nicht, dass du dazu verpflichtet
bist. Manchen hilft es, einen geliebten Menschen nach
seinem Tod noch einmal zu sehen, es hilft ihnen beim
Trauern und dabei, wieder nach vorne zu schauen. Andere
Leute finden schon die Vorstellung schrecklich. Du brauchst
keine Angst zu haben. Es ist nur mein Körper. Ich glaube fest
daran, dass meine Seele bei Dad sein wird.
Ich kann mir vorstellen, dass du ziemlich verwirrt bist,
und dass du vielleicht bestimmte Erwartungen hast, wie du
dich fühlen solltest. Wenn jemand stirbt, erwarten viele
Menschen von einem, dass man auf eine bestimmte Weise
reagiert, zum Beispiel, dass man viel weint. Aber jeder
Mensch erlebt und verarbeitet Trauer auf seine eigene Art,
also glaub nicht, dass du weinen musst. Vielleicht bist du ja
auch wütend; oder vielleicht auch nicht. Vielleicht bist du
sehr traurig, vielleicht auch nicht. Was immer du fühlst,
ist in Ordnung, es gibt kein Richtig oder Falsch. Falls dich
etwas glücklich macht in traurigen Zeiten, dann ist das
gut. Sei glücklich.

Ich habe mit dem Mann vom Bestattungsinstitut gesprochen: Hazel oder Angus oder beide können dich zu ihm begleiten. Ich habe ihm erklärt, dass du eine Grabinschrift für mich auswählen sollst. Bitte, tu das für mich, Joe.
Bis jetzt haben wir einander immer gehabt, und ich hoffe, dass das, was ich dir gegeben habe, ausreicht, dass du von jetzt an ein selbstständiges Leben ohne mich führen kannst. Ich wünsche dir von Herzen ein gutes, glückliches Leben. Benutze deine alltäglichen Gewohnheiten als Gerüst, das dich aufrecht und stark hält, aber vergiss nicht, dass ein Gerüst etwas stützt, das du zu bauen versuchst, dass es nicht das Gebäude selbst ist.
Versuch, dich nicht zu sehr vor Veränderungen zu fürchten, denn sie kommen unweigerlich.
Denk immer daran, dass ich dich liebe, und dass nichts daran etwas ändern kann, auch nicht der Tod. Und dass ich glaube, dass du keiner Fliege etwas zuleide tun kannst.
Leb wohl, mein wunderbarer Junge.
In Liebe, deine Mum XxX

P.S.: Im blauen Buch habe ich dir aufgeschrieben, wie du dir deine Lunchbox packen kannst. Unter Küche/Essen/Lunchbox.

Joe hörte auf zu lesen. Als er aufblickte, sah er, dass Hazel sich immer noch mit einem feuchten Taschentuch erst das eine, dann das andere und dann wieder das eine Auge betupfte. Angus saß mit hängendem Kopf da, die Hände vor dem Gesicht, als würde er sich langweilen.

Hazel flüsterte: »Wunderschön.« Aber Angus schniefte nur und fragte, ob es Kekse gab.

»Ja.«

»Wo?«, fragte Angus, ohne die Hände vom Gesicht zu nehmen, den Kopf immer noch gebeugt.

»Im Küchenschrank über dem Wasserkocher«, sagte Joe, und

Angus stand auf und wandte sich so hastig ab, dass Joe sein Gesicht nicht einmal sehen konnte. Joe hatte auf der Uhr auf dem Kaminsims die Zeit abgelesen. Es war 10 Uhr 17. Angus brauchte geschlagene sieben Minuten, um die Kekse aus der Küche zu holen.

KAPITEL 22

Nicht so dumm, wie du aussiehst

Der Montagmorgen war eine Erleichterung. Entspannt verließ Joe-Nathan das Haus und begab sich auf den Weg in die relative Sicherheit und Normalität eines Arbeitstags im Compass Store. Konzentriert machte er das Friedenszeichen, als er an dem letzten Baum vorbeiging, kurz bevor er den Laden betrat; diese ganz spezielle Angewohnheit, dieser Ansatz von Routine beruhigte ihn und half ihm, in den Tag zu kommen. Noch mehr entspannte er sich, als er in Richtung Nordwesten zum Personalraum ging, seine Schürze aus dem Spind nahm und seine Lunchbox in den Kühlschrank stellte. Am Sonntagabend hatte Joe sich Gedanken über seine Lunchbox gemacht; er hatte sie noch nie selber gepackt. Er hatte den Wecker eine halbe Stunde früher gestellt als sonst, um Zeit für seine neue Aufgabe zu haben, aber Janets Anweisungen in dem blauen Buch waren klar und eindeutig, und er hatte es einfach gefunden, sie zu befolgen. Darauf war er stolz.

Er nahm Hugos Zettel mit der Liste von der Anschlagtafel, dann holte er den großen Besen aus der Kammer. Er musste alle Gänge von Norden bis nach Nord-Nord-West fegen, insgesamt sechzehn. Heute standen lauter Sachen auf seiner Liste, die er gerne machte: Arbeiten, für die er lange brauchte und bei denen keine Gefahr bestand, dass etwas herunterfiel und zerbrach. Arbeiten, bei denen er sich auf die Musik im Laden konzentrieren und alles andere vergessen konnte. Alle Kunden machten einen friedlichen Eindruck, sie gingen an den Regalen vorbei, als schlenderten sie ziellos durch einen Park. Die Leute lächelten ihn an, es herrschte eine freundliche Stimmung. Ein Mann fragte ihn, ob er wisse, wo sich die Batterien befanden, und er führte ihn zu der korrekten Stelle. Alles, was er tat, war wunderbar sinnvoll und vorhersehbar, und er fühlte sich zugehörig. An diesem Tag befand sich Joe genau am richtigen Ort.

»Hey, Joe«, sagte Hugo, kurz bevor er mit dem Fegen begann. »Ich finde, du solltest das hier anlegen.« Er begann, ein Päckchen zu öffnen. Joe wartete.

»Was ist das?«

»Ein Geschenk. Ein Schrittzähler«, sagte Hugo. »Ich dachte, es würde dir gefallen, mir sagen zu können, wie viele Schritte man braucht, um einmal in den Gängen um das Mosaik hin und zurück zu gehen. Würdest du das für mich tun?«

Joe salutierte. »Ja, Sir.«

»Nenn mich nicht Sir«, sagte Hugo. Seine Stimme klang streng, aber sein Lächeln war echt.

»Chef«, sagte Joe.

Hugo schüttelte missbilligend den Kopf, aber auf eine freundliche Art und Weise. »Wie geht es dir?«

»Okay.«

»Du sagst mir Bescheid, wenn du irgendetwas brauchst oder traurig bist oder nach Hause gehen möchtest. Egal was, okay?«

»Wenn ich mich verlaufe, stelle ich mich auf das Mosaik und gehe nach Westen zu Ihrem Büro, dann helfen Sie mir, mich wieder zurechtzufinden«, sagte Joe.

»Ganz genau«, sagte Hugo. »Hier, klemm dir das an den Gürtel.« Die Hände in die Hüften gestemmt, sah er zu, wie Joe ein paar Schritte machte, auf den Schrittzähler schaute, noch ein paar Schritte machte, und wieder darauf schaute. Dann begann Joe, methodisch die Gänge abzulaufen.

Als Joe bis nach Ost-Süd-Ost marschiert war, kam Chloe angelaufen. Sie war ziemlich außer Atem. Sie blieb stehen und beugte sich vor und stützte sich mit den Händen auf die Knie, um Atem zu schöpfen. »Ich bin zu spät«, sagte sie. »Normalerweise fang ich montags nicht so früh an, aber ich hab den Chef gebeten, meine Arbeitszeiten so zu ändern, dass sie mit deinen

zusammenfallen. Und gleich am ersten Tag komm ich zu spät.«
Sie pustete angestrengt. Joe roch mit Minze vermischten Rauch.
»Wie geht es dir heute?«

»Heute geht es mir gut«, sagte Joe. »Besser als gestern.«

»Ja, gestern Abend am Telefon hast du ziemlich traurig geklungen.«

»Du rufst mich jeden Abend an, seit meine Mum gestorben ist.«

»Das waren doch erst drei Abende. Soll ich das weiter so machen?«

»Nein, danke.« Eine neue Gewohnheit einzuführen, war eine schwere Entscheidung, und Joe war noch nicht so weit, seiner Routine etwas Neues hinzuzufügen.

»Also gut. Dann sag mir Bescheid, wenn du mich brauchst.« Chloe schob sich eine verschwitzte Haarsträhne aus der Stirn und klemmte sie hinters Ohr.

Die Leute im Laden wirkten heute freundlicher als sonst. Kollegen, die sonst nie etwas sagten, nickten ihm stirnrunzelnd zu; Pamela berührte seinen Arm im Vorbeigehen, und als Joe zusammenzuckte, sagte sie »Sorry!« und dann sagte sie noch einmal »Sorry!«, als Joe fragte, warum sie ihn angefasst hatte, obwohl doch alle wussten, dass er das nicht leiden konnte. Aber ansonsten sprach ihn niemand mehr an, bis er im Südwesten ankam und mit seinem Besen vor zwei Füßen anhalten musste, die ihm im Weg standen. Als er aufblickte, sah er Charlie Fiesling mit verschränkten Armen dastehen.

»Ich hab das mit deiner Mum gehört«, sagte er.

»Von wem?«

»Hugo. Er hat mir gesagt, ich soll nett zu dir sein.«

»Das war freundlich von ihm«, sagte Joe.

Charlie machte ein Geräusch, das wie eine Mischung aus einem Lachen und einem Seufzen klang, ein Geräusch, das Joe nicht deuten konnte.

»Ja, also, tut mir leid, dass deine Mum gestorben ist.«

»Danke.«

»War sie nett?«, fragte Charlie und schob die Hände noch tiefer in seine Achselhöhlen.

»Ja. Sie hat mich immer gut behandelt, und sie hatte mich lieb, und sie ist freitags immer mit mir in den Pub gegangen.«

»Du hattest nur sie, oder?«

»Ja. Jetzt bin ich allein.«

»Dein Dad ist wohl schon vor langer Zeit abgehauen, oder?«

»Er ist gestorben.«

»Aber er war bestimmt ein Blödmann, oder?«

»Nein, er war auch nett. Er hat mir Sachen beigebracht, und nach der Arbeit in der Werkstatt haben wir immer zusammen ein Bier getrunken.«

»Du bist ja ein richtiger Glückspilz.«

»Jetzt sind sie beide tot«, sagte Joe. Anscheinend hatte Charlie alles falsch verstanden, denn warum sollte er ihn sonst als Glückspilz bezeichnen?

Charlie stieß einen tiefen Seufzer aus. »Tja, dann wird jetzt alles anders, was, Joe? Und wir wissen ja, dass du Veränderungen nicht ausstehen kannst.«

»Veränderungen und neue Sachen mag ich aus Überlebensinstinkt nicht. Das hier ist eine sehr große Veränderung, etwas sehr Neues, aber – im Gegensatz zu meinem normalen Verhalten – muss ich mich jetzt daran gewöhnen, sonst überlebe ich nicht.«

»Wow, das war der längste Satz, den ich je aus deinem Mund gehört hab«, sagte Charlie Fiesling. »Und du bist gar nicht so dumm, wie du aussiehst.«

»Danke«, sagte Joe.

Sie blickten beide in Richtung Nordosten, von wo sich das Geräusch energischer Schritte näherte, und sahen Chloe. Charlie machte sich davon, die Hände in den Hosentaschen, und war im nächsten Gang verschwunden, als Chloe bei Joe war. »Was wollte er?«, fragte sie mit einer Kopfbewegung in die Richtung, in die Charlie sich verzogen hatte. »War er wieder ein Arschloch?«

»Nein«, sagte Joe. »Hugo hat ihm gesagt, er soll nett zu mir sein, und das hat Charlie gemacht. Er hat gesagt, das mit meiner Mum tut ihm leid, und er hat gesagt, dass ich ein Glückspilz bin und dass ich nicht so dumm bin, wie ich aussehe.«

»Oh, das war ja wirklich nett«, sagte Chloe, ließ eine Kaugummiblase platzen und schaute in die Richtung, in die Charlie verschwunden war. »Das war ja supernett von ihm.«

KAPITEL 23

Sie sieht aus wie immer

Anfangs fiel es ihm besonders schwer, sich an die neue Stille im Haus zu gewöhnen. Joe-Nathan und Janet waren keine besonders geräuschvollen Hausbewohner gewesen. Und Janet war eindeutig die Lautere gewesen: Sie hatte am Fuß der Treppe nach Joe gerufen oder aus einem anderen Zimmer, während Joe immer nur etwas gesagt hatte, wenn er das Gesicht seiner Mutter sehen konnte.

Joe schaute fern oder las in seinen Lexika oder seinen anderen Büchern, so wie er es immer getan hatte, aber seltsamerweise kamen ihm diese Aktivitäten irgendwie sinnlos vor, jetzt, wo niemand anders im Haus war. Joe merkte, dass man sein Leben anders lebte, wenn jemand da war, der Zeuge von allem wurde, was man tat. Und das führte dazu, dass er sich über seine Angewohnheiten und Rituale Gedanken machte. Er kam zu dem Schluss, dass einiges von dem, was er tat, auch dann wichtig war, wenn er der einzige Zeuge seiner Aktivitäten war.

Als Joe am Montag nach der Arbeit vor seiner Hintertür stand, schloss er die Augen und legte den Kopf in den Nacken, um sich von der Sonne die Augenlider wärmen zu lassen. Nachhausekommen war für ihn schon immer ein schöner Moment gewesen, es gab ihm ein warmes, beruhigendes Gefühl wie kein anderes. Er hatte dieses Gefühl immer mit dem *Nachhausekommen* selbst in Verbindung gebracht, aber jetzt fühlte es sich anders an, und er schloss daraus, dass es das Nachhausekommen zu seiner *Mum* gewesen war, das dieses Gefühl verursacht hatte, und er fragte sich, ob er sich jemals wieder so fühlen würde, wenn er nach Hause kam.

Er zog seine Tasche nach vorne, um den Schlüssel herauszukramen, und ging in die Küche. Er hängte seine Tasche an den

Haken an der Wand und nahm sein blaues Buch aus der Schublade, um eine Anregung für das Abendessen zu finden. Joe schlug das Kapitel mit der Überschrift *Küche/Essen/wenn nicht viel im Haus ist* auf und entschied sich für Dosenbohnen mit Toast. Er deckte sorgfältig den Tisch, und als er Messer und Gabel in die Hand nahm, betrachtete er nacheinander die Fotos seiner Eltern an der Wand.

»Hattet ihr einen schönen Tag?«, fragte er. Aber die Worte laut auszusprechen, fühlte sich nicht so gut an wie erwartet. Die Stille, die auf seine Frage folgte, wirkte aufdringlich und unangenehm. Er schnitt seinen Toast sorgfältig in Dreiecke, und während er kaute oder einen Schluck Wasser trank, betrachtete er das Gesicht seiner Mutter.

Er dachte an den Brief in der Schachtel, die Hazel und Angus ihm gebracht hatten, und daran, was seine Mutter zu dem Thema geschrieben hatte, ob er sie nach ihrem Tod im Krankenhaus besuchen sollte: *Du brauchst keine Angst zu haben. Es ist nur mein Körper.* Lucy hatte Joe am Samstagnachmittag abgeholt, und es hatte sich sehr seltsam angefühlt, in ihrem Auto zu sitzen, in dem es ganz anders roch als im Auto seiner Mum und wo auf dem Boden vor dem Beifahrersitz eine leere Chipstüte lag. Es hatte sich seltsam angefühlt, ins Krankenhaus zu gehen, wo die Gerüche – wieder – neu waren und wo die Leute herumwuselten wie die Ameisen. Die langen, weißen Flure hatten ihm gefallen, sie hatten ihn an seine Arbeit erinnert, und er hatte den Montag herbeigesehnt, an dem er wissen würde, was er zu tun hatte, an dem wieder alles an dem Ort sein würde, wo es hingehörte, er selbst eingeschlossen.

Lucy hatte ihm lang und breit zu erklären versucht, wie es sein würde, wenn er den toten Körper seiner Mum sah, und sie hatte ihm mehrmals gesagt, er könne es sich immer noch anders überlegen. Aber ihre Wörter, die anfangs wie Informationen geklungen hatten, waren irgendwann nur noch ein Rauschen gewesen, das er ausgeblendet hatte. Als sie aufgehört hatte zu reden, hatte er gesagt: »Meine Mum hat mir geschrieben, ich brauche keine Angst zu haben, und in der Regel hat sie recht.«

Und Janet hatte recht gehabt. Das einzig Überraschende war gewesen, dass sie gar nicht tot ausgesehen hatte, sondern so, als würde sie schlafen. Joe hatte gedacht, ein toter Körper würde ganz anders aussehen als ein lebendiger. Aber zumindest bei seiner Mutter war das nicht der Fall gewesen, sie hatte fast genauso ausgesehen wie immer. Lucy hatte nach Luft geschnappt und sich an die Brust gefasst. »Tut mir leid, Joe, aber sie sieht einfach genauso aus wie immer, oder?«

Joe hatte die Hand seiner Mum berührt. Sie war eiskalt gewesen. Das würde er nie vergessen.

Nachdem er seine Bohnen mit Toast aufgegessen hatte, räumte er den Tisch ab und machte sich eine Tasse Tee, mit der er sich auf die Bank hinter dem Haus setzte. Der alte Baum flüsterte leise, und das Gras bewegte sich sanft. Die Wolken zogen langsam und fast unmerklich über den Himmel, und er sah, wie eine große Wolke, die aussah wie ein Fisch, eine andere Wolke verschluckte und sich verwandelte und, obwohl man nicht sehen konnte, wie es geschah, nicht mehr wie ein Fisch aussah, sondern wie etwas Formloses, aus dem im nächsten Moment ein Nilpferd oder ein Schloss oder eine Teekanne werden konnte. Wolken waren gut: Sie änderten sich komplett, ohne die Sinne zu verwirren, ganz anders als das Leben, das sich ganz ohne Vorwarnung und Zartgefühl komplett ändern konnte.

»Charlie Fiesling hat heute mit mir gesprochen«, sagte er zu seiner Mutter, die neben ihm auf der Bank saß. Er wartete, dass sie etwas sagte, etwas wie »*Ach? Und was hat er gesagt?*«, aber da war nur Stille, und er schaute nach links, und da fiel ihm wieder ein, dass sie fort war.

KAPITEL 24

Keine Ahnung

Die Tage lösten einander ab, ausreichend genug strukturiert, dass Joe-Nathan sein Leben ebenso vorhersehbar leben konnte, wie die Tage waren. Er fühlte sich wie ein Mann, den er einmal in einem Film gesehen hatte; der Mann hatte seinen Weg in einem Unterwassertunnel gefunden, indem er sich an einem Tau entlanggehangelt hatte, das mit gleichmäßig verteilten Knoten versehen war. Die Wochentage waren die Knoten, und Joe konzentrierte sich jeweils auf einen davon. Der Dienstag verging, wie es sein sollte, auch der Mittwoch, nichts Neues, nichts Aufregendes passierte, nichts, weswegen er das gelbe Buch hätte zurate ziehen müssen.

Am Donnerstagmorgen hatte er drei Einkaufswagen voll mit Rückläufern, die ihn auf Trab hielten, und er stellte die Vasen, Wachsmalstifte und tausenderlei anderen Sachen sorgfältig zu den Gegenständen zurück, zu denen sie gehörten.

»Hey, Joe-Nathan«, sagte eine Stimme.

Er wandte sich von dem Regal ab und sah Pip, die ihn schief anlächelte.

»Ich hab das von deiner Mum gehört. Tut mir echt superleid.«

»Danke.«

»Ich hatte mich darauf gefreut, sie beim Quiz-Abend kennenzulernen«, sagte Pip.

»Jetzt wirst du sie nie kennenlernen.«

»Stimmt«, sagte Pip. »Aber du solltest trotzdem kommen. Als mein Onkel gestorben ist, hat meine Tante gesagt, unter Leute zu gehen und normale Sachen zu machen, ist das Beste, was man tun kann.«

»Aber ein Quiz-Abend ist nicht normal.«

»Ah, verstehe«, sagte Pip und dachte kurz über Joes Worte

nach. »Aber du wirst mit mir und Chloe zusammen sein, wir können uns alle fein machen, und es macht bestimmt Spaß. Also ...«

»Ja, es macht bestimmt Spaß.«

»Na dann«, sagte Pip, »dann ist es abgemacht.« Jetzt war ihr Lächeln wieder normal.

Kurz vor Feierabend kam Hugo atemlos angelaufen.

»Joe, in Gang fünfzehn ist was verschüttet worden, kannst du schnell einen Mopp holen? Aber sei bitte vorsichtig. Ich schicke jemanden, der dir hilft.«

»Welche Farbe hat es?«, fragte Joe, während Hugo davoneilte.

»Klar«, rief Hugo über die Schulter.

Klar? Hieß das, dass klar war, dass Joe danach fragte oder meinte er klar wie transparent? Hugo würde nie im Leben von Joe verlangen, dass er etwas Rotes aufwischte, da war Joe sich ganz sicher, aber er konnte sich nicht erinnern, welche Waren in Gang fünfzehn standen. Er machte sich auf den Weg, um den Mopp zu holen, ging jedoch einen Umweg, um von Weitem zu sehen, welche Farbe die Pfütze hatte. Er ließ seinen Wagen mit den Rückläufern stehen, ging zum Mosaik, wandte sich nach Nordwesten und bog in Gang fünfzehn ein. Er konnte überhaupt keine Pfütze entdecken. Er ging etwas schneller, und plötzlich stieg ihm ein Geruch wie von einem Swimmingpool in die Nase.

»Hä?«, entfuhr es ihm gerade noch, dann rutschte er aus und fiel in etwas Nasses, Schleimiges, das sich auf dem Boden ausgebreitet hatte.

»Bleichmittel«, murmelte er vor sich hin. Im Laden war es still, es waren keine Kunden in Gang fünfzehn. Er versuchte, sich mit einer Hand vom Boden abzudrücken, um aufzustehen. Die Hand rutschte weg, und jetzt lag er auf der Seite in der Pfütze. Einen Moment lang blieb er so liegen. Er musste irgendwie auf die Knie kommen, um aufzustehen, dachte er, aber dann würde er sich seine Sachen endgültig ruinieren.

»Du Idiot.«

Joe drehte sich um und sah Charlies Schuhe. Er reckte den Hals und sah, dass Charlie grinsend und kopfschüttelnd über ihm stand. In der einen Hand hielt er einen Mopp, in der anderen zwei leuchtend gelbe Warnschilder, auf denen ein Strichmännchen abgebildet war, das genauso aussah, wie Joe ausgesehen haben musste, als er in der Pfütze ausgerutscht war.

Charlie stellte die Warnschilder zu beiden Seiten der Pfütze auf, dann zog er sich einen Plastikhandschuh an. Er hielt Joe seine Hand hin, um ihm beim Aufstehen zu helfen.

Joe hatte schon vielen Leuten die Hand geschüttelt, aber Charlie hatte er noch nie angefasst. Er betrachtete Charlies Hand und zögerte.

»Na, mach schon, pack zu«, sagte Charlie.

Joe wollte das wirklich nicht, aber allein konnte er nicht aufstehen.

Er streckte eine Hand aus, die voller Bleichmittel war. Er war froh, dass Charlie einen Handschuh anhatte, zum einen, weil der ihn vor der Chemikalie schützte, aber auch, weil Joe keinen Hautkontakt mit Charlie wollte. Joe packte fest zu, er wollte es schnell hinter sich bringen. Die beiden Männer hielten sich an den Händen und Charlie zog mit aller Kraft. Vielleicht lag es daran, dass Joe die Schwerkraft auf seiner Seite hatte – immerhin lag er auf dem Boden –, aber was auch immer der Grund war, Charlie Fiesling verlor das Gleichgewicht, und Joe sah ein anderes Strichmännchen in einer anderen merkwürdigen Haltung vor sich, als Charlie auf ihn drauf fiel.

Joe holte scharf Luft und kniff die Augen zu. Er begann zu keuchen. Noch nie in seinem Leben hatte jemand auf ihm gelegen.

»Du verdammter Schwachmat!«, schrie Charlie und stützte sich auf Händen und Knien ab, sodass sein Gewicht nicht mehr auf Joe lastete.

Joe machte kurz die Augen auf, aber der Geruch nach Bleichmittel und Charlies wütendes Gesicht waren zu viel für ihn, und er kniff sie schnell wieder zu.

»Pip-pip-pip-buddel-buddel-buddel-pip-pip-pip-buddel-buddel-buddel«, sagte er immer wieder.

»Was zum Teufel?«, knurrte Charlie. Er wollte ganz vorsichtig aufstehen, aber seine Füße hatten keinen guten Bodenkontakt, sodass er kurz aussah wie Bambi auf dem Eis, ehe er den Halt verlor und mit einem Grunzen wieder auf dem Boden landete, diesmal mit dem Gesicht direkt vor Joes Gesicht. Joe sah Charlie in die Augen, und genauso, wie er normalerweise nicht anders konnte, als den Blick abzuwenden, konnte er jetzt nicht anders, als den Blickkontakt zu halten; er starrte Charlie in die Augen, wie er noch nie jemandem in die Augen gesehen hatte, *warum*, oder besser, *wie* konnte es sein, dass er dort etwas Vertrautes entdeckte? Die Antwort kam aus dem Nirgendwo, und sie kam in Form eines Bildes: Es war derselbe Blick, mit dem er sich im Badezimmerspiegel angesehen hatte, als sein Spiegelbild ihn gefragt hatte, warum er die kleinen Etiketten von den Seifenstücken abfriemelte. Charlie Fiesling war ernst. Charlie Fiesling war traurig.

Aber Charlie brach den Blickkontakt ab, murmelte »verfluchte Scheiße« und kroch von Joe weg. Charlie saß in dem Bleichmittel, das er noch weiter über den Fußboden verteilte, während er sich die Schuhe auszog, dann stellte er seine Füße (in Socken) auf eine trockene Stelle und stand auf.

»Mach's genauso«, sagte er zu Joe. »Kriech hier rüber und zieh dir die Schuhe aus.«

Es war ein netter Satz, dachte Joe, ein netter Satz ohne ein einziges Schimpfwort darin. Joe tat, was man ihm gesagt hatte, und dann standen er und Charlie in Socken nebeneinander, die Kleider von Bleichmittel durchtränkt.

»Gott, oh Gott«, sagte Hugo, der herbeigeeilt kam. »PAMELA!«, schrie er, und gleich darauf kam sie angelaufen, in ihrer grünen Schürze, die Wangen gerötet und offenbar froh, sich nützlich machen zu können. »Hol noch ein paar Warnschilder und sperr den Gang ab«, sagte Hugo. Pamela nickte und verschwand. Hugo fingerte an einem dicken Schlüsselbund herum, der an seinem Gürtel hing, und murmelte: »Wo ist der verdammte Schlüssel? Wo ist er denn bloß?«, während er Joe und Charlie bedeutete, ihm zu folgen. »Nein, lasst eure Schuhe stehen, ihr müsst euch sofort abduschen.«

KAPITEL 25

Wie ein Pfirsich

Der Duschraum im Compass Store stand jedem zur Verfügung, der mit dem Fahrrad zur Arbeit kam und vor der Arbeit kurz duschen wollte, aber er wurde nur selten benutzt. Er hatte zwei große Duschkabinen, und die braunen Bodenfliesen waren so beschaffen, dass man nicht darauf ausrutschte. Es gab zwei Handwaschbecken, darüber einen Spiegel, der von Wand zu Wand reichte, einen Händetrockner und einen an der Wand aufgehängten Föhn wie in einem Fitnessstudio.

Hugo ging entschlossen in Richtung Süd-Süd-Ost, rechts an den Toiletten vorbei, wo Joe gern hinging, um den Kopf freizubekommen. Beim Gehen redete er ununterbrochen, wobei er einzelne Wörter mit Gesten unterstrich, als wollte er die Luft durchschneiden. Charlie hielt locker mit dem Chef Schritt, aber Joe musste hin und wieder ein bisschen laufen, um die beiden einzuholen.

»Ihr müsst euch so schnell wie möglich ausziehen. Werft eure Klamotten einfach im Duschraum in eine Ecke und duscht euch sofort ab. Wartet nicht, bis das Wasser warm wird, seht einfach zu, dass ihr euch das Sauzeug so schnell wie möglich von der Haut abwascht.« Im Vorbeigehen griff Hugo sich zwei Flaschen Duschgel aus einem Regal in Gang fünf und gab sie Joe und Charlie. Einen Moment lang blieb er entnervt stehen, als Joe Schwierigkeiten hatte, gleichzeitig zu laufen und die Flasche entgegenzunehmen. »Ihr müsst euch von oben bis unten einseifen. Den Kopf in den Nacken legen, wenn ihr euch die Haare wascht, damit ihr nichts von dem Zeug in die Augen kriegt. Kapiert? *Los jetzt, beeilt euch!*«, sagte er, als würden sie schneller im Duschraum ankommen, wenn er laut genug schrie. »Und wascht euch nicht nur einmal, sondern mindestens zweimal, wascht euch supergründlich und sorgt dafür, dass ihr die Bleiche bis auf den letzten Rest von der Haut abbekommt.« Als sie am Duschraum waren, hatte Hugo den Schlüssel schon in der Hand und schob Joe und Charlie im nächsten Moment durch die Tür. »Ich lass euch Handtücher und frische Klamotten bringen. Fasst eure nassen Sachen nicht mehr an, nachdem ihr sie ausgezogen habt. Wenn ihr fertig seid, kommt zu mir ins Büro.« Dann zog er die Tür hinter sich zu und ließ Joe mit Charlie Fiesling allein.

Einen Moment lang standen sie reglos da. Aber Joe hatte klare Anweisungen erhalten, also zog er seine grüne Schürze aus, faltete sie ordentlich und legte sie in die Ecke. Währenddessen flogen Charlies Kleider an ihm vorbei, landeten auf Joes Schürze und bildeten einen kleinen Kleiderhaufen. Joe drehte sich um und zog schnell den Kopf ein, als ein Paar zusammengeknäuelte Socken an seinem Gesicht vorbeisauste. »Los, beeil dich! Du hast doch gehört, was Hugo gesagt hat«, sagte Charlie.

Charlie verschwand in einer Duschkabine, und im nächsten Moment hörte Joe das Wasser rauschen und Charlie über das kalte Wasser fluchen. Jetzt, wo Charlie ihn nicht mehr sehen konnte, zog Joe seine restlichen Sachen aus, faltete sie ordentlich und legte sie neben Charlies Kleider. Die Dusche war anders als die bei ihm zuhause, aber zu seiner Erleichterung stellte er fest, dass auf der Armatur nur zwei Wörter standen: *ein* und *aus*. Die Temperatur war aus Sicherheitsgründen fest eingestellt, man konnte sie nicht verändern, aber das fand Joe beruhigend. Joe seifte sich ein und duschte sich ab, und zwar zweimal, genau wie Hugo es ihnen aufgetragen hatte, und er achtete darauf, dass er nichts in die Augen bekam.

Es klopfte an die Tür des Duschraums, dann wurde die Tür vorsichtig geöffnet, und Chloe rief: »Ich guck nicht hin. Ich bringe euch Handtücher und frische Sachen. Ich lege alles auf die Waschbecken.« Dann hörte Joe, wie die Tür wieder geschlossen wurde.

Joe wurde nervös. Wahrscheinlich war Charlie Fiesling schneller mit dem Duschen fertig und würde in ein Badetuch gewickelt oder vielleicht sogar schon halbwegs angezogen sein, bis Joe fertig war. Dann müsste Joe nackt aus der Duschkabine treten, und Charlie würde ihn sehen. Und Charlie würde garantiert irgendetwas Gemeines sagen.

Es ging schon los: Das Wasserrauschen in Charlies Kabine hörte auf, Joe hörte Charlies nackte Füße auf dem Boden der Duschkabine, dann ging die Kabinentür auf. Joe stellte seine Dusche ab. Ihm war nach Weinen zumute. Er blieb in der Duschkabine stehen. Plötzlich war sein ganzer Körper von Gänsehaut überzogen.

»Hier«, sagte Charlie, dann erschien ein halbes Badetuch über der Tür zu Joes Duschkabine. Joe zog es herunter, trocknete sich ab und wickelte das Badetuch in Brusthöhe um seinen Körper. Langsam öffnete er seine Kabinentür und ging zu den Waschbecken, wo Charlie die Sachen begutachtete, die Chloe für sie dorthin gelegt hatte. Charlie hatte sich sein Badetuch um die Hüften gewickelt; er schaute Joe nicht an.

»Es sind Trainingshosen, T-Shirts und Hoodies, alle in derselben Größe«, sagte Charlie und teilte die Sachen auf. Einen Stapel schob er in Joes Richtung.

Joe wollte Charlie nicht im Spiegel über den Waschbecken anschauen, und er wollte auch nicht von Charlie angeschaut werden, aber die räumliche Nähe und der Spiegel machten die Sache kompliziert. Joe fiel auf, dass Charlies Körper an der Vorderseite Muskeln hatte. Sie waren nicht groß, aber man konnte jeden einzelnen Muskel deutlich erkennen. Joe wusste, dass sein eigener Oberkörper im Vergleich dazu weich und blass aussah. Er riskierte noch einmal einen ganz kurzen Blick. Charlie hatte an den Rippen eine Menge blaue Flecken, die allmählich gelb wurden, und weiter oben, am Schlüsselbein, war noch ein blauer Fleck, der eher grün aussah. Charlie wandte sich von Joe ab, um ein gefaltetes T-Shirt aufzuschütteln, und da sah Joe, dass Charlie auch am Rücken Muskeln hatte. Joe wünschte sich auch Muskeln am Rücken. Aber Charlie hatte auch am Rücken blaue

Flecken, zusätzlich zu den Muskeln, und einer war ganz dunkel, fast schwarz, und zwar dort, wo sich, wie Joe wusste, eine Niere befand. Joe stand ganz still, und auf einmal sah Charlie ihn im Spiegel vorwurfsvoll an. »Was gibt's zu glotzen?«

»Deine Muskeln«, sagte Joe.

»Markier nicht den Perversen und zieh dich an«, sagte Charlie.

»Und deine blauen Flecken«, sagte Joe.

Joe schaute an sich hinunter: Er hatte keinen einzigen blauen Fleck, obwohl er viel schlimmer gefallen war als Charlie, direkt in die Bleichmittelpfütze; Charlie war zuerst auf ihn drauf gefallen und dann nochmal auf die Seite. Beim zweiten Mal war er auch schlimm gefallen. Aber Joe wunderte sich, dass Charlie am ganzen Körper blaue Flecken hatte.

»Du bist wie Ross«, sagte Joe, während Charlie sich ungehalten ein T-Shirt und unter dem Handtuch eine Unterhose anzog.

»Wer ist Ross?«

»Ross Geller aus *F.R.I.E.N.D.S* Staffel 9, Folge 4. *Die mit Phoebes Geburtstagsessen*. Ross kommt in der Folge zweimal vor. Beim ersten Mal bittet Rachel Ross, eine Tür einzutreten, und er sagt: ›Würd ich machen, aber ich krieg so leicht blaue Flecken wie ein Pfirsich.‹ Und später in derselben Folge ruft Joey sich in Erinnerung, dass er Ross nicht schlagen darf, weil der blaue Flecken kriegt wie ein Pfirsich.«

»*Hä?*«

»Also bist du wie Ross, denn wir sind eben beide gefallen, und ich habe keinen einzigen blauen Fleck, aber du hast ganz viele.«

Charlie stand da und sah Joe an, bis Joe sich gezwungen sah, den Blick abzuwenden und an die Decke zu gucken. Joe dachte an seine Lexika. Er begann zu zitieren: »Blaue Flecken. Werden die Blutgefäße unter der Haut durch Stoß oder Sturz verletzt, bluten sie in das umliegende Gewebe ein. Diese Einblutungen äußern sich als blau-schwarze Flecken an der Hautoberfläche, selbst wenn sie im Innern der Muskeln auftreten. Im Verlauf weniger Tage werden die roten Blutkörperchen in der Blutansammlung abgebaut.« Dabei starrte er die ganze Zeit die Decke an. Charlie sagte nichts, und Joe fuhr fort: »Wer leicht blaue Flecken bekommt, sollte einen Arzt aufsuchen, denn es könnte sich um ein Zeichen von Vitaminmangel handeln.« Joe freute sich, dass er Charlie helfen konnte. Charlie würde bestimmt erleichtert sein, dachte er, denn wahrscheinlich wusste er das mit dem Vitaminmangel nicht.

Aber Charlie klang alles andere als erleichtert. »Kümmer dich um deinen eigenen Kram und zieh dich an. Und glotz mich nicht an wie ein Perverser. Am Ende lädst du mich noch zu nem Date ein.«

»Nein, das mach ich nicht«, sagte Joe. Aber er zog sich an.

KAPITEL 26

Unfälle und Verletzungen

Chloe saß im Flur vor dem Duschraum auf dem Boden, sie trug Gummihandschuhe und hielt in einer Hand einen zusammengeknüllten schwarzen Müllsack. Als Joe-Nathan und Charlie herauskamen, sprang sie auf.

»Alles okay?«, fragte sie Joe.

»Ja«, sagte Joe. Chloe sah Charlie an, als würde sie ihn am liebsten schlagen.

»Hab ich was verbrochen?«, fragte Charlie.

»Ich trau dir einfach nicht zu, dass du dich wie ein anständiger Mensch benimmst.«

»Charlie hat mir ein Handtuch gegeben«, sagte Joe. »Und er ist verletzt.«

»Nein, bin ich nicht«, sagte Charlie mit finsterer Miene. »Und wir müssen jetzt zu Hugo. Komm schon, Joe, mach hinne.«

Chloe schaute den beiden nach, wie sie in Richtung Mosaik gingen. Sie trugen die gleichen Sachen, und von hinten sahen sie fast gleich aus, nur dass Joes Haare zu lang und ungekämmt waren.

»Jesses, ihr seht ja aus wie Zwillinge«, rief Hugo, als Joe und Charlie in sein Büro kamen.

Charlie schnalzte mit der Zunge.

»Wir sehen uns kein bisschen ähnlich«, sagte Joe. »Wir tragen nur die gleichen Sachen. Außerdem hat Charlie Muskeln und ich nicht.«

»Ich hab gerade mit jemandem vom Arbeitsschutz telefoniert, und ich muss euch ein paar Fragen stellen. Es ist sehr wichtig, dass ihr ehrlich antwortet.« Er richtete den Blick auf seinen Bildschirm. »Also, hat einer von euch Hautjucken? Ist euch übel oder schwindlig?« Er blickte auf, und die beiden schüttelten den Kopf. Hugo konzentrierte sich wieder auf seinen Bildschirm. »Irgendwelche Flecken oder Schwellungen? Brennen auf der Haut?« Wieder verneinten beide. Aber Joe drehte den Kopf und schaute Charlie von der Seite an. Was Hugo nicht entging. »Was ist, Joe?«, fragte er.

»Charlie hat ganz viele blaue Flecken.«

»Hab ich nicht!«, fauchte Charlie und funkelte Joe an. »Ehrlich, Hugo, ich hab keine blauen Flecken.«

Joe legte sich eine Hand auf die Rippen, da wo er bei Charlie all die blauen Flecken gesehen hatte.

»Sicher?«, fragte Hugo Charlie besorgt.

»Als er gefallen ist –«, setzte Joe an.

»Nein!«, fiel Charlie ihm ins Wort. »Ich hab ein Muttermal, und Joe hat mich in der Dusche blöd angestarrt.« Wieder funkelte er Joe böse an.

»Okay, Charlie, das reicht«, sagte Hugo. »Du brauchst nicht ausfallend zu werden. Joe wollte bestimmt nur helfen.« Er atmete tief aus, und es klang enttäuscht. Doch er klopfte energisch auf den Tisch und sagte forsch: »Also gut. Hauptsache, ihr habt euch sofort abgeduscht und eure kontaminierten Klamotten entsorgt. Jetzt müsst ihr euch ein paar Tage genau beobachten. Gebt mir sofort Bescheid, falls ihr irgendwelche Hautreaktionen bemerkt oder euch sonst irgendwie merkwürdig fühlt. Und was eure Klamotten angeht, sagt mir, was sie gekostet haben, das bekommt ihr natürlich ersetzt.«

»Cool«, sagte Charlie. »Meine Turnschuhe hatten es bald hinter sich.«

»Alles hat doch sein Gutes«, sagte Hugo mit hochgezogenen Brauen.

Joe wunderte sich, dass Charlie nicht sofort in eine andere Richtung losmarschierte, nachdem sie Hugos Büro verlassen hatten. Kaum waren sie in einem leeren Gang, fuhr Charlie zu ihm herum, und Joe stand mit dem Rücken vor dem Regal mit Druckerpapier in Gang sieben.

»Wag es nicht, mit anderen Leuten über mich zu reden«, sagte Charlie.

»Aber deine blauen Flecken sehen echt schlimm aus«, sagte Joe.

»Schnauze!«, zischte Charlie.

»Hugo hat recht: Ich wollte dir nur helfen.«

»Ich will keine Hilfe von dir«, sagte Charlie. Seine Wörter klangen wie ein Zischen, und er schaute nach rechts und nach links, als hätte er Angst, es könnte ihn jemand hören. »Wieso *kapierst* du das nicht, du Schwachkopf?«

»Ich kapier es ja«, sagte Joe. »Der Körper ist Privatsache. Aber Hugo hat gesagt, es ist ganz wichtig, dass wir ihm ehrlich sagen, ob wir verletzt sind oder nicht. Und du bist verletzt.«

»Ich bin nicht verletzt!«

»Die blauen Flecken ...«

»Gehen dich einen Scheißdreck an. Erzähl keinem was davon. Kapiert? Wie du selbst gesagt hast: Das ist Privatsache.«

»Ich versuche doch nur, dir zu helfen«, sagte Joe.

»Glaub mir«, sagte Charlie und brachte sein Gesicht ganz dicht vor Joes. »Du bist der Allerletzte auf diesem verdammten Planeten, der mir helfen kann.«

Das gelbe Buch lag auf dem Küchentisch, und Joe betrachtete es die ganze Zeit, während er sein Abendessen aß. Er hatte unter dem Stichwort *Beerdigungen* nachgelesen, und er hatte für Samstag einen Termin mit dem Bestatter gemacht. Hazel und Angus würden ihn dorthin begleiten. Janets Anweisungen im Buch waren klar und eindeutig, und so war Joe zu dem Schluss gekommen, dass eine Beerdigung eine ganz einfache Angelegenheit war und es nur darauf ankam, pünktlich zu bestimmten Terminen an bestimmten Orten zu sein. Und wenn Joe eins war, dann pünktlich. Er brauchte sich also nur eine passende Inschrift für Janets Grabstein auszudenken, und die sollte richtig gut werden. Leider war es gar nicht so einfach, mit wenigen Worten alles zum Ausdruck zu bringen, was gesagt werden musste.

Aber heute Abend, wenn er seine Würstchen mit Kartoffelpüree, Kohl und Soße aus der Mikrowelle aufgegessen hatte, würde er das gelbe Buch wegen einer anderen Sache zurate ziehen, und er hoffte, unter der Überschrift *Unfälle und Verletzungen* ein paar Ratschläge für den Umgang mit seinem Problem zu finden.

»Ich will Charlie Fiesling beweisen, dass er unrecht hat«, sagte Joe zu den Fotos seiner Eltern an der Wand über dem Tisch. »Ich will ihm beweisen, dass ich ihm helfen kann. Und dann wird er verstehen, dass ich keiner Fliege etwas zuleide tun kann, und dann mag er mich vielleicht.«

KAPITEL 27

Arnika

Joe-Nathan saß auf der Gartenbank, eine Tasse Tee in der Hand und das gelbe Buch auf dem Platz neben sich, wo seine Mum immer gesessen hatte. Die Sonne spendete warmes Licht, und die Wolken zogen schnell über den Himmel; einige spiegelten sich in den Fenstern der Werkstatt hinten im Garten, sodass man hätte meinen können, drinnen bewegte sich etwas. Joe hatte schon lange nichts mehr in der Werkstatt gebastelt. Er dachte daran, wie er mit seinem Dad auf der Stufe vor der Werkstatttür gesessen hatte, wie er mit seiner Mum auf der Gartenbank gesessen hatte, und wie Veränderungen die Anzahl der Menschen, die einem im Leben etwas bedeuteten, zu vermindern schienen. Früher hatte er dort auf der Stufe mit seinem Dad gesessen, und jetzt würde er allein dort sitzen, sollte er je wieder ein Bier dort trinken; früher hatte er hier auf der Bank mit seiner Mum gesessen, und jetzt saß er auch hier allein. Joe begriff, dass seine Welt immer kleiner oder leerer werden würde, die Menschen, die ihm wichtig waren, würden ihm einer nach dem anderen genommen werden, und irgendwann würde auch er nicht mehr da sein, und dann würde es keine Rolle mehr spielen. Aber bis es so weit war, würde es ihm Spaß machen, noch einmal etwas zu basteln; vielleicht ein Puzzle für Hazel; vielleicht etwas Nützliches für Angus; oder vielleicht etwas für Chloe: eine kleine Kiste, in die sie jedes Mal, wenn sie ein Schimpfwort sagte, eine Münze werfen konnte; bis zum Ende des Jahres würde sie reich sein.

Joe stellte seine leere Tasse auf der Armlehne der Bank ab, nahm das gelbe Buch, glättete den Umschlag mit der Handfläche und schlug es auf. Er überflog die Inhaltsangabe, schlug das Kapitel *Unfälle und Verletzungen* und den Absatz *Verletzungen /*

blaue Flecken auf. Janet hatte Folgendes geschrieben (wenn Joe ihre Handschrift sah, meinte er, ihre Stimme zu hören, die ihm vorlas):

> *Blaue Flecken sind an und für sich nichts Schlimmes. Wenn du dich an etwas gestoßen hast, sind blaue Flecken normal. Aber wenn du blaue Flecken bekommst, ohne dass es einen Grund dafür gibt, geh zum Arzt. Blaue Flecken nehmen unterschiedliche Farben an, bevor sie weggehen, und eigentlich kann man nichts gegen sie machen. Aber du kannst sie mit Arnika einreiben. Arnika hilft dem Körper, schneller heil zu werden, es macht, dass blaue Flecken schneller weggehen und nicht so wehtun. Wir haben Arnikasalbe im Schrank unter dem Waschbecken im Bad.*

Na gut, dachte Joe, wenn Arnikasalbe gegen blaue Flecken half, dann würde er es damit versuchen. Er sagte »Danke«, schlug das gelbe Buch zu, legte es in die Schublade zum blauen Buch und holte die Arnikasalbe aus dem Bad. Er ging nach unten und tat die Salbe in seine Tasche, damit er nicht vergaß, sie am nächsten Morgen, wenn er zur Arbeit ging, für Charlie Fiesling mitzunehmen.

KAPITEL 28

Habe ich dir geholfen?

Am nächsten Morgen kam Chloe zu ihm herüber, lehnte sich auf seinen Einkaufswagen und fragte: »Was machst du heute nach der Arbeit?«

»Ist das eine Fangfrage?«, sagte Joe.

»Okay, es ist Freitag, du gehst also um halb sechs rüber zum Pub. Möchtest du Begleitung?«

»Ich gehe auf jeden Fall hin, mit Begleitung oder ohne«, sagte Joe.

»Okay, du Herzensbrecher, ich wollte eigentlich nur fragen, ob du mich mitnimmst. Und Pip liegt mir wegen dem Quiz-Abend in den Ohren, deswegen würde sie auch gern mitkommen und unsere Strategie für das Quiz besprechen. Einverstanden?«

»Ja. Das macht bestimmt Spaß. Ich mag Strategien, sie sind Ausdruck der Fähigkeit, Pläne zu machen und auszuführen, um ein Ziel zu erreichen«, deklamierte Joe.

»Genau das wollte ich gerade sagen. Freut mich, dich im Team zu haben, Einstein.«

»Wieso?«

»Weil du schlau bist.«

»Ich habe nur wenig Allgemeinwissen, und ich bin langsam, was für ein Quiz nicht ideal ist. Bei Quiz-Shows im Fernsehen drücke ich auf Pause, damit ich Zeit habe, die Frage vor dem Kandidaten zu beantworten. Ich weiß nämlich nicht viel.«

»Zusammen wissen wir genug. Bis später.«

Der Vormittag verlief angenehm ereignislos: keine Überraschungen, nichts wurde verschüttet, nichts ging zu Bruch. Joe fiel die Tube Arnikasalbe ein, die er in seiner Tasche hatte. Er freute sich darauf, sie Charlie Fiesling zu geben, und er stellte sich vor, wie er Charlie die Salbe gab und Charlie lächelte: ein echtes Lächeln. Vielleicht würde er ihm sogar leicht auf den Oberarm schlagen, wie Männer das machten, wenn sie sich über etwas freuten oder sich bedanken wollten. Vielleicht sagte Charlie ja sogar »Danke«, oder vielleicht nickte er auch nur einfach zum Dank, wie sie es in amerikanischen Filmen taten, so ein Nicken, das jeder ohne Worte verstand. Dann stellte Joe sich vor, wie er Charlie Fiesling am Montag fragte, ob die Arnikasalbe geholfen hatte, und er stellte sich vor, wie Charlie »Ja« sagte. Das, dachte Joe, würde für sie beide ein Neuanfang sein.

In der Mittagspause setzte sich Joe an seinen üblichen Platz und stellte seine Lunchbox und ein Glas Wasser vor sich auf den Tisch. Er hatte seine Lunchbox anhand von Janets Anweisungen im blauen Buch gepackt:

KÜCHE

Essen

Lunchbox: ein Sandwich oder ein Wrap mit Käse, Schinken oder Erdnussbutter (damit du genug Kohlehydrate und Eiweiß bekommst) in Alufolie oder Klarsichtfolie einwickeln, bevor du es in die Lunchbox packst; ein Stück Obst, z. B. einen Apfel oder eine Banane (kann zu dem Sandwich in die Box); ein Gemüse, z. B. ein Stück Möhre oder Gurke; ein Schokoriegel, z. B. Kitkat oder Mars. Nimm dir Wasser mit statt Limo oder Cola, das macht keine Flecken oder alles klebrig in deiner Tasche, falls es mal ausläuft.

Janet hatte ihm nie ein gekochtes Ei oder Thunfisch auf sein Sandwich getan, weil beides einen ziemlich intensiven Geruch verströmte und dazu führen könnte (wie in der Schule häufig geschehen), dass man ihn beschimpfte oder sich über ihn lustig machte.

Joe nahm die Sachen aus seiner Box und reihte sie in der Reihenfolge – von links nach rechts –, in der er sie essen würde, vor sich auf dem Tisch auf: ein Erdnussbuttersandwich (es war die einfachste und leckerste Sandwichvariante), Möhrensticks, einen Kitkat-Riegel und zum Schluss ein Stück Banane. Das Obst aß er immer zuletzt, denn wenn er als Letztes den Schokoriegel aß, hatte er hinterher den ganzen Nachmittag Lust auf Schokolade. Vor dem Essen trank er ein ganzes Glas Wasser, so hatte Janet es ihm gesagt, sie meinte, das würde seinen Magen schon ein bisschen füllen und dafür sorgen, dass er sein Essen nicht zu schnell in sich hineinschlang. Joe hatte nichts dagegen, dass sich jemand beim Essen zu ihm an den Tisch setzte, aber er wollte mit niemandem reden und auch niemandem zuhören, er wollte sich ganz auf sein Essen konzentrieren. So kam es, dass er meistens allein an einem Tisch saß, es sei denn, Chloe oder Pip hatten gleichzeitig mit ihm Mittagspause (was selten vorkam); die beiden hatten sich daran gewöhnt, dass Joe auf nichts reagierte, was sie sagten, und gingen ziemlich entspannt damit um.

Charlie Fiesling betrat den Personalraum, warf ein paar Münzen in den Automaten, drückte auf ein paar Knöpfe und schlug unnötigerweise auf den Automaten, während ein Lions-Riegel in die Schublade fiel. Er bückte sich, nahm den Riegel heraus und biss aggressiv hinein, während er am Kaffeeautomaten einen Kaffee wählte.

Joe spürte, wie seine Handflächen schwitzig wurden. Er hatte noch nie mit Charlie ein Gespräch angefangen, das widersprach seinem Verhaltensmuster. Joe arbeitete sich schnell durch sein aufgereihtes Mittagessen, denn er wollte Charlie Fiesling nicht gehen lassen, ohne ihm die Arnikasalbe gegeben zu haben. Nachdem er die Banane in aller Hast verschlungen hatte, klebte ihm der letzte Bissen so fest am Gaumen, dass er sich fragte, ob er ihn je hinuntergeschluckt bekam. Endlich gelang es ihm, und zur Sicherheit trank er noch einen guten Schluck Wasser hinterher. Dann räumte er seinen Tisch ab und brachte seine leere Lunchbox zu seinem Spind. Er öffnete seine Tasche, legte die

Lunchbox hinein und nahm die Salbe heraus. Während er das alles tat, beobachtete er Charlie über die Tür seines Spinds hinweg, was Charlie natürlich nicht entging. Er schüttelte missbilligend den Kopf und blätterte in einer Zeitschrift, die vor ihm auf dem Tisch lag. Etwas darin hatte seine Neugier geweckt, und er merkte erst, dass Joe sich ihm näherte, als dessen Schatten auf die Zeitschrift fiel. Charlie blickte auf, und als keiner von beiden ein Wort herausbrachte, zuckte Charlie die Achseln und sagte: »Kann ich etwas für Sie tun, junge Dame?«

»Ich bin's, Joe-Nathan«, sagte Joe und zeigte auf seine Brust.

»Ah, tatsächlich. Angezogen erkenne ich dich kaum wieder.«

»Ich habe …« Joe hielt inne. Das unerwartete Gespräch lenkte ihn ab, damit hatte er nicht gerechnet.

»Ja?«

»Ich habe dir etwas für deine blauen Flecken mitgebracht«, sagte Joe, nachdem er sich wieder gefasst hatte, und versuchte zu lächeln. Aber anscheinend hatte er das falsche Lächeln aufgesetzt, denn Charlie erwiderte es nicht, sondern wirkte eher entsetzt. Oder erschrocken. Joe wünschte, er hätte seine Mimik-Karten dabei (die hatte er ganz oft benutzt, als er noch zur Schule ging), um Charlies Gesichtsausdruck mit einem Gefühl in Verbindung zu bringen, das dazu passte.

»Was ist das?«, fragte Charlie und zeigte auf die Tube, die Joe ihm hinhielt, machte jedoch keine Anstalten, sie zu nehmen.

»Das ist Arnikasalbe. Für blaue Flecken.«

Charlie starrte Joe nur an.

»Man reibt die blauen Flecken damit ein, dann gehen sie schneller weg«, fuhr Joe fort.

In dem Augenblick ging die Tür zum Personalraum auf, und ein paar Kollegen kamen herein, unter ihnen Owen, der Charlie und Joe einen fragenden Blick zuwarf. Charlie riss Joe die Tube aus der Hand und ließ sie zwischen seinen Beinen verschwinden.

»Du solltest sie so bald wie möglich benutzen«, sagte Joe.

»Danke«, flüsterte Charlie hastig.

»Habe ich dir geholfen?«, fragte Joe, denn er hatte das Gefühl, einen kleinen Fortschritt erzielt zu haben.

»Was? *Ja!*« Charlie blickte an Joe vorbei in Owens Richtung. »*Hau ab.*«

»Okay«, sagte Joe und ging zurück in den Laden, obwohl seine Mittagspause noch gar nicht zu Ende war.

Aber bevor er die Tür hinter sich zuzog, hörte er, wie Charlie zu Owen sagte: »Der letzte Einfaltspinsel.«

KAPITEL 29

Einfache Regeln

Joe-Nathan legte ein paar grundsätzliche Regeln fest, während er nach Feierabend mit Chloe und Pip zum Pub ging: »Also, keiner übernachtet bei mir, und es wird nicht vor meine Tür gekotzt«, sagte er.

»Mit diesen Regeln hab ich kein Problem«, sagte Pip. »Ihr jungen Leute seid ja echt zimperlich. Als ich jung war, musste für mich ein Abend entweder mit Kotzen oder mit einem Fick enden, damit ich zufrieden war. Wer von euch hat denn zuletzt gekotzt?«

»Chloe. Und die Woche davor hat sie sich geprügelt, was immerhin besser war als die Kotze vor meiner Tür«, sagte Joe.

»Das mit der Prügelei ist also tatsächlich passiert?« Pip sah Chloe an. »Ich hab das für ein Gerücht gehalten.«

»Es war keine richtige Prügelei; ich hab nem Typen eine in die Fresse gehauen, und das war's«, sagte Chloe mit einem Achselzucken und ließ ihre Kaugummiblase platzen.

»Scheint ja hoch herzugehen in dem Pub«, bemerkte Pip grinsend.

»Ach was«, sagte Chloe. »Joe und seine Mum gehen da seit Jahren jede Woche hin, was soll da hoch hergehen?«

Als sie sich dem Pub näherten, verkündete Joe, dass er sich um die Getränke kümmern würde. »Ich habe im gelben Buch nachgeschlagen«, sagte er. »Da steht eine ganze Menge unter dem Stichwort *Pub*.«

»Was für ein gelbes Buch?«, fragte Pip.

»Das ist so ähnlich wie das blaue Buch, aber mit Ratschlägen in Bezug auf zwischenmenschliche Kontakte, nicht mit Tipps zu praktischen Dingen des alltäglichen Lebens.«

»Alles klar. Und was ist das blaue Buch? Hast du dir das gekauft?«

»In dem blauen Buch hat meine Mum alles aufgeschrieben, was ich ihrer Meinung nach wissen muss, um im Haus allein zurechtzukommen. Aber dann hat sie noch ein Buch angefangen, das gelbe, das mir im Falle ihres Todes überreicht werden sollte. Die Sachen im gelben Buch haben hauptsächlich mit Gefühlen zu tun und damit, wie man sich außerhalb des Hauses verhält. Es hat mir bisher schon gute Dienste geleistet.« Joe dachte an das, was unter der Überschrift *Unfälle und Verletzungen* stand, und wie es zu dem heutigen Gespräch mit Charlie geführt hatte.

»Habe ich dir geholfen?«, hatte Joe gefragt. Und Charlie hatte »Ja« gesagt. Bei der Erinnerung daran musste Joe innerlich lächeln.

»Ich glaube, das gelbe Buch kann mir helfen, Charlie dazu zu bringen, dass er mich mag«, sagte Joe, als sie gerade den Pub betreten wollten.

»Was?«, fragte Chloe und blieb stehen. »Ich hab dir doch gesagt, das brauchst du nicht zu machen.«

»Um was geht es hier eigentlich?«, fragte Pip.

Plötzlich wirkte Chloe wütend, und sie klang auch so. »Um Charlie aus dem Laden. Dieses Arschloch ist immer gemein zu Joe, und Joe meint, er muss Charlie dazu bringen, dass er damit aufhört und ihn in sein Herz schließt. Ich hab Joe gesagt, er soll sich die Mühe sparen, der Typ ist es nicht wert.«

Joe hielt die Tür auf, und Chloe stampfte kopfschüttelnd in den Pub. Sie stellten sich alle drei an den Tresen. Die beiden Frauen schwiegen, während Joe sich konzentrierte, um die Getränke zu bestellen. Er hatte die Seite im gelben Buch mehrmals gelesen, um sich alles genau zu merken:

PUB

Getränke bezahlen

Ich habe immer die Getränke bezahlt, wenn wir im Pub waren, aber wenn du mit Freunden hingehst, solltet ihr abwechselnd bezahlen. Vielleicht ist es am einfachsten, wenn du anfängst. Frag alle, was sie trinken wollen, bestelle die Getränke am Tresen und bezahle sie. Einer von deinen Freunden wird dann die nächste Runde bezahlen. Wenn jeder eine Runde bezahlt hat – und ihr noch länger bleiben wollt –, bist du wieder an der Reihe. Für andere Leute im Pub brauchst du keine Getränke zu bezahlen, nur für die Freunde, die in deiner Begleitung sind.

Nachdem Joe das Händeschütteln erledigt hatte und sie alle am (üblichen) Tisch saßen, sagte Pip: »Ich finde, Chloe hat recht. Wenn jemand gemein zu dir ist, solltest du deine Energie nicht darauf vergeuden, nett zu ihm zu sein.«

»Warum nicht?«, fragte Joe.

»Sieh's einfach mal so«, sagte Pip und band sich die Haare im Nacken zusammen, als würde es jetzt ernst. »Wir hatten mal einen Kater, und den hatten wir sehr lieb, aber dann kam eine fremde Katze immer wieder an unsere Tür und bettelte um Futter, und wir haben ihr welches gegeben – aber nur draußen –, und unser Kater schien diese fremde Katze zu mögen, und wir dachten, die beiden wären Freunde. Dann hab ich eines Tages Futter nach draußen gestellt, und die fremde Katze hat angefangen zu fressen, und als unser Kater nach draußen kam, hat die andere Katze ihn angefallen. Da haben wir aufgehört, die fremde Katze zu füttern, weil sie unseren Kater terrorisiert hat. Und ich hab zu meiner kleinen Schwester gesagt: ›Wenn ein Kind, das dich in der Schule immer ärgert, zu uns nach Hause käme, würde ich es nicht zum Essen einladen!‹ Versteht ihr, was ich meine?«

»Total«, sagte Chloe, und alle tranken einen Schluck.

»Hm ...« Joe wirkte verwirrt. »Wenn da also ein Rabauke wäre und Hunger hätte, also, wenn er richtig Hunger hätte und dich um Essen anbetteln würde, dann würdest du ihm keins geben? Weil er gemein ist?«

Einen Moment lang sagte niemand etwas. Joe dachte, er hätte sich unklar ausgedrückt, deswegen wiederholte er noch einmal, was er zu sagen hatte: »Wenn jemand gemein ist und um Essen bettelt, soll man ihm dann etwas geben oder nicht? Selbst wenn es nur ein Schulkind ist – wie deine kleine Schwester? Würdest du dem auch nichts geben?«

»Ich ...« Pip sah erst Joe, dann Chloe ratlos an. »Nein, ich ... Ach Gott, Joe.«

»So ist er eben«, sagte Chloe mit einem Achselzucken. »Er bringt einen zum Nachdenken. Das ist echt nervig.«

»Wenn du das so siehst«, sagte Pip.

Chloe schüttelte den Kopf.

»Hast du das so gemeint?«, fragte Joe noch einmal. Er wollte endlich eine Antwort. »Du würdest einem Rüpel nichts zu essen geben, selbst wenn er am Verhungern wäre?«

»Na ja, vielleicht. Vielleicht würde ich ihm was geben«, sagte Pip und lehnte sich auf ihrem Stuhl zurück.

»Und was wolltest du dann mit deiner Katzengeschichte sagen?«, fragte Joe.

»Du hast ihr die Pointe verdorben«, sagte Chloe.

»Oh.«

»Aber ich sage immer noch, jag Charlie zum Teufel, du brauchst ihn nicht, und ich hab keine Katzen- oder Hundegeschichte auf Lager, um dich von meiner Meinung zu überzeugen«, sagte Chloe. »Nur meinen Instinkt. Einfache Regeln. Wenn jemand dich angreift, schlag zurück, so fest du kannst; und wenn jemand dich nicht ausstehen kann, dann lass ihn links liegen.«

Joe nickte. Ihm gefiel, was Chloe sagte, denn es klang tatsächlich nach einfachen Regeln, die man leicht befolgen konnte. Er war drauf und dran gewesen, Chloe von Charlies blauen Flecken zu erzählen, und dass sein Plan mit der Arnikasalbe zu funktionieren schien, aber Charlie Fiesling hatte gesagt, er dürfte mit keinem über seinen Körper sprechen, und Chloe hatte zum wiederholten Mal gesagt, er sollte nicht versuchen, Charlie dazu zu bringen, ihn zu mögen, deshalb entschloss sich Joe, nichts zu sagen.

»Anderes Thema«, sagte Pip und nahm Papier und Stift aus ihrer Handtasche. »Ich würde gern mit euch über den Quiz-Abend reden. Was sind eure Spezialthemen?«

KAPITEL 30

Abschluss

Der Freitagabend war ohne Übernachtungswünsche, Übelkeit und Faustkämpfe vergangen, und Joe-Nathan ging nach vier Bier nach Hause, machte sich einen Toast mit Käse, sah sich vier Folgen von *F.R.I.E.N.D.S* an und legte sich ins Bett. Was ihn am meisten beunruhigte, seit seine Mum nicht mehr lebte, war die Stille im Haus. Angus hatte gesagt, nach der Beerdigung würde er das Thema abschließen können, dann würde ihm alles leichter fallen. Aber Joe hatte eigentlich nicht so richtig verstanden, was Angus mit abschließen meinte, und hatte sich noch einmal die Folge von *F.R.I.E.N.D.S* angesehen, in der »Ross die Wahrheit herausfindet« (Staffel 2, Folge 7), hatte immer und immer wieder die Stelle abgespielt, wo Rachel sagt: »Ich bin fertig mit dir, mein Freund, für mich ist die Sache endgültig abgeschlossen!« Er lag im Bett und fragte sich, ob für ihn nach der Beerdigung die Sache mit seiner Mum »abgeschlossen« sein würde wie für Rachel in der Serie. Er wusste, dass mit jemandem »abgeschlossen« zu haben, bedeutete, dass man anfing, die Person zu vergessen und ohne die Person wieder glücklich zu sein. Wenn er Janet vergaß, wären da aber immer noch ihr Foto an der Wand und das blaue und das gelbe Buch, lauter Dinge, die ihn ständig an sie erinnerten, aber wenn er endgültig mit ihr »abgeschlossen« hatte, würden diese Dinge dann ausreichen? Er war auf der Beerdigung seines Dads gewesen, und seinen Dad hatte er *nicht* vergessen. Und er würde auch nicht zulassen, dass die Beerdigung dazu führte, dass er seine Mum vergaß, er würde dafür sorgen, dass er sich jeden Tag an sie erinnerte. Wenn er sich nur an die Stille gewöhnen könnte, die im Haus herrschte, seit seine Mum nicht mehr da war, wenn diese Stille sich nur genauso anfühlen würde wie die

Stille, als seine Mum noch da war, dann würde es ihm schon viel besser gehen.

Joe wachte um vier Uhr auf und lag grübelnd im Bett. Das war neu, er hatte noch nie Schlafprobleme gehabt, außer wenn es extrem heiß oder wenn er krank war; aber es war noch nie vorgekommen, dass seine Gedanken ihn wachgehalten hatten. Es war Schlafenszeit, da sollte man im Bett liegen, deswegen wollte er nicht aufstehen, auch nicht, nachdem er sich sechsundvierzig Minuten lang hin und her gewälzt hatte. Aber nach genau einundsechzig Minuten schlug er die Decke zurück und stand auf. Er schaltete seine Schreibtischlampe ein, nahm ein neues Fotoalbum aus dem Regal und schlug es vorne auf. Dann ging er ins Bad, zog an der Strippe des Lampenschalters und blinzelte in dem grellen Licht. Er steckte den Stopfen ins Waschbecken, und während das Becken sich mit Wasser füllte, betrachtete er sein Spiegelbild. Er konnte nichts in seinem Gesicht entdecken, das darauf hindeutete, dass er ein Mann war, der gerade eine Stunde Schlaf verloren hatte oder der die stille Gegenwart seiner Mum vermisste.

Als das Becken voll war, nahm er die *Imperial Leather*-Seife und wusch sich immer und immer wieder die Hände, so lange, bis das Seifenstück fast aufgebraucht oder zumindest seiner Meinung nach dünn genug war. Dann nahm er die Pinzette aus dem Spiegelschrank und legte sie zusammen mit der Seife auf ein Handtuch. Er schrubbte das schaumige Waschbecken, bis es glänzte. Anschließend entfernte er vorsichtig das Etikett von der Seife, brachte es zu seinem nagelneuen Fotoalbum, trug einen Tropfen Kleber auf und klebte es ehrfürchtig in die obere linke Ecke der ersten Seite. Die Etiketten in diesem Album würden die Anzahl der Seifenstücke markieren, die Joe verbraucht hatte, seit seine beiden Eltern tot waren.

»Ich werde euch nie vergessen«, gelobte er.

Für den Samstagmorgen hatte Joe sich den Wecker auf 8 Uhr gestellt, eine Stunde später als an den anderen Wochentagen.

Nachdem er das Etikett eingeklebt hatte, war er wieder ins Bett gegangen, hatte aber keinen Schlaf mehr gefunden, und jetzt nervte es ihn, dass er sich noch eine weitere Stunde im Bett herumwälzen musste, bis der Wecker endlich klingelte. Mehr und mehr fühlte er sich wie Chloe, die immer aus dem Jetzt wegwollte und sich nach dem Später sehnte, lange bevor es so weit war. Es war kein angenehmes Gefühl.

Hazel und Angus hatten Joe versprochen, ihn um 10:30 Uhr abzuholen und zum Bestattungsinstitut zu begleiten. Hazel hatte ihm erklärt, dass Janet jetzt dort in der Kapelle war und dass der Bestatter sich mit Joe über die Einzelheiten der Beerdigung unterhalten und ihm erklären wollte, was von ihm, Joe, erwartet wurde – was sehr wenig war, wenn er das richtig verstanden hatte. Seine Hauptaufgabe bestand darin, sich eine Grabinschrift auszudenken, und das hatte keine Eile, denn die brauchte am Tag der Beerdigung noch nicht fertig zu sein. Trotzdem war es eine Aufgabe, die erledigt werden musste. Nachdem er sich angezogen und gefrühstückt hatte, blieben Joe noch zwei Stunden, bis Hazel und Angus ihn abholen würden, und die verbrachte er in der Werkstatt hinten im Garten. Der angenehme Geruch nach Sägemehl erinnerte Joe an Sonntage, sonnige Tage und seinen Dad. Ganz hinten in der Werkstatt stand ein Schrank, und darin waren lauter kleine Farbdosen und Pinsel und Werkzeuge, alles blitzsauber und ordentlich angeordnet. In diesem Schrank verwahrte Joe auch seine Inschrift-Entwürfe auf, und ab und zu nahm er sie heraus, um sie sich anzusehen. Er hatte jeden einzelnen in ein Holzbrett der Größe DIN A4 eingebrannt, und zwar mit seinem Lieblingswerkzeug: dem Holzbrennstift. Die Ränder der Bretter hatte er sorgfältig rundgeschmirgelt. Bis jetzt waren es sechs Stück mit Inschriften, die er im Lauf der letzten fünf Jahre auf Grabsteinen gesehen oder von denen er irgendwo gehört hatte, lauter Inschriften, die ihn auf die eine oder andere Weise beeindruckt hatten:

HIER LIEGT FRED, DER ARME TROPF,
EIN STEIN FIEL IHM AUF DEN KOPF.
ICH HAB DIR GESAGT, MEINE FÜSSE BRINGEN MICH NOCH UM.
NOCH EINER, DER DEN LÖFFEL ABGEGEBEN HAT.
GESTORBEN, WEIL ER ES VERSÄUMT HAT, DIESE
NACHRICHT AN ZEHN LEUTE WEITERZULEITEN.
PHOEBE BUFFAY, LEBENDIG BEGRABEN.
ES IST DUNKEL HIER UNTEN.

Doch obwohl diese Inschriften ihm gefielen (er fand sie alle lustig), dienten sie ihm nicht als Inspiration für eine Inschrift auf dem Grabstein seiner Mutter. Sie hatte ihm die Wahl gelassen, aber wie sollten so wenige Wörter ihr auch nur halbwegs gerecht werden? Wenn er an alles dachte, was sie für ihn getan hatte, wie sie ihn umsorgt, sich um ihn gekümmert hatte … Auf einem Grabstein war nicht genug Platz, um all die Dinge zu erwähnen, an die er sich erinnern wollte. Aber alles, was sie für ihn getan hatte, und alles, was sie ihm hinterlassen hatte – die Bücher, ihre Fürsorglichkeit und Aufopferung – war aus Liebe geschehen, und die Liebe war nicht weg; sie hatte ja sogar in ihrem Brief geschrieben, dass nicht einmal der Tod ihm diese Liebe nehmen konnte. Joes Mum war gestorben, aber ihre Liebe war nicht mit ihr gestorben. Ihr Herz hatte aufgehört zu schlagen, aber ihre Liebe hatte überlebt. Er stöpselte seinen Holzbrennstift ein und brannte zur Übung Wörter in ein säuberlich geschmirgeltes DIN-A4-Brett, um schon einmal auszuprobieren, wie sie aussahen.

KAPITEL 31

Tote in Mülltonnen

Der Bestatter war nett, doch Joe wollte nur weg. Es war zu dunkel und zu still in dem Raum; alles war gedämpft wie ein verschneiter Morgen. Von irgendwo weit weg kam leise Musik, aber sie war nicht fröhlich genug, und Joe sehnte sich nach dem Montagmorgen und dem sauberen, weißen Compass Store, nach lächelnden Kunden und ernsten Kunden, nach Spinden, Einkaufswagen und fröhlicher Musik. Aber bis dahin waren es noch sechsundvierzig Stunden.

Hazel saß sehr aufrecht rechts neben Joe, und Angus saß in sich zusammengesunken links neben ihm, die Arme vor der Brust verschränkt. Der Bestatter wirkte von allen am traurigsten, die Mundwinkel perfekt nach unten gezogen, genau wie auf Joes Mimik-Karten.

»Die Nachricht vom Tod Ihrer Mutter hat mich traurig gemacht«, sagte er. »Ich habe sie kennengelernt, als Ihr Vater verstorben ist, seitdem habe ich mich zweimal mit ihr getroffen, und ich versuche zwar, mich an jeden zu erinnern, der durch diese Tür hereinkommt, aber es sind wirklich viele Leute.« Die Mundwinkel des Bestatters schienen noch weiter nach unten zu zeigen. »An Ihre Mutter kann ich mich jedoch sehr gut erinnern.«

»Warum war sie denn bei Ihnen?«, fragte Joe.

»Warum? Natürlich, um ihre Beerdigung zu planen. Sie wollte Sie nicht damit belasten. Das ist durchaus nichts Ungewöhnliches, denn manche Trauernde fühlen sich mit solchen Dingen überfordert. Ihrer Mutter war es wichtig, Ihnen die Sache so leicht wie möglich zu machen. Ich habe Sie heute hergebeten, um mit Ihnen über die Pläne Ihrer Mutter zu sprechen und die Entscheidungen zu erläutern, die sie Ihnen überlassen möchte.

Ich versichere Ihnen, es ist alles ganz einfach. Und das Finanzielle ist auch schon geregelt.«

»Das Finanzielle?«

»Es ist alles bereits bezahlt.«

»Ich wusste nicht, dass man dafür bezahlen muss, beerdigt zu werden«, sagte Joe.

»Aber ja!«, sagte der Bestatter. »Das kann sogar sehr teuer sein.« Er schaute Hazel an. »Natürlich haben wir auch sehr gute preiswerte Varianten im Angebot sowie verschiedene Zahlungspläne.«

Joe sah, wie Hazel ihre Handtasche fest umklammerte, und hörte, wie Angus »Himmel« vor sich hin murmelte.

Der Bestatter widmete seine Aufmerksamkeit einem Ordner, der aufgeschlagen vor ihm auf dem Tisch lag. »Ihre Mutter hat alle wichtigen Dinge aufgelistet, einschließlich einer Gästeliste.« Er reichte Joe einen Bogen Papier, und Joe betrachtete die Namen und Telefonnummern. »Sie hat festgehalten, welche Kleidung sie tragen möchte, einschließlich der Schuhe. Wenn Sie dafür sorgen könnten, dass diese Kleidungsstücke so bald wie möglich hergebracht werden, wäre ich Ihnen sehr verbunden. Sie hat einige Musikstücke aufgelistet und den Wunsch geäußert, dass Sie, Joe, das Stück aussuchen, das als letztes gespielt wird. Die Wahl steht Ihnen völlig frei. Sie hat uns ein paar Texte gegeben, die vorgelesen werden könnten, aber sie würde es vorziehen, wenn Sie, Joe, ein Gedicht oder einen kurzen Text auswählen oder eine Rede schreiben würden. Wenn Sie am Tag der Beerdigung nicht selbst sprechen wollen, möchte sie, dass Hazel oder Angus oder eine andere befreundete Person den Text an Ihrer Stelle vorträgt. Außerdem sollen Sie die Grabinschrift formulieren. Das hat allerdings keine Eile, lassen Sie sich ruhig Zeit.« Jetzt lächelte der Bestatter sie alle drei an. »Alles ziemlich klipp und klar, würde ich sagen. Jetzt brauchen wir nur noch einen Termin. Wie viel Zeit werden Sie brauchen, um alles vorzubereiten? Für diesen Freitag habe ich eine Stornierung, sonst müsste es ein Termin in der darauffolgenden Woche sein. An den Wochenenden sind wir allerdings komplett ausgebucht.«

»Wie kann man denn eine Beerdigung stornieren?«, fragte Angus leicht angewidert.

Der Bestatter warf ihm einen kurzen Blick zu, ignorierte jedoch die Frage.

»Irgendwelche Vorschläge?«

»Ich arbeite freitags, und nach der Arbeit gehe ich in den Pub«, sagte Joe.

»Ah, ja.« Der Bestatter blätterte eine Seite in seinem Ordner um. »Der Trauerkaffee soll im *Ink & Feather* stattfinden. Ich habe hier einen Scheck und ein paar Anweisungen für die Wirtin.«

»Ich arbeite freitags«, wiederholte Joe.

»Die meisten nehmen sich für eine Beerdigung einen Tag frei«, sagte der Bestatter.

»Ja, das stimmt«, sagte Angus, und Hazel nickte.

Die Vorstellung, einen Arbeitstag zu verpassen, verursachte Joe Unbehagen, aber er nickte, und der Bestatter sagte: »Dann also am Freitag, damit wäre das geklärt.«

Es mussten noch ein paar Formalitäten erledigt werden, dann war das Gespräch beendet. Angus ging voraus, öffnete die Tür und eilte die Stufen hinunter.

»Warte doch«, sagte Hazel.

Angus blieb stehen und drehte sich um, die Hände in die Hüften gestemmt. »Tut mir leid, ich kann solche Orte nicht ausstehen.« Er schüttelte sich theatralisch, dann sah er Joe durchdringend an. »Wenn ich sterbe, packt mich einfach in einen Plastiksack und werft mich in eine Mülltonne – und zwar nicht in die gelbe, sondern in die schwarze für den Restmüll. Die werden dienstags geleert.«

»Also wirklich, Angus, das ist geschmacklos«, sagte Hazel. »Hör nicht auf ihn, Joe, er meint das nicht so.«

Angus zeigte mit dem Finger auf Joe. »Oh doch, ich meine das sehr ernst. Hier ...« Er hob die Arme. »Probier mal, ob du mich hochheben kannst, ich will sehen, ob du es schaffst, mich in die Mülltonne zu werfen.«

Joe zögerte, normalerweise fasste er niemanden an, doch dann legte er die Arme um Angus und hob ihn hoch. Angus war klein und drahtig, und auch wenn es nicht ganz einfach war, gelang es Joe, ihn ein ganzes Stück hochzuheben.

»Alles klar, du bist der Richtige für den Job – du kannst mich jetzt wieder runterlassen. Und falls du es doch nicht schaffst, wenn es so weit ist, kipp die Mülltonne einfach um, dann kannst du mich reinschieben.«

»Angus!« Hazel schlug ihn mit ihrer Handtasche. »Hör auf damit!«

»Das ist jedenfalls besser als ein verdammter Zahlungsplan! Der Typ hat doch schon mit den Augen Maß genommen für deinen Sarg!«, sagte Angus.

»Ja, das hab ich gemerkt«, sagte Hazel. »Ich werde über die Mülltonnen-Option nachdenken.«

»Andererseits«, sagte Angus und rieb sich nachdenklich das Kinn. »Unser Freund hier könnte mächtig Ärger kriegen, wenn man ihn dabei erwischt, wie er unsere Leichen in Mülltonnen entsorgt. Also vergiss das Ganze lieber, Kumpel.«

Joe war erleichtert, dass er sich um keine weitere Beerdigung als die seiner Mum kümmern musste.

»Okay«, sagte er.

KAPITEL 32

Ein Sofa für draußen

Am Sonntagmorgen machte Joe-Nathan sich eine Liste der Dinge, die er zu erledigen hatte – unter anderem die Schimpfwortkiste für Chloe – und stellte sich den Wecker so, dass er im Lauf des Tages zwölfmal klingelte. So hatte er pro Aufgabe eine Stunde – für die Holzarbeiten kalkulierte er allerdings zwei Stunden ein –, und um 19 Uhr würde er mit allem fertig sein, dann konnte er sich sein Abendessen zubereiten, danach F.R.I.E.N.D.S schauen und ins Bett gehen. Struktur sorgte stets für Orientierung und Sicherheit und lieferte die Trittsteine, die er brauchte, um durch den Tag zu kommen. Für den Montagmorgen stellte er den Wecker etwas früher, als kleinen Ausgleich dafür, dass er sich den Freitag freinehmen musste, aber auch, weil er es nicht erwarten konnte, wieder in den Compass Store zu kommen.

Als Joe am Montagmorgen den Baum vor dem Eingang zum Laden mit dem Friedenszeichen grüßte, war ihm, als würde mit einem einzigen großen Seufzer alle Luft aus seinem Körper entweichen, als hätte er seit Freitagnachmittag die ganze Zeit den Atem angehalten. Vorsichtig setzte er seine Füße auf die unebenen Gehwegplatten und spürte, wie die Vertrautheit durch seine Schuhsohlen in seinen Körper sickerte. Die Türen glitten auf, und Joe-Nathan betrat ganz langsam den Laden. Er war ganz im Hier und Jetzt – es war das Einzige, was zählte, der gegenwärtige Moment –, als er nach Norden in Richtung Mosaik ging und dann nach Nordwesten (als käme er aus einem fremden Land nach Hause) in Richtung Personalraum abbog.

Der Personalraum war leer und sehr aufgeräumt, so als wäre gerade erst der Putzdienst hier gewesen. Joe legte seine Tasche in seinen Spind, zog die grüne Schürze über und befestigte die Klettverschlüsse mit großer Sorgfalt, sodass beide Teile ganz genau aufeinandertrafen. Er stellte seine Lunchbox in den leeren Kühlschrank, der ganz leicht nach Desinfektionsmittel roch, und setzte sich an einen Tisch. Er tat alles ganz langsam, spürte den Wert jeden Moments. Er schloss die Augen und lauschte auf die leisen Geräusche und Nicht-Geräusche im Raum. Der Kühlschrank gab einen klagenden Laut von sich, und Joe öffnete die Augen und ließ den Blick wandern, freute sich über die ordentlich unter die Tische geschobenen Stühle, die makellos sauberen Tischplatten, die am Ende des Tresens gesammelten Sachen, die die Leute vergessen hatten und die der Putzdienst dort hingelegt hatte. Sein Blick wanderte weiter zur Spüle, zu dem Putzlappen, den jemand schön gefaltet und dann zum Trocknen über den glänzenden, gebogenen Wasserhahn gehängt hatte. Aber etwas in dem kleinen Stapel am Ende des Tresens hatte seine Neugier geweckt. Zwischen den Sachen – einem roten T-Shirt, einem Buch, einem Klappschirm – befand sich eine weiße Tube mit violetter Schrift, die an einer Stelle leicht eingedrückt war, aber ansonsten nagelneu wirkte. Joe stand von seinem Stuhl auf und trat vorsichtig näher. Es war – wie er befürchtet hatte – die Tube mit der Arnikasalbe.

Joe nahm sie und fragte sich, ob es sich möglicherweise um eine andere Tube handeln konnte, aber nein, sie sah genauso aus wie die, die er Charlie gegeben hatte. Die Ruhe, die Joe erfüllt hatte, seit er in den Personalraum gekommen war, verflüchtigte sich, als sein Kopf sich mit Gedanken füllte. Konnte es sein, dass Charlie die Salbe benutzt und dann liegengelassen hatte? Das war unwahrscheinlich: Charlie hatte die Salbe sicher nicht während der Arbeit aufgetragen, er versteckte seine blauen Flecken und hätte das bestimmt zuhause getan. Vermutlich hatte er die Salbe einfach vergessen. Joes Mum hatte immer gesagt: *Manchmal ist die einfachste Erklärung die richtige.* Joe las die Aufschrift auf der Seite der Tube: *traditionell zur Schmerzlinderung bei blauen Flecken.* Joe ging zu seinem Spind und steckte die Tube in seine Tasche. Wenn er Charlie sah, würde er sie ihm geben und darauf achten, dass Charlie sie sich in die Hosentasche steckte oder in seinen Spind legte und nicht einfach auf den Stuhl zwischen seine Beine, wo er sie leicht vergessen konnte. Und Joe würde ganz diskret vorgehen, damit Charlie Fiesling sich nicht aufregte und verstand, dass Joe ihm nur helfen wollte.

Heute war Joe wieder dran mit dem Einsortieren von Suppendosen. Es war eine seiner Lieblingsaufgaben, denn sie nahm ihn voll und ganz in Anspruch. Er genoss jeden einzelnen Moment – er dachte nicht an die vorige Dose und auch nicht an die nächste – und war jedes Mal überrascht, wenn er sich zurücklehnte und den riesigen, perfekten Stapel sah, den er errichtet hatte. Und es überraschte ihn auch, all die vielen Kunden zu sehen, die sich durch den Laden bewegten wie Fischschwärme. Einer näherte sich und wollte eine Dose aus Joes Stapel nehmen. Joe räusperte sich, hob eine Hand und trat einen Schritt vor. Es entstand ein seltsamer Moment, in dem der Kunde wie in Zeitlupe nach der Dose griff, ohne den Blickkontakt mit Joe zu unterbrechen, der ihn mit seinem Blick anzuflehen schien, die Dosen nicht zu berühren. Die Suppendose wurde so vorsichtig im Einkaufswagen des Kunden verstaut, als könnte sie explodieren, dann ging der Kunde langsam rückwärts weg, während er Joe beäugte wie ein Tier in einem Käfig, aus dem es jeden Augenblick ausbrechen konnte.

Joe seufzte.

»Hey, das sieht toll aus«, sagte Chloe. »Wie geht es dir?«

»Okay«, sagte Joe. »Du bist zur Beerdigung meiner Mutter am Freitag eingeladen. Es gibt keine richtigen Einladungen wie zu einem Geburtstag, ich sage dir einfach Bescheid, und du kannst kommen, aber du musst nicht.«

»Na klar komme ich. Um wie viel Uhr?«

»Drei Uhr, und du bist auch zum Trauerkaffee hinterher im Pub eingeladen. Du bekommst zwei freie Getränke.«

»Danke, Joe.«

»Und es wird nicht geschlagen und nicht gekotzt«, sagte Joe.

»Wusstest du nicht, dass es bei Beerdigungen immer Schlägereien gibt?«

»Wirklich?«

»Nein, war nur ein Scherz. Keine Sorge, und außerdem hab ich erst einmal jemanden geschlagen und erst einmal gekotzt. Ich mache das nicht die ganze Zeit.«

Chloe klopfte leicht auf den Einkaufswagen. Joe warf einen Blick auf seine Armbanduhr. Es war 12 Uhr 22. »Hast du Charlie heute schon gesehen?«, fragte er.

»Nein, hatte noch nicht das Vergnügen.« Chloe zwinkerte ihm zu und ging.

Als die Suppendosen alle gestapelt waren, brachte Joe den Einkaufswagen zurück ins Lager, dann ging er nach Westen zu Hugos Büro. Die Tür stand offen, und Hugo Boss saß auf die Ellbogen gestützt an seinem Schreibtisch und betrachtete seinen Bildschirm. Joe blieb still in der Tür stehen, er wollte Hugo nicht stören.

»Hallo, Joe, wie geht es dir?« Hugo richtete sich auf, als er Joe sah.

»Es geht mir gut.«

»Kann ich etwas für dich tun? Komm rein!«

Joe machte einen zögerlichen Schritt in das Büro, den Blick auf den Teppich gerichtet.

»Was ist los, Joe?«

»Ist Charlie heute hier?«

»Nein, er hat frei.«

»Ist er krank?«

»Er ist krankgeschrieben, aber nichts Schlimmes, es hat nichts mit dem Bleichmittel zu tun. Ist bei dir übrigens alles in Ordnung? Irgendwelche Symptome von dem Bleichmittel?«

»Nein.«

»Schön«, sagte Hugo und wartete, denn er konnte sich schon denken, dass Joe noch etwas auf dem Herzen hatte und Zeit brauchte, um es auszusprechen.

»Ich habe etwas für Charlie, können Sie mir sagen, wo er wohnt?«

Hugo beugte sich vor. »Tut mir leid, Joe«, sagte er freundlich, »aber solche Informationen darf ich nicht herausgeben. Er kommt bestimmt morgen wieder zur Arbeit, spätestens am Mittwoch. Hat das bis dahin Zeit?«

»Nein«, sagte Joe.

»Es tut mir wirklich leid, aber es muss warten, ich darf dir nicht sagen, wo er wohnt. So sind die Vorschriften.«

»Ach so. Die Vorschriften.«

»Kann ich sonst irgendetwas für dich tun?«

»Sie sind zur Beerdigung meiner Mum am Freitag eingeladen. Es gibt keine schriftlichen Einladungen wie für eine Geburtstagsparty, ich sage Ihnen einfach Bescheid, und Sie können kommen, Sie müssen aber nicht.«

»Mensch, Joe«, sagte Hugo, stand auf und kam hinter seinem Schreibtisch hervor. »Ich habe deine Mum nicht besonders gut gekannt.«

»Nein, aber Sie stehen auf ihrer Liste. Sie hat neben Ihren Namen geschrieben, dass Sie Ihnen sehr dankbar dafür ist, wie Sie sich um mich kümmern. Und für Ihre Liebenswürdigkeit.«

Hugo runzelte die Stirn und fasste sich an die Brust. »Es wird mir eine Ehre sein, zu ihrer Beerdigung zu kommen. Danke.«

Joe verließ Hugos Büro. Seine nächste Aufgabe war es, die Gänge zu fegen, und er ging über das Mosaik zum Lager, um den großen Besen zu holen. Es war sehr befriedigend, den breiten Besen über den Boden zu schieben und den Staub zusammenzufegen, und es war noch befriedigender, wenn Gegenstände auf dem Boden herumlagen, wie Dosendeckel oder zerknüllte Kassenzettel.

»Hey, Joe«, sagte Chloe. Joe blieb mit seinem Besen stehen. »Möchtest du vielleicht, dass ich am Freitag vor der Beerdigung bei dir vorbeikomme? Um zu sehen, ob deine Krawatte richtig sitzt und so'n Scheiß.«

Joe dachte an die Schimpfwortkiste, die er gerade bastelte

und die er hoffentlich bis zum Wochenende fertigbekam. Chloe konnte wirklich reich sein bis zum Jahresende. »Ja. Ich werde eine Krawatte tragen. Hazel hat gesagt, sie würde mir helfen, aber sie macht es vielleicht nicht richtig.«

»Sie macht es bestimmt richtig, aber ich komme trotzdem. Hast du mal überlegt, zum Frisör zu gehen?«

Joe betastete seinen Kopf. »Nein.«

»Ich dachte nur, falls du vorhast, dir die Haare schneiden zu lassen, solltest du es vielleicht vor der Beerdigung machen. Und deine Fingernägel könntest du dir auch mal schneiden.«

Joe lehnte den Besenstiel gegen seinen Oberkörper und betrachtete seine Hände.

»Charlie hat sich krankgemeldet«, sagte er.

»Und?«

»Ich frage mich, wo er wohnt.«

»Wieso? Willst du ihm ein paar Träubchen bringen, oder was?«

»Nein.« Joe überlegte, ob er ihr das mit der Arnikasalbe erzählen sollte, aber er wusste, dass sie es missbilligen würde.

Chloe zuckte die Achseln. »Ich glaub, er wohnt unten bei den Gaswerken, hinter der Straße mit den kleinen Läden und Imbissbuden. Pip sagt, sie hat gehört, er hat ein Sofa im Vorgarten stehen. Was für ein Scheißklischee.« Jemand sagte *Verzeihung*, und Chloe drehte sich zu einer alten Frau um, die eine noch ältere Frau bei sich hatte. Die zwei Frauen flüsterten etwas von *Frauensachen*, und Chloe führte sie zu Gang acht.

Joe lächelte innerlich, während er den Vorspann von *F.R.I.E.N.D.S* vor seinem inneren Auge sah, in dem seine sechs Lieblingsfiguren sich lachend um ein Sofa gruppierten, das draußen neben einem Springbrunnen und einer Stehlampe stand.

Konnte es stimmen, dass Charlie in einem Haus wohnte, wo es draußen ein richtiges Sofa gab? Etwas Großartigeres konnte Joe sich kaum vorstellen.

KAPITEL 33

Ein guter Preis

Bevor er sich am Abend auf die Suche nach Charlies Haus machte, beendete er sein Abendessen, räumte den Tisch ab, trank seinen Tee auf der Gartenbank und nahm sich das gelbe Buch vor. Er wollte nachsehen, ob seine Mum ihm einen Rat geben konnte für den Fall, dass man irgendwohin ging, wo man noch nie gewesen war, und an eine Tür klopfte, durch die man noch nie gegangen war.

Was seinen Fragen am nächsten kam, fand er unter:

REISEN

Zu Fuß

Wenn du zu Fuß irgendwohin gehen willst, achte darauf, dass du dich früh genug auf den Weg machst, um rechtzeitig wieder zuhause zu sein. Geh nicht allein im Dunkeln. Nimm deine Tasche mit und achte darauf, dass du dein Handy mitnimmst (aufgeladen) sowie genug Bargeld, um notfalls mit dem Taxi nach Hause fahren zu können. Nimm eine Flasche Wasser und etwas zu essen mit und zieh dir bequeme Schuhe an.

Joe konnte all diese Ratschläge befolgen, aber das half ihm nicht weiter bei der Frage, wie er sich verhalten sollte, wenn er vor Charlies Tür stand. Er ging noch einmal das Inhaltsverzeichnis durch und entschied sich für den Abschnitt *Besuche*.

Besuche

Kurzbesuche (für längere Besuche mit Übernachtung lies den nächsten Abschnitt)

Bemüh dich, pünktlich zu erscheinen, aber nicht mehr als fünfzehn Minuten vor der verabredeten Zeit. Bemüh dich, nicht zu spät zu kommen. Falls man dir keine anderen Anweisungen gegeben hat, drück die Klingel oder klopf an der Haustür an. Mach zwei Schritte zurück, nachdem du geklingelt oder geklopft hast. Wenn jemand die Tür öffnet, lächle und sag »Hallo« oder stell dich in gewohnter Weise vor und warte, bis man dich ins Haus bittet. Frag, ob du die Schuhe ausziehen sollst. (Denk dran, für alle Fälle Socken ohne Löcher zu tragen!) Warte, bis man dir einen Sitzplatz anbietet; normalerweise sagen dir die Leute, wohin du dich setzen sollst. Leg nicht die Füße hoch (nicht, dass ich dir das zutrauen würde). Bitte nicht um ein Getränk, es sei denn, du hast fürchterlichen Durst, und in dem Fall bitte um ein Glas Wasser. Warte immer, bis dir etwas angeboten wird, bitte nicht um etwas zu essen. Frag immer um Erlaubnis, bevor du etwas anfasst oder dir die Bücherregale der Leute ansiehst. Schau niemals in den Kühlschrank oder in die Schränke. Auf keinen Fall darfst du bei Leuten aufräumen oder irgendetwas anders anordnen. Falls du zur Toilette musst, frag, wo sie ist und hinterlass alles – Handtuch und Waschbecken –, wie du es vorgefunden hast.
Schwieriger ist es zu wissen, wann der richtige Zeitpunkt gekommen ist, sich zu verabschieden. Wenn du nur zu einer Tasse Kaffee und einem Plausch eingeladen bist, bleib etwa eine Stunde, das ist eine gute Faustregel. Aber brich nicht plötzlich auf, wenn du gerade mitten im Gespräch bist. Wenn du gehen möchtest und nicht so recht weißt, wie du es anstellen sollst, sag etwas wie »Ich muss jetzt wirklich gehen« und steh auf. Vergiss nicht, dich für die Gastfreund-

schaft zu bedanken. Wenn du möchtest, kannst du die Leute für das nächste Mal zu dir einladen, aber das musst du nicht.

Joe las diese Anweisungen und auch die zum Thema *Reisen/ Fußmärsche* mehrmals. Sie beantworteten seine Fragen, was einen Besuch bei Charlie Fiesling anging, nicht so richtig, denn erstens wusste er nicht genau, wohin er ging, und zweitens war er nicht eingeladen. Er packte alles Notwendige in seine Tasche, auch die Tube Arnikasalbe. Dann machte er die Augen ganz fest zu, und seine Lippen bewegten sich kaum merklich, während er betete, dass Charlie, wenn er ihm einen Sitzplatz anbot, auf das Sofa im Vorgarten zeigen möge.

Er wusste, wo die Gaswerke waren. In der Straße mit den kleinen Läden und Imbissbuden, die Chloe erwähnt hatte, war auch der China-Imbiss, wo er und seine Mum sich immer ihr Essen bestellt hatten. Der Imbiss war ein bisschen weiter entfernt als die Frittenbude, weswegen sie sich das chinesische Essen immer hatten liefern lassen, aber die Gaswerke waren schon hinter den Häusern zu sehen, nachdem er ein paar Straßen weit in die richtige Richtung gegangen war, und so ging er weiter, bis er sich ziemlich sicher war, in der richtigen Gegend zu sein.

Anfangs waren ihm die Bäume, unter denen er herging, vertraut gewesen, aber dann wurden sie immer weniger, und irgendwann gab es überhaupt keine mehr. Um ihn herum waren nur Backstein und aufgebrochener Asphalt und Unkraut zu sehen, das in den Asphaltritzen wucherte. In einigen der kleinen Vorgärten wuchs ein bisschen Gras, aber die meisten waren gekiest oder asphaltiert. In den gepflegteren Vorgärten standen viele Kübel mit roten Geranien und Gartenzwergen und Tieren aus grauem Stein. Es waren kaum Menschen unterwegs, und Joe wünschte, es wären mehr, bis er ein paar halbwüchsige Jungen und Mädchen sah, die auf einer Mauer saßen und die Beine baumeln ließen, da wünschte er, es wären weniger.

Den Blick auf seine Füße geheftet, ging er weiter in Richtung Gaswerke und hoffte, dass die Jungen und Mädchen ihn nicht ansprachen. Zuerst sagten sie nichts, aber er spürte ihre Blicke, und als er den Kopf hob, blies einer von ihnen Rauch in seine Richtung.

»Für'n Fünfer gibt's 'n Blowjob von Stacey«, rief ein Junge in einem Hoodie. Ein Mädchen stieß dem Jungen ihren Ellbogen in die Rippen und sagte: »Halt die Klappe!« Die anderen lachten nur, und Joe ging weiter. Es kam kein weiterer Kommentar, aber Joe fragte sich, was der Junge gemeint haben konnte. Es war schon einmal vorgekommen, dass ihm jemand ein solches Angebot gemacht hatte, und er hatte nein gesagt. Er hätte seine Mum fragen sollen, was damit gemeint war, und auch, ob fünf Pfund ein guter Preis waren. Vielleicht hatte sie im gelben Buch etwas dazu geschrieben. Er nahm sich vor nachzusehen, sobald er wieder zuhause war.

Joe brauchte siebenundzwanzig Minuten bis zu dem China-Imbiss. Er vermutete, dass Charlie in der Nähe wohnte, was bedeutete, dass er sich um 19:45 Uhr auf den Heimweg machen musste, wenn er vor Sonnenuntergang zuhause sein wollte. Ihm blieb also eine Stunde (vorausgesetzt, er fand Charlies Adresse ziemlich schnell), genau die Zeit, die seine Mum für eine Tasse Tee und einen Plausch veranschlagt hatte, also bestimmt genug Zeit für das Überreichen der Arnikasalbe.

KAPITEL 34

Es waren gute Wörter

Nur ein Haus in der Straße zwischen der Fußgängerzone und den Gaswerken hatte ein Sofa im Vorgarten, aber es hatte überhaupt keine Ähnlichkeit mit dem aus dem Vorspann von *F.R.I.E.N.D.S.* Etwas an dem Haus und dem Vorgarten machte Joe wehmütig, so ähnlich, wie wenn er die Sachen in dem Wagen mit den Rückläufern betrachtete und fürchtete, dass sie sich ausrangiert, einsam oder verloren fühlten. Das Sofa im Vorspann von *F.R.I.E.N.D.S* war groß und orangefarben und altmodisch, es wirkte solide und majestätisch. Mehr noch, es war gemütlich, und die Freunde vergnügten sich damit. Es war verrückt, weil es *draußen* stand, aber verrückt auf eine spaßige Art, und Joe hatte immer davon geträumt, um das Sofa herumzulaufen, auf einer der Lehnen zu sitzen, auf der Sitzfläche, dahinter zu stehen, genau wie Chandler oder Joey und die anderen. Aber das Sofa im Vorgarten dieses Hauses war nicht auf eine spaßige Art verrückt; Joe mochte es nicht einmal anfassen. Es war klein und grün und ein Sitz war total eingesunken, als hätte jemand immer nur auf diesem Platz gesessen, der andere Sitz hatte einen dunkelbraunen Fleck, was vielleicht erklärte, warum sich nie jemand dorthin setzte, und an einer Lehne hatte der Bezug Löcher, sodass die weiße Füllung herausquoll und die Federung zu sehen war. Um das Sofa herum lagen zerdrückte Bierdosen auf dem Boden.

Der Rasen im Vorgarten wirkte ungesund, mit braunen Stellen und viel Löwenzahn. Auf dem Weg, der zum Haus führte, spross mehr Grün aus den Ritzen zwischen den Platten, als im Garten wuchs, sodass Joe darauf trat, als er zur Tür ging. Im gelben Buch hatte er gelesen, dass er anklopfen und dann zwei Schritte zurücktreten sollte, und genauso machte er es. Er klopfte und wartete, aber niemand machte auf. Joe wusste, dass er sehr zaghaft geklopft hatte – das Sofa hatte ihn aus dem Konzept gebracht –, und er hatte von zuhause bis hierher lange gebraucht, deshalb fasste er sich ein Herz und wagte einen zweiten Versuch. Er klopfte noch einmal, diesmal lauter, und trat wieder zwei Schritte zurück.

Irgendwo im Haus meinte Joe, eine Tür zuschlagen zu hören, dann ein Grummeln. Das Grummeln wurde lauter – aber nicht deutlicher –, jetzt war auch ein Schlurfen zu vernehmen, dann wurde ein Riegel verschoben, Schlüssel klimperten, und die Tür ging auf.

Vor Joe stand ein Mann in Unterhemd und Boxershorts. Das Unterhemd war einmal weiß gewesen, und der Mann, der es trug, war entweder muskulös oder fett (oder beides), Joe war sich nicht sicher. Er hatte eine Bierdose in der Hand und sein Gesichtsausdruck war gelangweilt/irritiert.

»Ich heiße Joe-Nathan«, sagte Joe, um Höflichkeit bemüht. »Wie heißen Sie?«

Der Gesichtsausdruck des Mannes veränderte sich nicht, aber er setzte die Bierdose an die Lippen und legte den Kopf in den Nacken, als wollte er die letzten Tropfen aus der Dose trinken, doch die Dose war voll und er leerte sie in einem Zug. Danach wischte er sich den Mund mit dem Handrücken ab und rülpste leise.

»Wer will das wissen?«

»Ich. Joe-Nathan.«

Der Mann füllte den Türrahmen fast vollständig aus, trotzdem konnte Joe durch den Spalt zwischen dem Rahmen und der Schulter und dem Hals des Mannes sehen, dass Charlie hinter ihm im Flur auftauchte. Charlie wirkte verwirrt.

»Joe? Was machst du hier?«

»Hallo, Charlie, wie geht es dir? Hugo Boss hat mir gesagt, dass du krank bist.«

»Nicht krank, sondern stinkfaul«, sagte der Mann. »Wer ist das, Charlie, du Pfeife? Ein Kumpel von der Arbeit?«

»Ja, wir arbeiten zusammen.«

»Na, dann sag ihm, er soll reinkommen«, sagte der Mann. »Gib ihm ein Bier, damit wir uns alle mal kennenlernen, *Joe-Nathan*. Charlie lädt sonst nie Freunde nach Hause ein.«

»Nein, Dad«, sagte Charlie, während er heftig den Kopf schüttelte und Joe-Nathan durchdringend ansah. »Was *machst* du hier?«

Joe zog seine Tasche nach vorne, öffnete sie, nahm die Arnikasalbe heraus und hielt sie Charlie hin. »Das hier hast du auf der Arbeit vergessen«, sagte er.

Charlie streckte den Arm an seinem Dad vorbei, um Joe die Tube abzunehmen, aber sein Dad war schneller. Er schnappte sich die Tube und las mit zusammengekniffenen Augen, was darauf stand, wobei er kaum merklich schwankte und seine Lippen sich lautlos bewegten. »Was zum Teufel ist das?«, fragte Charlies Dad.

»Das ist für Charlies blaue Flecken«, sagte Joe. »Ich habe sie nach dem Unfall mit dem Bleichmittel zufällig gesehen. Er kriegt ganz leicht blaue Flecken, aber Sie sind ja sein Dad, deswegen wissen Sie das sicher.«

»So, so, du hast also Charlies blaue Flecken gesehen. Du hältst dich wohl für Florence Nightingale, was? Komm doch rein, dann sehen wir uns die blauen Flecken mal in aller Ruhe an.« Charlies Dad trat zur Seite, und obwohl Joe nicht an ihm vorbeigehen wollte, machte er einen zögerlichen Schritt auf die Tür zu. Einerseits gebot ihm die Höflichkeit, die Einladung anzunehmen, andererseits hielten ihn der Geruch von Charlies Dad (er stank fürchterlich nach Bier) und der Ausdruck in seinen Augen (eine Mischung aus Vorfreude und Wut) davon ab. Diesen Blick hatte Joe schon einmal gesehen, möglicherweise in einem Film.

Charlie Fiesling schob sich an seinem Dad vorbei, kam nach draußen, legte Joe beide Hände auf die Brust und schob ihn rückwärts. Joe stolperte auf dem Plattenweg, konnte sich jedoch auf den Füßen halten. Um sich zu beruhigen, hielt er seine Tasche umklammert und machte die Augen zu.

Charlie beugte sich vor, bis ihre Wangen sich leicht berührten, und zischte Joe ins Ohr: »*Bitte, geh um Himmels willen nach Hause und komm nicht wieder her, und komm auf gar keinen Fall ins Haus.*« Dann schubste er Joe noch einmal, diesmal nicht ganz so heftig, und schrie: »Hau ab, du verdammter Idiot, du bist hier unerwünscht!«

»Das ist aber gar nicht nett, Charlie«, sagte Charlies Dad jetzt in einem etwas freundlicheren Ton. »Wenn dein *Freund* extra hergekommen ist, um dir wegen deiner blauen Flecken zu helfen, dann kannst du wenigstens ein bisschen Gastfreundschaft zeigen und ihm ein Bier anbieten. Komm rein, *Joe-Nathan.*«

Joe schaute Charlies Dad an. Er verstand die Wörter, und es waren gute Wörter, aber sein Bauch sagte ihm, dass sie nicht gut waren.

»Er ist nicht mein Freund«, sagte Charlie. »*Und jetzt hau ab!*«

Joe schaute Charlie Fiesling an. Auch dessen Wörter verstand er, und es waren schlechte Wörter, aber sein Bauch sagte ihm, dass sie es nicht waren. Er war verwirrt, aber er kannte Charlie besser als dessen Dad, und weil er nicht wusste, wem er vertrauen sollte – den Wörtern, seinem Bauch oder dem von den beiden, den er besser kannte –, entschloss er sich, auf Charlie zu hören, und machte einen Schritt zurück. Dann drehte er sich um und schob seine Tasche nach hinten. Als er noch einmal über die Schulter schaute, spürte er, wie Tränen in seinen Augen brannten. Charlie war zurück zur Haustür gegangen, sein Dad knurrte irgendetwas Unverständliches, während Charlie sich an ihm vorbei ins Haus schob und die Tür zuzog.

Joe dachte an das gelbe Buch. Dieser Besuch, diese Begegnung, alles war ganz anders gewesen, als seine Mum es beschrieben hatte. Er warf noch einen Blick auf das Sofa im Vorgarten, und als er sich gerade auf den Weg machen wollte, entdeckte er die kleine Tube Arnikasalbe, weiß und lila, auf der Stufe vor der Haustür.

KAPITEL 35

Keine Verhandlungen nötig

Bei der Vorstellung, sich dem Haus noch einmal zu nähern, überkam Joe-Nathan dasselbe Gefühl, das ihn beschlich, wenn im Fernsehen jemand in den Keller ging. Gleichzeitig wusste er, dass ihm der Gedanke an die Tube Arnikasalbe am Abend den Schlaf rauben würde, wenn er sie auf der Stufe vor der Haustür liegen ließ. Es war das gleiche Unbehagen, das ihn beim Anblick der Rückläufer im Compass Store befiel, und der Grund, warum es ihm so viel Freude bereitete, sie dorthin zurückzubringen, wo sie hingehörten. Es würde ihm nicht weniger widerstreben, ein Kätzchen oder ein weinendes Kind die ganze Nacht dort allein auf der Türschwelle zurückzulassen.

Die Haustür war geschlossen, und Joe rechnete nicht damit, dass sie noch einmal geöffnet werden würde; die Vorhänge neben der Tür waren schlampig zugezogen, und Joe hoffte, dass ihn niemand sah, wenn er vorsichtig über den von Unkraut überwucherten Weg noch einmal zurück zum Haus ging. Er bückte sich, um die Tube aufzuheben, und zog seine Tasche nach vorne, um sie darin zu verstauen. In dem Moment, als er seine Tasche öffnete, hörte er einen spitzen Schrei, fast als wäre dieser Schrei aus seiner Tasche gekommen. Er erstarrte, die Tube immer noch in der Hand. Als er sie in seine Tasche gleiten ließ, ertönte wieder ein Schrei, und diesmal kam er nicht aus der Tasche, sondern aus dem Haus, und Joe spürte, wie sich ihm die Nackenhaare sträubten. Einen Moment lang fragte er sich, ob ihn da jemand anschrie.

Die Tür ging nicht auf, und die Schreie im Haus hörten nicht auf. Joe machte einen Schritt zurück. Er musste nach Hause. Das hatte Charlie ihm schließlich deutlich gesagt. Dieser Ort war nicht angenehm. Er dachte an alles, was ihm bei sich zuhause gefiel: das Vordach, das sein Dad so liebevoll über der Hintertür angebracht hatte, der Katzenkalender in der Küche, die Fotos seiner Eltern über dem Esstisch. Er dachte an seine Alben mit den Seifenetiketten und sehnte sich danach, sich immer und immer wieder die Hände zu waschen, damit er das nächste Etikett einkleben konnte. Aber vor allem sehnte er sich danach, in seinem Wohnzimmer in seinem Sessel zu sitzen und im Fernsehen *F.R.I.E.N.D.S* zu schauen. Ihm gefielen alle Folgen, aber er würde sich die ansehen, in der alle alles herausfanden, es war seine Lieblingsfolge, und sie anzusehen, war äußerst beruhigend, denn es war eine solche Erleichterung, wenn alle Geheimnisse gelüftet wurden und das Lügen aufhörte und alle plötzlich alles verstanden.

Er machte noch einen Schritt zurück, doch dann hörte er seinen Namen. Nicht deutlich, aber ziemlich laut. Er hörte eine unfreundliche Stimme dieselben Wörter aussprechen, die er benutzt hatte: »*Ich heiße Joe-Nathan, wie heißen Sie?*« Dann ertönte ein grausames Lachen, das in einen kurzen, schleimigen Hustenanfall überging und dann wieder in Geschrei. Inzwischen hatte Joe sein Ohr ganz dicht an die Tür gebracht (ohne dass seine Haut das Holz berührte), aber er konnte immer noch nicht viel verstehen, es war so ähnlich wie an dem Tag, als Angus und Hazel sich vor seiner Haustür unterhalten hatte, wo er nur hatte verstehen können, was Angus sagte, aber nicht, was Hazel antwortete.

»WER IST DER TYP, EIN MÖCHTEGERN-SOZIALARBEITER ODER WAS?«, schrie Charlies Dad.

»Er ist hmm mm a hmm«, war alles, was Joe von Charlies Antwort verstehen konnte.

»LEUTE HIERHER ZU BESTELLEN, DAMIT SIE IHRE NASE IN UNSERE ANGELEGENHEITEN STECKEN!«

»Ich mm hmm mmhmm.« Charlies Wörter klangen, als würde Charlie sie in ein Kissen rufen.

»WOHER WUSSTE ER DANN, WO WIR WOHNEN?«

Wieder war Charlies Antwort nicht zu verstehen. Dann kamen gar keine Wörter mehr, stattdessen hörte Joe ein Krachen und ein lautes *Uff*. Gefolgt von Fußgetrampel auf der Treppe und einem Rumms und einem weiteren *Uff*, als wäre jemand so heftig getreten worden, dass ihm auf einen Schlag die ganze Luft aus dem Körper gewichen war.

Joe ging mehrere Schritte rückwärts, stolperte, fand sein Gleichgewicht wieder, drehte sich um und ging ganz schnell weg, den Blick auf seine Füße geheftet. Er hob nur hin und wieder den Kopf, um zu sehen, wo er war, und um die Straße zu überqueren.

Die Jungen und Mädchen saßen immer noch auf der Mauer, und er sah, wie ihre Blicke ihm folgten, als er auf der anderen Straßenseite an ihnen vorbeiging.

»Hast du's eilig?«, rief einer von ihnen.

»Stacey sagt, du kannst den Blowjob jetzt gratis haben, falls du noch interessiert bist.« Dann hörte er sie alle lachen.

Wie konnte der Preis in so kurzer Zeit von fünf Pfund auf gratis gefallen sein? Wie konnte es sein, dass der Preis für eine Sache, die von derselben Person angeboten wurde, so extrem schwankte? Joe wusste, dass der Preis für eine Sache sehr unterschiedlich sein konnte, je nachdem, wer die Sache verkaufte; das hatte er im Compass Store gelernt. Aber dass ein und derselbe Verkäufer etwas zuerst für fünf Pfund und dann gratis anbot, ohne dass man verhandelt hatte, das war sehr ungewöhnlich.

Für den Heimweg brauchte er vierzehn Minuten weniger als für den Weg zu Charlie. Joe schwitzte. Er zog all seine Sachen aus, stopfte sie in den Wäschekorb, duschte und zog sich einen sauberen, frisch gebügelten Schlafanzug und Pantoffeln an. Jedes Mal, wenn er die Augen zumachte, sah er das arme Sofa in Charlies Vorgarten vor sich, und immer und immer wieder hörte er die Geräusche, die klangen, als würde jemand die Treppe hinuntergestoßen und dann, unten angekommen, auch noch getreten. Der arme Charlie, der arme Charlie, der arme Charlie. All die blauen Flecken, die er jetzt bestimmt hatte, und zwar noch zusätzlich zu denen, die er bei dem Unfall mit dem Bleichmittel davongetragen hatte. Joe war sich nicht sicher, ob die Arnikasalbe jetzt noch helfen würde.

Wenn Joe so etwas zugestoßen wäre, dann hätte seine Mum ihn ins Krankenhaus gebracht. Einen Moment lang hoffte Joe, dass Charlies Dad das auch tun würde. Aber er wusste – er wusste es einfach –, dass er es nicht tun würde. Und er wusste auch, dass das kein Unfall gewesen war. Er *wusste* es, und es beunruhigte ihn mehr, als ihn jemals etwas beunruhigt hatte: Charlie und sein Dad hatten sich geprügelt. Joe musste daran denken, was Chloe gesagt hatte, denn es war eine ganz simple Regel gewesen: Wenn dich einer schlägt, schlag zurück. Hatte Charlie zurückgeschlagen? Er war sehr stark (er hatte gute Muskeln). Wer war gestürzt? Wer hatte *Uff* gesagt?

Joe erinnerte sich an eine Stelle im gelben Buch unter der Überschrift *Streitigkeiten*. Er nahm das Buch aus der Schublade, um nachzusehen, was seine Mum zu dem Thema zu sagen hatte. Und wo er schon mal dabei war, würde er auch gleich nachsehen, ob sie etwas dazu geschrieben hatte, was ein Blowjob war.

KAPITEL 36

Streitigkeiten, nach Janets Auffassung

STREITIGKEITEN

Körperliche und verbale Streitigkeiten

Körperliche (verbale, siehe nächsten Abschnitt)

In einer idealen Welt sollte sich niemand mit jemandem streiten. Aber unsere Welt ist nicht immer ideal. Ich hoffe, dass du nie in einen körperlichen Streit gerätst, aber für den Fall, dass es doch passiert, schreibe ich dies für dich auf. Ich bin mir nicht sicher, welchen Rat ich dir geben soll, denn es kann sehr unterschiedliche Situationen geben, und ich kann dir nur mitteilen, was ich denke. Wenn dich jemand angreift, versuche, dich aus der Situation zu entfernen. Handle nach der Faustregel: Wenn dich jemand angreift, geh weg; das erfordert Mut. Meide Gewalt; das ist klug. Wenn du trotzdem angegriffen wirst, versuch, dich zu schützen.

Es erfordert Mut, wegzugehen, wenn dich jemand körperlich angreift, denn es gibt dem anderen das Gefühl, gewonnen zu haben, und es kann sein, dass derjenige versucht, dich mit Worten zum Bleiben zu provozieren, dich dazu zu bringen, dass du dich wehrst, vor allem, wenn er sich für stärker hält oder dir wehtun will. Hör nicht auf seine Worte, geh weg, das ist das Klügste, was du tun kannst. Ruf die Polizei. Wenn du dich nicht schützen und auch nicht weggehen kannst, wehr dich, schlag zurück. Und wenn du wirklich zurückschlagen musst, dann schlag so fest zu, wie du kannst.

P.S.: (Das hier schreibe ich mehrere Monate, nachdem ich das andere geschrieben habe.) Als Chloe den Mann im Pub geschlagen hat, hat sie das getan, um dich zu verteidigen. Ich finde nicht, dass du jemals so etwas tun solltest, aber ich bewundere jeden, der versucht, jemandem beizustehen, der tyrannisiert oder angegriffen wird. Das bedeutet nicht, dass du dich streiten oder dass du jemanden schlagen musst, um jemandem beizustehen, der Hilfe braucht, aber es bedeutet, dass du, wenn du merkst, dass jemand in Not ist, irgendwie versuchen solltest zu helfen, dass du es nicht ignorieren solltest. Der Mann im Pub hat dich (mit Worten) angegriffen, und Chloe hat ihn daraufhin geschlagen, und ich bin zwar gegen Gewalt, aber ich kann erkennen, wenn sie von Herzen kommt, und das ist etwas Gutes.

Janet sah das Thema Streit also ganz anders als Chloe. Chloe hatte nichts davon erwähnt, dass man auch weggehen, Situationen vermeiden, sich schützen konnte, sie hatte das alles übersprungen und nur gesagt, dass man, wenn man geschlagen wurde, so fest wie möglich zurückschlagen sollte. Joe überlegte, ob er Chloe erzählen sollte, was seine Mum ihm aufgeschrieben hatte, damit sie in Zukunft mit solchen Situationen anders umgehen und sich besser schützen konnte.

Er dachte daran, wie Charlie und sein Dad sich in ihrem Haus geprügelt hatten. Es wäre für beide schwierig gewesen, einfach wegzugehen, schließlich wohnten sie beide dort, und selbst wenn einer von ihnen weggegangen wäre, hätte er zum Abendessen und zum Schlafen wieder zurückkommen müssen. Bedeutete das also, dass ihnen nichts anderes übrig blieb, als einander so fest zu schlagen, wie sie konnten? Joe las noch einmal, was seine Mum ihm aufgeschrieben hatte, und fragte sich, was Charlie wohl dazu sagen würde.

In beiden Büchern seiner Mum fand er nichts über Blowjobs.

KAPITEL 37

Falschzuliegen ist wahrscheinlicher als recht zu haben

Als Joe-Nathan am nächsten Morgen dabei war, mithilfe des magischen Wäschefalters T-Shirts zu falten, kam Pip auf ihren Stilettos angestöckelt.

»Hugo sagt, ich kann in zwei Wochen mit meiner Kassenausbildung anfangen. Wir beide machen die Ausbildung gleichzeitig. Wir hätten eigentlich schon früher anfangen können, aber Hugo sagt, du musst dich im Moment an viel Neues in deinem Leben gewöhnen, deswegen hat er es ein bisschen hinausgeschoben.«

»Ja, das hat Hugo mir auch gesagt.« Chloe hatte Joe geraten, Pip beim Sprechen zu beobachten, darauf zu achten, wie sie jedes Mal errötete, wenn sie über Hugo redete, und wie sie Hugo so oft erwähnte, wie sie konnte.

»Aber bist du denn nicht gespannt darauf?«, fragte sie atemlos. »Ich steh auf die vielen Tasten und all das, macht mich das komisch?«

»Ich steh auch auf die Tasten.«

»Na ja, wenn wir beide komisch sind, dann ist es für uns normal, oder?«

»Weiß nicht.«

»Ist mir auch egal.« Pip wedelte mit einer Hand, als wäre dieses Gespräch reine Zeitverschwendung und als hätte sie wichtigere Dinge im Kopf. Dann holte sie einen Zettel hinter ihrem Rücken hervor. »Gestern im Pub haben wir doch über unsere Spezialthemen geredet? Deine sind *F.R.I.E.N.D.S* und Holzbasteleien, Chloe kennt sich mit den Achtzigern und mit Literatur aus, und meine Stärken sind Popmusik, Fernsehen und Mode. Ich hab also mal eine Liste zusammengestellt, denn ich fürchte, es gibt ein paar Lücken in unserem Allgemeinwissen.«

»Ich habe noch nie gehört, dass in einem Quiz nach irgendwas mit Holzbasteleien gefragt wird«, stimmte Joe ihr zu.

»Genau, aber falls in *diesem* Quiz eine Frage nach Holzbasteleien kommt, bist du vielleicht der Einzige, der sie beantworten kann. Es könnte also ein Vorteil sein. Jedenfalls hab ich einen Plan. Ich kenne einen Insider.« Pip zwinkerte bedeutungsvoll.

»Einen Insider?«, fragte Joe, und Pip wurde knallrot.

»Egal«, sagte Pip.

Sie drehte den Zettel um, sodass Joe sehen konnte, was darauf stand. »Ich hab ein paar Sachen aufgelistet, die hilfreich sein könnten. Ich dachte, wenn wir uns alle diese Liste einprägen, kann sich vielleicht im entscheidenden Moment einer von uns an was erinnern. Ich hab die wichtigsten Städte, Könige und Königinnen von England alphabetisch aufgelistet, außerdem die ersten Sätze von berühmten Büchern und solche Sachen wie die Entfernung zwischen Erde und Mond.«

»384.400 Kilometer«, sagte Joe.

»Ja, genau!«, rief Pip, nachdem sie nachgesehen hatte, was auf ihrem Zettel stand. »Das hast du am Freitag gar nicht erwähnt!«

»Die Entfernung zwischen Erde und Mond ist kein Spezialthema, die ist ein Fakt«, sagte Joe.

»Aber Faktenwissen ist sehr nützlich«, sagte Pip ernst. »Ich hab außerdem die Planeten in der richtigen Reihenfolge ...«

»Die kenne ich auch«, sagte Joe.

»Und Flaggen«, sagte Pip. »Kennst du dich mit Flaggen aus?«

»Nein.«

»Ich auch nicht. Ich hab leider keinen Farbdrucker, deswegen hab ich sie gezeichnet – hier guck mal. Ich hab sie von Hand ausgemalt und jeweils die Länder drunter geschrieben.«

Joe nickte.

»Ich stecke dir das in deinen Spind, okay? Vergiss nicht, es mitzunehmen und zuhause zu üben!« Pip wedelte mit dem Zeigefinger und sprach in einem Ton und mit einem Gesichtsausdruck wie eine strenge Lehrerin. Joe schaute ihr nach, als sie in ihrem unpraktischen Rock und ihren unbequemen Stilettos davonstöckelte. »Bis später, Joe-Joe!«, rief sie über ihre Schulter. Eine Mutter, die ihr Kleinkind in ihrem Einkaufswagen festgeschnallt hatte, kam vorbei, und das Kind schlug mit einer Plastikgiraffe auf den Griff ein und rief *Joe, Joe, Joe, Joe.*

Joe konzentrierte sich wieder auf das Falten der T-Shirts und ging ganz darin auf, sie zu einem perfekten Stapel zu schichten. Er sortierte sie nach Farben, und das Ergebnis war ein wunderschöner Regenbogen aus immer dunkler werdenden Grüntönen, die in Blau, dann in Violett, Pink, Orange und schließlich in Gelb übergingen. Er legte sie akkurat auf den T-Shirt-Tisch und betrachtete das Ergebnis. Eine Frau mit einem kleinen Jungen trat neben ihn und lächelte ihn an; Joe nahm an, dass die beiden ebenfalls die schöne Farbordnung und die sauberen Kanten der gefalteten T-Shirts bewunderten. Dann zog der kleine Junge ein pinkfarbenes T-Shirt aus der Mitte des Stapels, sodass der ganze Stapel umkippte und die T-Shirts auf dem Boden landeten.

»Nicht doch, mein Schatz, sowas sollst du doch nicht machen!«, sagte die Frau liebevoll zu ihrem Sohn und lächelte Joe an, als wäre gerade etwas Schönes passiert, während es in Wirklichkeit ganz schrecklich war. Sie bückte sich, hob die heruntergefallenen T-Shirts auf, faltete ein pinkfarbenes Shirt schlampig zusammen, legte es oben auf die anderen, klopfte einmal darauf und ging weiter, ihren kleinen Sohn an der Hand.

»Das hast du auch schon mal ordentlicher hingekriegt«, bemerkte Chloe, die gerade vorbeikam, und betrachtete das Durcheinander.

»Ich war das nicht.«

»Ich weiß«, sagte Chloe. »Ich hab gesehen, was passiert ist.«

»Der Kunde ist immer im Recht«, sagte Joe traurig.

»Ja, aber manche Kunden sind nicht ganz richtig im Kopf, und manche sind *verdammt* respektlos.« Chloe sammelte die herausgefallenen T-Shirts ein. »Komm, ich helf dir, die wieder schön zu falten, aber wenn sie auf dem Tisch liegen, geh am besten ganz schnell weg, damit du es nicht mitkriegst, wenn der nächste Kunde sie wieder durcheinanderbringt.«

Chloe reichte Joe die T-Shirts einzeln an, und er legte sie nacheinander in den Wäschefalter und schlug die Seiten ein, bis er wieder einen ordentlichen Stapel hatte. Sie arbeiteten schweigend, bis Chloe fragte: »Liegt dir was auf dem Magen?«

»Hast du Charlie heute schon gesehen? Oder ist er wieder krankgeschrieben?« Joe griff nach dem nächsten T-Shirt, aber Chloe verschränkte die Arme, das T-Shirt immer noch in der Hand.

»Was hast du neuerdings mit Charlies Gesundheit? Mach dir darüber keinen Kopf. Der feiert wahrscheinlich einfach ein paar Tage krank und – na ja – macht, was er halt so macht, wenn er nicht hier ist. Ich kapier nicht, wieso du dir seinetwegen Gedanken machst. Er ist *gemein,* er ist nicht dein Freund, und er würde keinen Feuerlöscher holen, wenn er dich in Flammen stehen sähe.«

»Und wenn du falschliegst?«

»Womit?« Chloe gab Joe das T-Shirt.

»Mit Charlie. Wenn er gar nicht so gemein ist, wie du denkst? Was ist, wenn es einen Grund dafür gibt, dass er gemein ist. Was ist, wenn er nicht glücklich ist?«

»Pff! Wer zum Teufel ist schon glücklich? Unglücklich zu sein, ist noch lange kein Grund, zu anderen gemein zu sein. Das ist keine Entschuldigung.«

»Und was ist, wenn er Hilfe braucht?«

»Wobei denn? Okay, der Typ könnte ein bisschen Nachhilfeunterricht in Umgangsformen brauchen. Aber was auch immer mit Charlie ist, es hat nichts mit dir zu tun, und es geht dich nichts an. Soll ihm jemand anderer helfen. Soll er sich selber helfen, der Scheißkerl. Du bist jedenfalls nicht der Richtige, um ihm zu helfen.«

»Aber was ist, wenn du falschliegst?«

»Glaubst du im Ernst, du könntest ihm helfen?« Chloe schnaubte verächtlich.

»Er sagt, ich kann ihm nicht helfen.« Joe zuckte die Achseln.

»Du hast ihn *gefragt*?« Sie sah ihn mit zusammengezogenen Brauen an.

»Und du sagst auch, dass ich ihm nicht helfen kann.«

»Hör zu, egal, was für eine Art Hilfe der Idiot braucht, es ist jedenfalls keine Hilfe, die du ihm bieten kannst.«

»Aber was ist, wenn du *falschliegst*?«, fragte Joe noch einmal.

»Hör zu, nimm's mir nicht übel, aber wenn es darum geht, einen wie Charlie einzuschätzen, ist die Wahrscheinlichkeit, dass du falschliegst, immer größer, als dass ich falschliege.«

»Wieso?«

Chloe beantwortete seine Frage nicht. Sie funkelte ihn wütend an und ging. Aber ehe sie außer Hörweite war, rief sie über ihre Schulter: »Schneid dir die Fingernägel und geh zum Frisör!«

Aber das war ganz unmöglich, dachte Joe, denn seine Mum hatte ihm immer die Haare geschnitten.

KAPITEL 38

Die Bäume machten sich keine Gedanken

Am nächsten Morgen spürte Joe-Nathan die Beerdigung seiner Mutter heranrollen und wusste, dass es bald zur Kollision kommen würde. Heute war Mittwoch. Heute gab es keine Beerdigung, morgen auch nicht, aber am Tag danach würde es eine Beerdigung geben. Joe schluckte; etwas steckte in seinem Hals. Er schluckte noch einmal, um es loszuwerden, aber es ging nicht weg. Was, wenn das Ding, das da in seinem Hals steckte, größer wurde und er keine Luft mehr bekam? Er atmete immer schneller und fürchtete, dass er hier auf dem Weg zur Arbeit sterben würde und dass die Autos vorbeifahren und nicht anhalten würden.

Er schaute in die Baumkronen hoch und konzentrierte sich auf die kleinen Zweige ganz oben, die sich in einer Brise wiegten, die er hier unten nicht fühlen konnte. Er lauschte angestrengt und stellte sich vor, er könnte die Bäume atmen hören – ruhig und langsam (die Bäume machten sich keine Gedanken über das Wochenende, die dachten nicht über Beerdigungen nach) –, und versuchte, diesen ruhigen Atemrhythmus nachzuahmen. Bald sah er den Baum, der aussah, als würde er winken, und er winkte zurück. Dann sah er den Baum, der ihn mit der coolen Rockstargeste grüßte, und er erwiderte den Gruß. Und schließlich – Gott sei Dank – kam der Baum, der an den Frieden gemahnte, und Joe machte das Friedenszeichen und beruhigte sich. Mit großen Schritten betrat er den Compass Store.

Zwei Kollegen, mit denen Joe selten gleichzeitig arbeitete und mit denen er fast nie sprach, waren gerade dabei, die glänzend weiße Theke der Kosmetikabteilung zu polieren. Als er an ihnen vorbeiging, hielten sie inne, verstummten und musterten ihn von oben bis unten. Dann schüttelte der größere der beiden den Kopf, und der kleinere lachte nervös. Joe fragte sich, warum. Er blieb jedoch nicht stehen, um zu fragen; er sprach nie mit jemandem, ehe er im Personalraum gewesen war und dort alles Nötige erledigt hatte. Aber er betrachtete seine Schuhe und stellte fest, dass er aus Versehen seine Beerdigungsschuhe angezogen hatte – am falschen Tag und noch dazu zu der falschen Hose, eine dreiviertellange hellblaue Hose (die ein bisschen zu eng saß). Seine Schuhe waren schwarz und so glänzend, dass sie aussahen, als wären sie nass, und sie wirkten viel zu groß an seinen käseweißen Beinen. Er erinnerte sich genau an die Ratschläge seiner Mum in Bezug auf Mode und wusste, dass solche Schuhe nicht zu einer sommerlichen Freizeithose passten. Jetzt betrachtete er sein T-Shirt, um sich zu vergewissern, dass er sich beim Frühstück nicht bekleckert hatte – Porridgeflecken auf einem schwarzen T-Shirt waren äußerst hässlich. Aber nein, an seinem Oberkörper konnte er nichts Merkwürdiges entdecken.

Als er den Personalraum betrat, wäre er beinahe mit Pamela zusammengestoßen, die gerade herauskam, doch es gelang ihm, im letzten Moment einen großen Schritt rückwärts zu machen, ehe es zu Körperkontakt kam. Sie schnappte nach Luft, als sie ihn sah, und Joe fragte sich, ob sie genauso froh war wie er, dass sie einander nicht berührt hatten. Sie öffnete den Mund, als wollte sie etwas sagen, doch er ging schnell an ihr vorbei zu seinem Spind. Wenige Sekunden später durchschnitt ein grausames Hohnlachen die Stille im Personalraum. »Scheiße, wie du aussiehst, Mann!« Owen saß mit zwei jungen Männern, die Joe nicht kannte, am anderen Ende des Raums an einem Tisch, und sie alle sahen ihn an und lachten über ihn. Jetzt stand Owen auf und kam auf Joe zu, das Handy in der ausgestreckten Hand, und das Handy klickte wie eine Kamera, und Owen musste sich beherrschen, nicht die ganze Zeit zu lachen, während er das Handy immer wieder klicken ließ.

»Moment«, sagte er lachend. »Das muss ich filmen. Das

kann echt nicht wahr sein. Hat dich ein Blinder eingekleidet?« Er drehte sich um und ging zurück zu seinem Tisch, während er sich ansah, was er gerade gefilmt hatte. »Wartet, bis Charlie das sieht«, sagte er zu den anderen. »Der macht sich in die Hose vor Lachen.«

KAPITEL 39

Auf die Palme

Charlie war spät dran, aber er war zwei Tage nicht auf der Arbeit gewesen, sodass es vielleicht schon etwas war, dass er überhaupt aufkreuzte. Er gähnte und warf einen Blick auf seine Armbanduhr; die Uhrzeit erhöhte nicht gerade seine Motivation. Sein Handy piepte mehrmals in seiner Gesäßtasche, und er grinste, als er sah, dass Owen mehrere Fotos geschickt hatte, denn es konnte sich nur um was Schweinisches oder was Lächerliches handeln. Dass Owen derart um seine Gunst buhlte, ging ihm ziemlich auf den Sack, aber seine Fotos und Videos brachten Charlie trotzdem zum Lachen, meistens jedenfalls. Als die Fotos und ein Video sich öffneten, blieb er stehen, um sie sich anzusehen. Zuletzt folgte eine Nachricht von Owen: *Sieh dir diesen Clown an, der will sich anscheinend ganz neu erfinden. Beweg deinen Arsch in den Laden, vielleicht können wir uns heute ein bisschen mit ihm amüsieren!!!!!?*

Charlie steckte das Handy wieder ein, und die Fotos bewirkten, was die Uhrzeit nicht geschafft hatte: Er kam in die Gänge. Joe brachte ihn auf eine Weise in Rage, die Charlie nicht unterdrücken und auch nicht erklären konnte. Jedes Mal, wenn er mit dem Typen redete, könnte er platzen, der Typ hatte einfach eine Visage zum Reinhauen. Charlie begriff nicht, wie einer so viele Probleme haben und trotzdem immer so gut drauf sein konnte. Joe war wie ein verdammtes Baby im Körper eines Erwachsenen, und er war dumm wie Bohnenstroh. Warum also brachte der Typ ihn derart auf die Palme?

Charlie betrat den Compass Store wie ein Mann auf einer Mission, er marschierte mit der Entschlossenheit eines Attentäters auf den Personalraum zu. In Gang fünfzehn stürmte er an Pip vorbei, die gerade dabei war, die Grußkarten neu einzusortieren; die Leute hatten die Angewohnheit, die Karten aus dem Ständer zu nehmen und dann irgendwo wieder reinzustecken, und wer wollte schon aus Versehen eine Beileidskarte kaufen, wenn er eigentlich eine Geburtstagskarte brauchte?

»Hallo, Charlie, geht's dir besser? Hugo sagt, du bist schon seit ...« Pip sprach den Satz nicht zu Ende, als sie merkte, dass er nicht vorhatte stehenzubleiben.

Wenige Schritte vor der Tür zum Personalraum stieß er mit Joe zusammen, der einen Wagen voller Rückläufer in die entgegengesetzte Richtung schob.

»Charlie!«, brachte Joe gerade noch heraus, bevor Charlie ihn am Arm packte und den Einkaufswagen zur Seite schob. Er zerrte Joe in den kurzen Gang zwischen Personalraum und Verkaufsraum.

»Was ist los, Charlie? Du tust mir weh ...«, sagte Joe, zu schockiert, um zu registrieren, dass Charlie ihn anfasste. Charlie warf über die Schulter einen Blick in Richtung Personalraum. Dann ließ er Joes Arm los und schubste Joe vor sich her. Joe stolperte vorwärts, fiel um ein Haar über seine glänzenden Schuhe, die viel länger zu sein schienen als seine normalen Schuhe, lief weiter, damit Charlie ihn nicht wieder zu packen bekam, und hielt sich dabei die schmerzende Stelle am Oberarm.

»Was hast du dir dabei gedacht, verdammte Scheiße?«, zischte Charlie und sah sich noch einmal über die Schulter um.

»Tut mir leid«, sagte Joe. »Ich wollte dich nicht ärgern, ich wollte dir nur die Arnikasalbe bringen. Ich hätte nicht zu dir nach Hause kommen dürfen.«

»Das mein ich nicht«, sagte Charlie. »Ich meine deine bescheuerte Aufmachung. Du siehst aus, als wärst du als drei verschiedene Personen zu einer Kostümparty erschienen!«

Joe sagte nichts. Charlie war richtig wütend, und vielleicht war es das, was Joe davon abhielt, ihn zu fragen, welche drei Personen er meinte.

Joe lief weiter vor Charlie her, mit ganz kleinen Schritten, als wären seine Knöchel aneinandergebunden, und Charlie folgte ihm wutschnaubend. Sie gingen Gang fünfzehn hinunter, vorbei an Pip, die, einen Stapel falsch einsortierter Grußkarten in der Hand, verwundert aufblickte. Sie lächelte die beiden instinktiv an, aber ihr Lächeln, das eben noch freudestrahlend gewesen war, kippte in eins, das tiefes Mitgefühl ausdrückte.

»Alles in Ordnung?«, fragte sie Joe und schaute den beiden nach, die wortlos an ihr vorbeigingen. Aber Joes Blick beantwortete ihre Frage. Als die beiden das Ende des Gangs erreichten, blieb Charlie kurz stehen, nahm eine Schachtel aus einem Regal, und im nächsten Moment waren sie um die Ecke verschwunden. Pip klemmte sich die Karten unter den Arm und nahm ihr Handy aus der Hosentasche. Ihr Finger zögerte kurz über Hugos Nummer, doch obwohl ihr Instinkt ihr sagte, dass sie ihn anrufen sollte, setzte sich ein stärkerer Instinkt durch und ließ sie stattdessen nach Chloes Nummer suchen.

Bist du hier?, schrieb sie. *Hab grade Charlie und Joe gesehen. Ich weiß nicht, was los ist, aber Joe hatte Angst, und Charlie war wütend. Du müsstest Joe sehen, er sieht furchtbar aus. Pip x*

KAPITEL 40

Die Einzige, die lächelt

Chloes Schicht hatte theoretisch schon vor einer halben Stunde angefangen, aber wenn sie selbstbewusst genug in den Laden ging und nicht ausgerechnet Hugo in die Arme lief, würde sie vermutlich damit durchkommen. Und wenn sie damit durchkam, dachte sie, sollte sie das vielleicht jeden Tag so machen und den Zoff hinnehmen, falls sie ab und zu mal erwischt wurde. Ihr Vater parkte immer, ohne einen Parkschein zu ziehen, und sagte, er bekäme ungefähr alle zwei Jahre mal ein Knöllchen, und das sei billiger, als jedes Mal einen Parkschein zu bezahlen. Das war dasselbe Prinzip, dachte Chloe, und wenn es bei ihrem Vater funktionierte, warum nicht auch bei ihr?

Sie warf einen Blick auf ihre Armbanduhr und um der ganzen Welt zu zeigen, dass es ihr schnurzegal war, schlenderte sie noch ein bisschen langsamer und streckte sich gähnend.

In ihrer Gesäßtasche piepte ihr Handy. Sie blieb stehen, um es herauszunehmen, denn es war ihr *echt* schnuppe, wie spät sie zur Arbeit kam, und sie genoss es, ihre Gleichgültigkeit so zur Schau zu stellen. Sie wischte über den Bildschirm und las Pips Nachricht. »Scheiße!«, entfuhr es ihr wie einem Wachmann, der eingenickt war, während die Einbrecher ins Haus eingedrungen waren. Chloe rannte so schnell los, dass ihre Füße den Boden fast nicht berührten, während sie gleichzeitig versuchte, das Handy wieder in ihre Hosentasche zu stecken.

Als sie vier Minuten später im Laden eintraf, war sie total verschwitzt, und sie musste sich vorbeugen und die Hände auf den Knien abstützen, um wieder zu Atem zu kommen. So schnell war sie noch nie in ihrem Leben gerannt, außer einmal, als sie mit ein paar Freunden in einem kleinen Laden Bier geklaut hatte und der Besitzer hinter ihnen her gewesen war. Aber damals hatte sie sich nicht so gefühlt wie jetzt, damals hatten sie sich in einem alten Kohlebunker versteckt und ihr Lachen unterdrückt, während Mr. Singer sich um die eigene Achse gedreht, sich am Kopf gekratzt und gefragt hatte, wo sie wohl stecken mochten.

Chloe nahm das Handy wieder aus der Hosentasche und schrieb an Pip: *Wo bist du?*

Die Antwort kam sofort: *Gang 15, NW.*

Chloe hastete in Richtung Mosaik, während sie im Laufen ihre zerknautschte grüne Schürze aus der Tasche kramte und sich über den Kopf zog. Pip empfing sie mit vor Schreck geweiteten Augen.

»Wo sind sie hin?«, fragte Chloe und schaute den Gang hoch und runter.

»Da lang.« Pip zeigte in die Richtung. »Aber ich weiß nicht, wo sie dann hin sind. Charlie hat sich aufgeführt wie ein Gefängniswärter, er hat Joe regelrecht abgeführt, und Joe stand die Angst ins Gesicht geschrieben, er hat *furchtbar* ausgesehen. Wie ein Kriegsgefangener! Charlie hat irgendwas aus einem Regal genommen, ich weiß nicht genau, was. Ich weiß nicht, was da los war, aber ich musste daran denken, dass du mir mal gesagt hast, wie gemein Charlie zu Joe ist. Und im Personalraum hab ich heute Morgen mitgekriegt, wie Owen und seine Kumpels Joe ausgelacht haben. Die haben sich total über ihn lustig gemacht.«

»Warum bist du nicht hinterher?«, fragte Chloe.

»Das ist mir gar nicht in den Sinn gekommen.« Pip wurde unsicher, als sie Chloes Gesichtsausdruck sah. »Ich wollte zu Hugo ...«

»Meine Fresse«, murmelte Chloe.

»Was jetzt?«, fragte Pip, doch Chloe schüttelte nur den Kopf.

»Aber ich hab Hugo nichts gesagt, ich hab dich benachrichtigt, weil du doch immer auf Joe aufpasst, und weil ich dachte, du wärst in der Nähe. Ich meine, ich kann mir nicht vorstellen, dass Charlie Joe echt was tut.« Pip zog die Brauen zusammen. »Das würde er doch nicht, oder?«

Chloe war schon losgestapft. Pip stand da wie versteinert und schaute ihr nach, die Karten immer noch in der Hand. Nach einer Weile wandte sie sich wieder ihrer Arbeit zu, ein bisschen beunruhigt wegen Joe und weil Chloe sich so aufgeregt hatte. Und dann wanderten ihre Gedanken zu Hugo.

Chloe ging schnell. Sie nahm nicht an, dass sie Charlie und Joe draußen finden würde, eher irgendwo, wo sie vor Blicken geschützt waren, im Duschraum oder auf der Herrentoilette. Was war bloß in Charlie gefahren? Was hatte er vor? Sie wusste, dass Charlie Joe mit Sticheleien und höhnischen Bemerkungen quälte, aber er machte das auf so subtile Weise, dass nicht mal alle Kollegen es mitbekamen. Sie vermutete, dass Hugo davon wusste, aber er war zu weich, um dagegen vorzugehen, und verließ sich lieber darauf, dass alle so gutmütig waren wie er. Hugo schien sich nicht vorstellen zu können, dass Gemeinheit ein Problem sein konnte, vielleicht, weil sie ihm selbst total fremd war. Wie auch immer, jedenfalls fand Chloe, dass er zu schnell bereit war, in allen das Gute zu sehen.

Sie ging entschlossen weiter und kümmerte sich nicht um die Kunden, die ihr Waren hinhielten, um etwas zu fragen, jedoch den Mund wieder zumachten, wenn sie wortlos an ihnen vorbeistürmte.

Als sie sich den Türen zum Duschraum und zur Herrentoilette näherte, hörte sie erregte Stimmen. Sie konnte nichts verstehen, aber zweifellos redete da jemand auf jemanden ein, der sich zur Wehr zu setzen versuchte. Sie drückte gegen die Tür des Duschraums, doch sie war abgeschlossen. Sie legte ein Ohr an die Tür, hörte jedoch nichts. Sie stürmte in die Herrentoilette, wo sie ein Kunde entgeistert anschaute.

»Hey!«, rief der Kunde, und Chloe machte die Tür schnell wieder zu.

Plötzlich waren die Stimmen wieder zu hören, diesmal lauter.

»Nicht, Charlie, hör auf damit! Ich versteh nicht, warum du

mir das antust!« Joe klang, als wäre er den Tränen nahe oder als weinte er.

»Und wenn du irgendeinem erzählst, wer dir das angetan hat, dann sorge ich dafür, dass du es bitter bereust!«, sagte Charlie Fiesling in einem brutalen Ton. Wenn er die Worte aufgeschrieben statt ausgesprochen hätte, wäre die Bleistiftspitze abgebrochen.

Chloe folgte den Stimmen zur Tür eines Lagerraums, in dem Warnschilder, Werbematerial und Deko-Artikel für Halloween, Ostern, Weihnachten, Valentin und so weiter aufbewahrt wurden. Als sie gerade nach der Türklinke greifen wollte, wurde die Tür aufgerissen, und Charlie stürmte mit vor Wut hochrotem Gesicht heraus und rieb sich die Hände, als müsste er sie säubern. Charlie wich Chloe im letzten Moment aus, kurz bevor sich ihre Nasen berührten.

»Was zum Teufel hast du getan?«, fragte Chloe und folgte seiner Bewegung, sodass sie fast wieder Nase an Nase voreinander standen.

»Das geht dich einen Scheißdreck an, du neugierige Schlampe. Geh mir aus dem Weg.« Charlie schubste sie zur Seite und marschierte davon. Chloe öffnete die Tür zum Lagerraum und erfasste die Situation mit einem Blick: Joe stand in der Mitte zwischen all dem gestapelten Kram (hinter ihm grinste ein Kobold, der für Angebote zum St. Patrick's Day warb). Um seine Füße, auf seinen Schultern und auf seinem Oberkörper waren Büschel seines dunklen Haars verteilt, sein Gesicht war gerötet und seine Wangen waren tränennass. Auf dem Boden lag achtlos hingeworfen ein elektrischer Rasierapparat, und Joes Kopf war kahlgeschoren, von seinem Haar war nur noch ein dunkler Schatten auf seinem Schädel übrig. Einen Augenblick lang war Chloe wie vom Donner gerührt, dann ließ sie die Tür zufallen und rannte hinter Charlie her. Mit einem wütenden Schrei sprang sie ihm in den Rücken, und Charlie grunzte verwundert.

»Lass mich los, du blöde Kuh!«, schrie er, fuhr herum und

versuchte, sie abzuschütteln, und als das nicht funktionierte, befreite er sich mit Gewalt aus ihrer Umklammerung und wich mit einem Gesicht vor ihr zurück, als hätte er eine Wespe im Mund.

Lästig wie eine Fliege bei einem Gartenfest ging Chloe wieder auf ihn los. Sie holte weit aus und verpasste ihm eine Ohrfeige, die ihm das Gesicht zur Seite warf. Dann stürzte sie sich auf ihn und trommelte mit den Fäusten auf seine Brust. Charlie packte sie um die Taille und zog den Kopf ein, damit sie sein Gesicht nicht treffen konnte, aber sie schlug auf seinen Rücken ein, und als sie das Gefühl hatte, ihm immer noch nicht genug wehzutun, fing sie an, ihn durch das T-Shirt hindurch zu kneifen und zu kratzen.

Mit einem Aufschrei brachte Charlie sie zu Boden, verlor dabei das Gleichgewicht und landete auf ihr. Er rollte sofort von ihr herunter, aber ehe er aufstehen konnte, griff Chloe wieder an, setzte sich rittlings auf ihn und schlug zu, wo sie konnte. Inzwischen hatte sich eine Menschentraube um die beiden gebildet, einige Kunden filmten die Prügelei mit ihren Handys. Eine Frau flehte die Raufenden vergeblich an, endlich aufzuhören.

Chloe schlug weiter auf Charlie ein, der sein Gesicht mit den Armen zu schützen versuchte. Bis Hugo kam und Chloes Hände festhielt.

»Hey, hey, was ist denn hier los?«, fragte Hugo in einem Ton, als würde er zwei Kinder schelten, die sich um ein Eis stritten. Aber immerhin ließ Chloe sich von ihm auf die Füße ziehen. Ihr Gesicht war gerötet, und die Haare klebten ihr im nassgeschwitzten Gesicht. Chloe funkelte Charlie hasserfüllt an, als wollte sie ihn mit ihrem Blick aufspießen. Charlie ließ die Arme sinken, erwiderte Chloes Blick mit ebenso viel Hass und zuckte vor Schmerz zusammen, als er sich auf dem Boden abstützte, um aufzustehen.

Joe stand schniefend in der offenen Tür des Lagerraums, die Wangen glänzend von Tränen.

Pip kam dazu, stellte sich neben Hugo und schaute sorgenvoll in die Runde.

»Kann mir mal jemand erklären, was hier los ist?« Hugo sah abwechselnd Charlie und Chloe an.

»Zwecklos«, sagte Chloe, ohne ihren Blick von Charlie abzuwenden. »Du unternimmst doch sowieso nichts.«

»Wie bitte? Was soll das denn heißen?« Hugo klang immer noch, als würde er streitende Kinder schelten.

»Charlie ist ein Scheißkerl, und du bist ein Scheißweichei«, sagte Chloe.

»Chloe!« Pip legte Hugo eine Hand auf die Schulter.

»Verpiss dich, Pip«, fauchte Chloe, lief jedoch sofort rot an. Sie wandte sich Hugo zu: »Das macht dich nicht zu einem schlechten Menschen, aber es führt dazu, dass du schlimme Sachen zulässt und nichts dagegen unternimmst.«

Charlie blies die Backen auf und schüttelte den Kopf.

»Charlie?«, sagte Hugo. Er tätschelte Pips Hand, die daraufhin ihre Hand wegzog und zum Lagerraum ging.

Charlie brach den Blickkontakt zu Chloe ab und schaute die Kunden an, die immer noch um sie herumstanden. Auch Hugo schien sie plötzlich zu bemerken. »Die Show ist vorbei, Leute, bitte, gehen Sie weiter. Entschuldigen Sie das hier.« Hugo lachte verlegen. »Wohl eine Auseinandersetzung zwischen Verliebten.«

»Was soll der Scheiß? Den würde ich nicht mal mit der Kneifzange anpacken!«, kreischte Chloe. »Das war echt voll daneben, Hugo!«

»Gott, ja, du hast vollkommen recht, Chloe. Aber was ist hier los?«

Chloe drehte sich zum Lagerraum um und zeigte auf Joe, der sich gerade mit dem Ärmel die Nase abwischte. Pip zog ein Taschentuch aus ihrem Ärmel und reichte es Joe. Chloe rieb sich mit dem Arm die Augen, in denen Tränen der Frustration brannten, als könnten sie ihren Abscheu vor jeder Art von Tyrannei und vor allem vor Charlie verwässern.

»Ich würde sagen, ihr drei kommt am besten in mein Büro, damit wir in Ruhe reden können«, sagte Hugo. »Pip, sei so lieb und bring uns eine Kanne Tee, damit wir uns wie Erwachsene unterhalten können.«

Pip schien zu wachsen, als Hugo sie so lieb bat. Sie war die Einzige, die lächelte.

KAPITEL 41

Zu seinem eigenen Besten

»Also, ich bin ja vielleicht altmodisch, aber ich finde, Männer sollten sich nicht mit Frauen prügeln«, sagte Hugo.

Einen Moment lang herrschte Stille, dann sagte Joe-Nathan: »Niemand sollte sich prügeln, das hat meine Mum immer gesagt.«

Hugo nickte mit nach unten zeigenden Mundwinkeln und hochgezogenen Augenbrauen. »Ja, Joe, und ich finde, da hatte deine Mum absolut recht.« Er seufzte traurig und schaute die drei jungen Leute an, die in seinem Büro saßen. »Wer will anfangen? Wer kann mir erklären, was hier los ist?«

Alle schwiegen.

»Wenn ihr nicht mit mir redet, muss ich die Personalabteilung einschalten, und das möchte ich eigentlich nicht.«

Chloe atmete langsam und vernehmlich aus, dann schaute sie Hugo an. »Charlie tyrannisiert Joe«, sagte sie.

Charlie warf die Hände in die Luft und ließ sie auf seine Oberschenkel fallen.

»Was heißt hier tyrannisieren? So'n Quatsch. Stimmt überhaupt nicht.«

»Keine Sorge, Charlie«, sagte Chloe in einem freundlichen Ton. »Hugo wird nichts gegen dich unternehmen. Vielleicht gibt er dir einen Klaps auf die Finger, vielleicht schickt er dich auch ohne Abendessen ins Bett, aber du hast nichts zu befürchten.«

»Äh, danke, Chloe, das reicht«, sagte Hugo. Sie verschränkte die Arme und sah ihn herausfordernd an.

»Was du da sagst, ist eine schwere Anschuldigung«, sagte Hugo.

»Ich weiß«, sagte Chloe.

Charlie presste die Lippen zusammen und schüttelte den Kopf.

Hugo schaute Joe an, der den Blick auf seine im Schoß verschränkten Hände gerichtet hielt. »Tyrannisiert Charlie dich, Joe?«

»Ich ...« Joe schaute erst Chloe, dann Charlie an. »Ich weiß es nicht.«

Hugo verzog das Gesicht. Dann wandte er sich an Chloe. »Und wie kommst du darauf, dass Joe tyrannisiert wird?«, fragte er.

»Zum Beispiel hat Charlie Joe im Lagerraum den Kopf rasiert.«

Hugo richtete sich kerzengerade auf und sah Charlie ungläubig an. »Stimmt das?«

Charlie räusperte sich. »Ja.«

»Wolltest du, dass er dir den Kopf rasiert, Joe?«

»Äh.« Joe drehte sich zu Charlie um und genau wie an dem Tag des Unfalls mit dem Bleichmittel war ihm, als würde er seine eigenen Augen im Spiegel sehen. Charlie brach als erster den Blickkontakt ab und bedeckte sein Gesicht mit den Händen. »Also«, sagte Joe und schaute Hugo an. »Nein, ich wollte nicht, dass er mir den Kopf rasiert. Ich habe ihm gesagt, er soll damit aufhören.«

»Charlie!«, sagte Hugo. »Was in aller Welt hast du dir dabei gedacht?«

»Er brauchte es«, flüsterte Charlie in seine Hände.

»Wie bitte?«

Charlie blickte auf, seine Augen waren trocken, sein Blick trotzig. »Ich hab gesagt, *er brauchte es.*«

»Red nicht so einen Scheiß«, stöhnte Chloe.

»Chloe ...«, ermahnte sie Hugo.

»Er brauchte einen verdammten Haarschnitt, was willst du?«, fuhr Charlie sie an.

»*Richtig*«, sagte Chloe. »Aber nicht von dir und nicht in einem dunklen Lagerraum und gegen seinen Willen!«

»Ich fasse es nicht«, sagte Hugo. »Wenn jemand nicht will,

dass du ihm die Haare schneidest, kannst du das nicht mit Gewalt machen. Jetzt sag mir bitte nicht, dass du das in Ordnung findest.«

»Es war zu seinem eigenen Besten«, murmelte Charlie.

»Sprich bitte etwas lauter«, sagte Hugo.

»ICH HAB GESAGT, ES WAR ZU SEINEM EIGENEN BESTEN!«, schrie Charlie so laut, dass die Explosion Hugo in seinen Sessel zu drücken schien.

»Charlie, das bringt doch überhaupt nichts.« Hugo fasste sich an die Stirn und schob ein paar Unterlagen auf seinem Schreibtisch hin und her. Dann öffnete er eine Schublade, als hoffte er, darin etwas zu entdecken, was ihm weiterhalf, schien jedoch nicht fündig zu werden und machte sie wieder zu.

»Also«, sagte Chloe mit angespannten Lippen. »Was ist der Plan, Hugo? Wirst du Charlie sagen, dass er ein böser Junge war und zur Strafe nach dem Abendessen keinen Nachtisch bekommt?«

»Ich würde sein Verhalten nicht gerade als Tyrannisieren bezeichnen«, sagte Hugo.

»Bullshit«, sagte Chloe und schloss die Augen.

Hugo reagierte nicht darauf und schaute Charlie traurig an, als wollte er sagen: *Du hast mich schwer enttäuscht, schlimmer noch, du hast dich selbst enttäuscht ...* »Ich würde sagen, das ist Körperverletzung, Charlie. Tut mir leid, aber du lässt mir keine Wahl. Wir sprechen uns gleich unter vier Augen.«

Charlie stand auf und stopfte sich sein T-Shirt in die Hose, das Chloe während des Gerangels herausgerissen hatte. »Spar dir die Mühe. Ich weiß schon, was kommt.«

»Ich muss offiziell mit dir sprechen«, fuhr Hugo fort.

Aber Charlie hatte bereits die Tür geöffnet und war verschwunden, ehe Hugo noch etwas sagen konnte.

Als die Tür zufiel, breitete sich in Hugos Büro eine Stille aus, die einem in den Ohren rauschte und das Gefühl gab, als würde man gegen eine Wand gedrückt. Sie erinnerte an das Schweigen eines Menschen, der sich vor jemandem versteckte, der ihm etwas zuleide tun wollte, dachte Joe. Eigentlich hatte er das Bedürfnis, tief Luft zu holen, aber er hatte zu viel Angst, dass das ein Geräusch machen und dann etwas Schlimmes passieren würde. *Noch* etwas Schlimmes. Dieser Tag war ganz und gar nicht gut gelaufen, es hatte schon mit diesem Ding angefangen, das ihm im Rachen geklebt hatte, auf dem Weg zur Arbeit. Dann, im Personalraum, hatte Owen ihn ausgelacht und fotografiert, und danach hatte Charlie ihn so fest am Arm gepackt und in die Kammer gezerrt, wo es viel, viel zu dunkel gewesen war, bis Charlie den Lichtschalter gefunden hatte. Und wie es sich angefühlt hatte, von jemand anderem als von seiner Mum am Kopf angefasst zu werden. Schrecklich. *Ganz schrecklich.* Das Summen des Rasierapparats und das Vibrieren an seinem Kopf (das hatte ihm genauso eine Angst gemacht, wie wenn er einen Einkaufswagen voll mit rohen Eiern über unebenen Boden schob), und dann waren seine Haare von seinem Kopf ganz sanft in kleinen Büscheln überall auf seinem Körper gelandet. (Wie sollte er sich nachher saubermachen? Würde er wieder im Duschraum duschen und hinterher komische Sachen anziehen müssen?) Und dann Chloes Blick, als sie die Tür zum Lagerraum aufgemacht hatte: ein Blick, der zu keinem der Bilder auf seinen Mimik-Karten passte, ein Blick, den er noch nie gesehen hatte. Was bedeutete er? Und die Prügelei. Arme Chloe, Charlie hatte sie »Schlampe« genannt, das war ein schlimmes Wort. Armer Charlie, der so viele Schläge abbekommen hatte, nun hatte er bestimmt wieder den ganzen Körper voller blauer Flecken. Und jetzt war Charlie gegangen, und Joe wusste nicht so recht, warum.

Aber Chloe lächelte ihn an, das war gut.

Hugo starrte seine Bürotür an, und Joe fiel auf, dass er schon lange nicht mehr geblinzelt hatte.

Joe fuhr sich mit der Hand über den Kopf. Er hatte sich immer gefragt, wie Hugos Kopf sich wohl anfühlte, mit all den kurzen Stoppeln, und er hatte sich nicht vorstellen können, dass es sich schön anfühlte. Aber Joes Kopf fühlte sich richtig schön an: ein bisschen rauer als Samt und so gut, dass man immer wieder daran fühlen wollte.

Joe gewöhnte sich an die drückende Stille im Raum, obwohl sie eben erst angefangen hatte.

»Wow«, sagte Chloe.

Das Wort riss Hugo aus seiner Starre, und er blinzelte. Er öffnete den Mund, als wollte er etwas sagen, aber seine Zunge machte nur ein klickendes Geräusch.

Es klopfte an der Tür, dann kam Pip mit einem Tablett mit einer Kanne Tee und fünf Tassen und Milch und kleinen Tüten Zucker herein.

»Tut mir leid, dass es so lange gedauert hat«, sagte sie und lächelte Hugo an. Sie hatte frischen Lippenstift aufgelegt.

»Alles gut, stell einfach alles hier ab«, sagte Hugo und schob einen Stapel Papiere und einen Ordner und sein Peppa-Wutz-Stiftemäppchen zur Seite, um Platz zu machen.

Pip lächelte Joe an, während sie das Tablett auf den Schreibtisch stellte. »Schicke Frisur.«

KAPITEL 42

Zu einfach

Hugo schlug Joe-Nathan vor, nach Hause zu gehen, um sich die restlichen Haarschnipsel abzuduschen und sich etwas anderes anzuziehen, und Chloe erklärte sich bereit, ihn zu begleiten. Hugo, der wusste, dass Joe-Nathan unbedingt so schnell wie möglich wieder zur Arbeit und in seine Normalität zurückwollte, ermahnte Chloe, nicht herumzutrödeln und nach dem Duschen auf direktem Weg wieder in den Compass Store zu kommen. Dass diese ganze Sache seinen Mittwoch endgültig durcheinandergebracht hatte, gefiel Joe ganz und gar nicht, aber die Haarschnipsel auf der Haut juckten wie verrückt, und er freute sich auf eine Dusche.

Während Joe unter der Dusche stand, sah Chloe sich in seinem Zimmer um.

»Nichts anfassen«, hatte er gesagt, als er gesehen hatte, wie sie nach einem großen Briefbeschwerer mit einer in Kunstharz eingegossenen Löwenzahnblüte griff. »Überhaupt nichts«, hatte er noch einmal betont, bevor er ins Bad gegangen war.

»Mach ich nicht!«, hatte Chloe geantwortet, die Hände in die Luft gereckt, als hätte einer »Hände hoch!« gerufen, und sie dann sicherheitshalber in die Hosentaschen geschoben. Jetzt ging sie an den Regalen entlang und betrachtete jeden einzelnen Gegenstand wie ein Ausstellungsstück in einem Museum. Joe hatte seine Bücher so nach Farben sortiert, dass ein wellenförmiges Regenbogenmuster entstand, Dunkelblau ging in Hellblau über, dann in Türkis, in Grün, in Hellgrün, in Gelb und so weiter, ähnlich, wie er im Compass Store die T-Shirts anordnete. Sie las die Titel auf den Buchrücken (von denen keiner gebrochen war), entdeckte jedoch kein Buch, das sie gelesen hatte.

Chloe zog eine Hand aus der Hosentasche und öffnete Joes Kleiderschrank, dann hielt sie kurz inne (ihr war klar, dass sie gegen sein Verbot verstieß) und vergewisserte sich, dass im Bad noch das Wasser lief. Seine Sachen waren gebügelt und hingen auf Bügeln, und zwar auf Lücke, sodass sie sich nicht berührten. Sie schloss die Schranktür und wandte sich der Kommode zu. Sie zweifelte nicht daran, dass in den Schubladen genauso eine Ordnung herrschte wie überall im Zimmer. Sie trat an den Schreibtisch und bewunderte Joes Stiftebecher, der genau einen Stift in jeder Farbe enthielt. Es gab ein kleines Ablageregal mit wenigen Papierbögen in jedem Fach, ein Notizheft, das an der oberen Schreibtischecke auf Kante lag, und in der Mitte zwei identische Fotoalben. Sie fragte sich, ob sie vielleicht Babyfotos von ihm enthielten, linste kurz zur Tür hinüber und lauschte wieder auf das Wasserrauschen. Dann hob sie vorsichtig den Deckel an und blätterte ein paar Seiten um. Was sie sah: reihenweise Etiketten von *Imperial Leather*-Seife.

»Was zum Teufel …?«, murmelte sie vor sich hin. Sie schlug das erste Album zu und klappte das zweite auf. Sie sah das einzelne Etikett in der oberen linken Ecke der ersten Seite und runzelte die Stirn. Als sie hörte, wie die Badezimmertür geöffnet wurde, klappte sie das Album hastig zu und machte einen Riesenschritt in Richtung Bett, setzte sich im Schneidersitz darauf und hoffte, dass es so aussah, als hätte sie die ganze Zeit so dagesessen.

Joe stand in der Tür, in ein riesiges pinkfarbenes Badetuch gewickelt, das ihm von den Achseln bis fast zu den Knöcheln reichte. »Ich habe dir doch gesagt, du sollst nichts anfassen«, sagte er.

»Ich …«, stammelte Chloe. Sie fragte sich, ob sie irgendetwas verrückt hatte. Wie konnte er wissen, dass sie Sachen angefasst hatte?

»Du sitzt auf meinem Bett, du zerknitterst die Decke«, sagte er.

»Ach so!« Chloe sprang vom Bett auf und begann, die Decke zu glätten.

»Ich mach das. Du machst es nicht richtig«, sagte Joe, ohne dass es nach Kritik klang. »Und bitte, guck weg, wenn ich mich anziehe.«

»Natürlich«, sagte Chloe, ging in den Flur, setzte sich auf die oberste Treppenstufe und betrachtete ihre Fingernägel.

Ein paar Minuten später stand Joe vor ihr, angezogen und mit leicht gerötetem Gesicht von der Dusche.

»Weißt du was?«, sagte Chloe und stand auf. »Pip hat recht, die Frisur steht dir echt super, und so eine Stoppelfrisur kriegt auch nicht jeder so gut hin.« Sie streckte eine Hand aus, um Joes Kopf zu berühren, doch er duckte sich mit einem spitzen Aufschrei. »Oh, sorry«, sagte sie. »Es ist wirklich sehr, sehr kurz. Wie konnte er dir so nah kommen? Ich kann deine Kopfhaut sehen.«

»Warum ist Charlie einfach gegangen?«, fragte Joe.

»Hugo hat ihn gefeuert«, sagte Chloe. »Du warst doch dabei.«

»Aber für wie lange?«

»Äh, endgültig, nehm ich an«, sagte Chloe.

Joe sah Chloe mit offenem Mund an.

Chloes Augen weiteten sich, und sie schüttelte den Kopf. »Hallo? Wolltest du nicht eben ›Danke‹ sagen?«

»Danke? Wofür denn?«, fragte Joe.

Chloe verschränkte seufzend die Arme. »Dafür, dass ich dir diesen Typen vom Hals geschafft hab. Dass ich dafür gesorgt hab, dass du ab jetzt in Ruhe arbeiten kannst, weil Charlie dich nicht mehr tyrannisiert.«

»Findest du, er hat mich tyrannisiert?«

»Ja«, sagte Chloe. »Und ich konnte einfach nicht glauben, dass du in Hugos Büro gesagt hast ›Ich weiß nicht‹, als Hugo dich gefragt hat, ob Charlie dich tyrannisiert. Wieso weißt du das nicht? Ist das nicht offensichtlich? Hugo hat sogar gesagt, dass das Körperverletzung war, dass er dir die Haare abgeschnitten hat, jetzt weißt du also Bescheid. Du kapierst es doch jetzt, oder?«

»Nein.«

»Schon bevor er dir gegen deinen Willen die Haare abgeschnitten hat, hat er abfällig über dich geredet und dich beschimpft.«

»Hat er das auch mit dir gemacht?«

»Nein.«

»Er hat ›Schlampe‹ zu dir gesagt und auch andere schlimme Sachen. Er hat ›blöde Kuh‹ zu dir gesagt.«

»Aber er hat mich nicht *tyrannisiert*.«

»Ich versteh nicht, was der Unterschied ist.«

Chloe machte den Mund auf, wie um etwas zu sagen. Charlie tyrannisierte Joe die ganze Zeit, daran zweifelte sie nicht, aber Joe schaffte es mal wieder, etwas, das ihr sonnenklar gewesen war, infrage zu stellen.

»Bei mir ist das was anderes, weil ich nicht ...« Chloe sprach den Satz nicht zu Ende.

Joe wartete einen Moment, dann sagte er: »Nicht was?«

»Weil du ... anders bist, Joe. Genau deswegen hackt er auf dir rum, und deswegen ist es Tyrannisieren.«

»Du bist anders«, sagte Joe.

»Aber du bist behindert«, sagte Chloe und zuckte innerlich zusammen, als sie sich das Wort aussprechen hörte. »Er sagt Sachen zu dir wie ›Du bist gar nicht so dumm, wie du aussiehst‹«, fügte sie kleinlaut hinzu.

»Das ist doch ein Kompliment«, sagte Joe. »Ich sehe nämlich wirklich dumm aus.«

»Und einmal hat er gesagt, selbst wenn du der letzte Mann auf der Welt wärst, würde ich nicht mit dir in den Pub gehen, und das war gemein.«

»Ja, aber das hast du zuerst zu ihm gesagt. Du hast zu ihm gesagt, du würdest nicht mit ihm ausgehen, selbst wenn er der letzte Mann auf der Welt wäre. Und das war schlimmer, denn mit mir bist du in den Pub gegangen und mit ihm nicht.«

»Wenn ich das zu Charlie sag, ist das was anderes.«

»Wieso?«

Chloe antwortete nicht.

»Tyrannisierst du Charlie?«, fragte Joe.

»Gott, *nein*. Scheiße, Joe, du machst das Gespräch echt unmöglich.«

Einen Moment lang schwiegen beide.

»Tut mir leid«, sagte Joe schließlich.

»Hör zu, ich weiß, wovon ich rede«, sagte Chloe, obwohl sie absolut nicht so aussah, als wüsste sie, wovon sie redete. »Und ich sag dir klipp und klar, dass Charlie dich tyrannisiert, dass es Körperverletzung war, als er dir die Haare abgeschnitten hat.«

»Du hast doch eben gesagt, es sieht schön aus.«

»Darum geht es aber nicht«, sagte Chloe und schob einen Daumennagel in die Lücke zwischen ihren Schneidezähnen. »Er hat dir die Haare ohne deine Erlaubnis abgeschnitten. Er hat dich eingesperrt und *festgehalten* und dir den Kopf geschoren. Also, ich meine ...«, sie stieß ein kurzes, humorloses Lachen aus. »Wer macht denn sowas?«

»Er hat ›Sorry‹ gesagt«, sagte Joe.

»Wann?«

»Als er mit dem Rasieren angefangen hat, und als ich angefangen hab zu weinen.«

»Aber du wolltest nicht, dass er es macht, und du hast ihm gesagt, er soll aufhören?«

»Ja.«

Chloe zuckte die Achseln. »Es ist zu einfach. Fall erledigt.«

KAPITEL 43

Ein winziger Triumph

Nach Joe-Nathans Dusche und seiner Rückkehr in den Compass Store verlief der Rest des Mittwochs so normal, wie ein Tag nach so einem anormalen Beginn nur sein konnte. Er konnte natürlich nicht vollkommen normal sein, genau wie nach einem Autounfall; der Unfall überschattete den ganzen Rest des Tages. Selbst ein Alptraum konnte sich im Lauf des Tages wieder einschleichen und ihn seltsam machen, es war also völlig unmöglich, dass die zweite Hälfte von Joes Mittwoch sich ganz normal anfühlte, nachdem er durch einen Flur in einen dunklen Raum gezerrt, ihm der Kopf geschoren worden war, er miterlebt hatte, wie seine Freunde sich prügelten und einer von ihnen gefeuert wurde. Und zudem war duschen um 10:06 Uhr etwas, was Joe noch nie in seinem Leben getan hatte.

Als Joe wieder im Laden war, lenkte Hugo ihn zum Glück ab, indem er ihn in die große Lagerhalle führte und mit der größten Menge Servietten konfrontierte, die je geliefert worden war (eine Fehllieferung). Nicht alle Servietten passten in die Regale, aber es mussten mehr als üblich im Verkaufsraum untergebracht werden. Also wurden einige Regale umgeräumt, um Platz zu schaffen, und Joe und Pip wurde die Aufgabe übertragen, die vielen Servietten einzusortieren.

»Gott, ist das aufregend!«, sagte Pip und klatschte in die Hände.

»Ja«, sagte Joe und dachte an die einheitliche Form der Serviettenpackungen und daran, wie angenehm es sein würde, sie ordentlich zu stapeln (es sei denn, Pip war nachlässig im Stapeln, das würde die Aufgabe frustrierend machen). Die Packungen waren ziemlich weich, und das stellte ein Problem dar: Joe musste darauf achten, dass alle Stapel aus genau gleich vielen

Packungen bestanden, um zu verhindern, dass welche zusammengedrückt wurden und das Gesamtbild verunstalteten.

»Guck mal!«, rief Pip und zeigte in die offene Kiste mit den Servietten. »Sieh dir die Farben an! Rot, Weiß, Blau, Gold und Schwarz!« Sie betrachtete die Servietten und flüsterte: »Es gibt jede Menge Flaggen, die genau diese fünf Farben haben, nur immer wieder anders angeordnet. Sie stehen alle auf der Liste, die ich für das Quiz zusammengestellt habe. Wir können beim Einsortieren Flaggen üben, und die Leute werden denken, wir reden über Servietten.«

»Warum spielt es eine Rolle, ob die Leute denken, wir reden über Flaggen?«

»Weil Flaggen in Quiz-Spielen auftauchen, aber Servietten nicht.«

»Im 16. Jahrhundert wurden in Flandern Servietten in der Größe von anderthalb Ellen hergestellt. Wie lang ist eine Elle?«, fragte Joe.

»Hä?«, sagte Pip.

»Das ist eine Serviettenfrage, die ich mal in einer Quiz-Show gehört hab.«

»Keine Ahnung.«

»Das ist die Länge vom Ellbogen bis zur Spitze des Mittelfingers.«

»Wirklich?«

»Ja. Und wer hat die Serviette erfunden?«

»Joe ...«

»Nein«, sagte Joe. »Die Römer.«

»Ich werd nicht mehr«, sagte Pip. Nicht zu fassen, was Joe alles wusste.

»Welcher Autor eines berühmten Tagebuchs hat vierzig Schilling dafür bezahlt, dass seine Frau das Serviettenfalten lernte?«

»Keine Ahnung«, sagte Pip.

»Samuel Pips.«

»Pepys.«

»Was?«, fragte Joe.

»Der hieß Samuel ›Pepys‹, nicht ›Pips‹«, sagte Pip. »Gott, Joe«, flüsterte sie. »Du bist ja ein richtiger Servietten-Experte!«

»Ja, sieht so aus«, sagte Joe. »Über Servietten habe ich mal was in einer Enzyklopädie gelesen, unter S.«

»Aber Flaggen üben wir auch, okay? Ich stelle die Fragen, und dann sehen wir, ob du sie beantworten kannst.«

»Ja. Du gibst mir die Servietten an und stellst mir Fragen; ich staple die Servietten und beantworte die Fragen.«

»Cool«, sagte Pip, und Joe atmete erleichtert auf, weil jetzt feststand, dass das Stapeln und die farbliche Ordnung ihm überlassen würden.

»Wir werden ein ganz tolles Quiz-Team sein«, sagte Pip. »Schade, dass wir nur zu dritt sind.«

Joe schaute Pip an und dachte, wie sehr es seiner Mum gefallen hätte, zusammen mit Pip und Chloe und ihm an einem Tisch zu sitzen, Fish 'n' Chips zu essen und Fragen zu beantworten.

Joe sagte: »Du bist zur Beerdigung meiner Mum am Freitag eingeladen. Es gibt keine richtigen Einladungen wie bei einer Geburtstagsparty, ich sage dir einfach Bescheid, und du kannst kommen, musst aber nicht.«

Pip hatte gerade drei Packungen Servietten in der Hand – schwarze, goldene und rote –, die sie sich jetzt an die Brust drückte. »Ach, Joe, das ist echt nett von dir. Ich komme gern, danke für die Einladung.«

Joe nickte und stellte sich den Quiz-Abend vor: ein viereckiger Tisch, an dem sie zu dritt saßen, und ein leerer Platz, wo seine Mum hätte sitzen sollen.

»Sollen wir eine vierte Person in unser Team aufnehmen?«, fragte Joe.

»An wen hattest du denn gedacht? Es wäre toll, wenn Hugo mitmachen könnte, aber er ist ja der Quiz-Master.« Sie seufzte traurig.

Joe antwortete nicht und trat von einem Fuß auf den anderen.

»Ich glaub, alle, die hier arbeiten – also, alle, die zum Quiz-Abend kommen – gehören schon zu einem Team«, sagte Pip.

»Und wenn wir jemanden fragen, der nicht hier arbeitet?«, fragte Joe.

»Ich weiß nicht, ob das erlaubt ist«, sagte Pip.

»Meine Mum hat doch auch nicht hier gearbeitet.«

»Stimmt. Aber da hat Hugo eine Ausnahme gemacht.«

»Warum?«

»Weil sie dir so wichtig war«, sagte Pip und machte ein Gesicht, als würde sie gleich weinen.

»Dann brauche ich also nur jemanden zu finden, der mir wichtig ist?«, fragte Joe.

Pip zuckte die Achseln. »Du kannst es versuchen«, sagte sie. »Du kennst ja Hugo. Ich werde ihn ein bisschen bearbeiten. Und Chloe wird nichts gegen jemanden haben, den du einlädst.«

»Vielleicht doch«, sagte Joe.

»Bestimmt nicht«, sagte Pip. »Mach's einfach.«

»Okay«, sagte Joe.

»So«, sagte Pip und schaute einmal nach Osten und einmal nach Westen. »Spaß beiseite.« Sie drückte sich die drei Packungen Servietten immer noch an die Brust. »Welches Land hat eine Flagge mit Schwarz, Gold und Rot in senkrechten Streifen?«

»Belgien«, sagte Joe.

»Ja!«, flüsterte Pip und stieß kurz triumphierend die Faust in die Luft.

KAPITEL 44

Nicht durch fünf teilbar

Am Donnerstag, dem Tag vor der Beerdigung seiner Mum, war Joe-Nathan ernst. Er gab dem Tag die Bedeutung, die er verdiente. Jeder würde verstehen, dass jemand den Tag, an dem er seine Mutter zu Grabe trug, besonders ehrte, handelte es sich doch um einen ganz besonderen Tag. Nur von einem einzigen Tag im Leben konnte man sagen, das ist der *Tag, an dem meine Mum gestorben ist* oder der *Tag, an dem ich meine Mum beerdigt habe*. Und ebenso war sich Joe bewusst, dass man nur von einem einzigen Tag sagen konnte, das ist der *Tag vor der Beerdigung meiner Mum*. Auch das wollte Joe beachten. Aus demselben Grund beachtete er auch bestimmte Uhrzeiten. Uhrzeiten wie 14:45 Uhr oder 17:15 Uhr bekamen viel zu viel Aufmerksamkeit, weil die Leute immer auf die nächste 5 auf- oder abrundeten. Es tat Joe leid um Uhrzeiten wie 16:44 Uhr oder 9:03 Uhr, deswegen hielt er sich nach Möglichkeit ganz genau an sie. Er konnte einfach nicht verstehen, warum die Uhrzeiten, die nicht durch fünf teilbar waren, weniger bedeutsam sein sollten.

Der Arbeitstag vor dem Tag von Janets Beerdigung verlief ruhig und ohne Probleme: keine verwirrenden Gespräche, keine Prügeleien oder Fragen, kein Lachen, das klang, als wäre es traurig. Es musste Ware gestapelt werden, Rückläufer mussten einsortiert und etwas verschüttete Limonade musste aufgewischt werden, dann kam die Mittagspause und anschließend waren ein paar weitere Aufgaben zu erledigen, die Joe leicht von der Hand gingen. Beim Stapeln einer schönen Pyramide aus Konservendosen fiel ihm eine aus der Hand. Er hob sie auf, um sie zu begutachten, und entdeckte eine Beule an einer Seite. Das erinnerte ihn an die zerdrückten Bierdosen neben dem Sofa in Charlies

Vorgarten. Dann fiel ihm Charlie ein. Joe warf einen Blick auf die Uhr im Laden. 15:37 Uhr. Normalerweise wäre Charlie jetzt hier, aber heute war er zuhause. Oder vielleicht war er auch woanders. Aber *er war nicht hier, und er sollte eigentlich hier sein.* Joes Handflächen begannen zu schwitzen, und er wischte sie an seiner Hose ab. Wieder fiel ihm das Schlucken schwer. Er stellte sich vor, wie er einen Einkaufswagen mit Charlie darin vor sich herschob, er stellte sich vor, wie er den Wagen von Charlies Haus zum Compass Store schob, wo Charlie hingehörte – wo er jedenfalls jetzt hingehörte, zu dieser Uhrzeit, die sich nicht durch fünf teilen ließ. Joe fühlte sich unwohl, ähnlich wie an dem Tag, als Charlie die Arnikasalbe vor seiner Tür hatte liegen lassen und Joe sich verpflichtet gefühlt hatte, sie zu retten. Dasselbe empfand er jetzt in Bezug auf Charlie, nur viel stärker. Sehr viel stärker. Vielleicht, weil Charlie größer war. Nein, das konnte es nicht sein, dachte Joe. Es lag nicht daran, dass Charlie größer war als die Tube Arnikasalbe. Es lag daran, dass Charlie ihm wichtiger war. Joe dachte an den Abschnitt über Freunde im gelben Buch, und ihm wurde klar, dass Charlie ihn zwar nicht als seinen Freund betrachtete, er Charlie aber sehr wohl als seinen.

FREUNDE

Freunde sind sehr wichtig in unserem Leben, und wie bei vielen Dingen, bei denen es um Menschen geht, gibt es für Freundschaft nicht immer einfache, konkrete Regeln. Freunde sind Menschen, und jeder Mensch ist anders, was bedeutet, dass Freunde sehr unterschiedlich sein können, es gibt große, kleine, alte, junge Freunde. Einige Freunde mögen dir wichtiger sein als andere, manche Menschen haben einen besten Freund oder eine beste Freundin, aber nicht alle. Freunde können sich streiten, aber das bedeutet nicht notwendigerweise, dass die Freundschaft damit beendet ist. Manchmal musst du nach einem Streit einfach sagen: »Es

tut mir leid, dass wir gestritten haben.« Manchmal ist es aber auch komplizierter. Meistens scheint unter Freunden alles ganz einfach zu sein, manchmal hast du vielleicht das Gefühl, sie mehr zu brauchen als üblich. Wenn du von einem Freund Hilfe brauchst, frag um Hilfe. Manchmal werden Freunde dich mehr als üblich brauchen. Manchmal werden Freunde dich um Hilfe bitten (hilf ihnen immer), und manchmal werden sie nur andeuten, dass sie Hilfe brauchen. Hin und wieder hast du vielleicht auch nur so ein Gefühl, dass etwas nicht stimmt, und wenn das passiert, solltest du der Sache nachgehen, finde ich – frag nicht nur einmal, ob alles in Ordnung ist, ob du vielleicht helfen kannst. Manchmal musst du einen Freund auch in Ruhe lassen, wenn er keine Hilfe möchte, und ich weiß zwar nicht, warum das so ist, aber es passiert hin und wieder. Es kann auch vorkommen, dass du dir nicht sicher bist, ob jemand dein Freund ist. Meistens kannst du es herausfinden, indem du darauf achtest, wie die Person mit dir umgeht, wie sie mit dir spricht und wie sie sich um dich kümmert. Aber es ist nicht immer einfach.
Wie gesagt, es gibt keine einfachen und konkreten Regeln, aber ich bin schon alt, und ich hatte viele Freunde im Leben, und einige habe ich auch verloren. Nach meiner Erfahrung lässt sich Folgendes über Freunde und Freundschaft sagen:

1. Freunde mögen dich so, wie du bist, sie schätzen deine Besonderheiten, auch wenn sie sie nicht immer verstehen.
2. Freunde sind für dich da, wenn du Probleme oder Kummer hast.
3. Freunde unterstützen dich in deinen Träumen und Zielen.
4. Freunde sagen dir die Wahrheit, auch wenn sie wehtut, denn es ist besser, die Wahrheit von einem Freund zu hören als von einem Fremden.
5. Freunde unterstützen dich. Ein echter Freund hält zu dir,

egal, was passiert, selbst wenn du im Unrecht bist. Ein echter Freund ist immer auf deiner Seite und setzt sich für dich ein.
6. Freunde behalten deine Geheimnisse für sich, und du solltest ihre Geheimnisse auch für dich behalten. Aber es kann auch passieren, dass ein Freund oder eine Freundin ein Geheimnis hat, das zur Gefahr werden kann, und dass du für Hilfe sorgen musst, und dann kann es natürlich sein, dass du jemand anderem von dem Geheimnis erzählen musst, um diese Hilfe zu bekommen. Falls dir das einmal passiert, musst du selber herausfinden, was das Beste ist. Aber als Faustregel gilt, dass Freunde Geheimnisse für sich behalten.
7. Freunde haben Zeit für dich.
8. Freunde sind für dich da, wenn du dich mal ausweinen musst.
9. Freunde stärken dein Selbstbewusstsein.
10. Freunde machen manchmal Fehler (und manchmal machst auch du Fehler). Manchmal musst du deinen Freunden verzeihen (und vielleicht ist es auch eines Tages nötig, dass sie dir verzeihen).

Joe war sich nicht ganz sicher, wie diese Regeln anzuwenden waren, wenn von zwei Personen nur eine mit der anderen befreundet sein wollte. Aber seine Mum hatte ja betont, dass es keine festen, konkreten Regeln gab. Und anhand der zehn Faustregeln konnte Joe sagen, dass er Charlie Fiesling laut fünf von den Regeln ein Freund war, und dass Charlie Fiesling laut zwei davon ihm ein Freund war. Da musste also noch dran gearbeitet werden, aber am Ende des Tages, der *der Tag vor der Beerdigung seiner Mum* war, wollte Joe Charlie Fiesling laut sechs Faustregeln ein Freund sein, nicht nur laut fünf.

KAPITEL 45

Ein Freund wie ich

Joe-Nathan geriet auf dem Heimweg von der Arbeit in einen leichten Regen, und auf den letzten Metern fiel er in einen Laufschritt, um unter das gelbe Vordach zu kommen, ehe er noch nasser wurde. Jetzt, wo sein Haar so kurz geschoren war, fühlte sich der Regen auf seinem Kopf anders an (viel kälter), und es war einerseits angenehmer, weil er keine nassen Haare bekam, und andererseits unangenehmer, weil das Wasser ihm am Hals hinunter in den Kragen lief und furchtbar kitzelte. Er schwang seine Tasche nach vorne und holte seinen Schlüssel heraus. Allmählich fühlte die Küche sich wieder normal an, auch ohne seine Mum. Nur noch manchmal setzte er an, etwas zu ihr zu sagen, bevor er merkte, dass sie nicht da war, und wenn das passierte, sagte er »Oh« und seufzte. Manchmal setzte er sich an den Tisch und sprach mit ihrem Foto an der Wand – das war zwar ein schlechter Ersatz, aber es war einer – und wünschte, er könnte ihr von Charlie erzählen und sie fragen, was er tun sollte. Okay, er hatte das gelbe Buch, aber bei ganz speziellen und komplexen Problemen wie diesem half es leider nicht.

Joe machte sich Spaghetti mit Speckwürfeln, die er in der Pfanne briet, und dazu öffnete er eine Dose Carbonarasoße. Er deckte den Tisch und setzte sich seiner Mum und seinem Dad gegenüber. Er schaute leicht zur Seite und verkniff sich sehr lange das Blinzeln, sodass die beiden ganz verschwommen wurden und er sich vorstellen konnte, sie seien tatsächlich da.

»Charlie ist gefeuert worden, weil er mir auf der Arbeit die Haare abgeschnitten hat«, sagte Joe. Dann stellte er sich vor, was seine Mum antworten würde. Zum Beispiel: *Wie geht es dir damit, Joe?*

»Es macht mich traurig«, antwortete er und stellte sich vor, seine Mum würde sagen: *Warum macht es dich denn traurig?*

»Weil ich möchte, dass Charlie versteht, dass ich keiner Fliege etwas zuleide tun kann.«

Und warum möchtest du, dass er das versteht?

»Wenn er wüsste, dass ich keiner Fliege etwas zuleide tun kann, dann würde er mich mögen, und dann könnten wir Freunde sein.«

Aber du hast doch Freunde, warum möchtest du, dass Charlie dein Freund ist?

»Ich glaube, Charlie braucht mich als Freund. Ich glaube, Charlie braucht einen Freund wie mich.«

Und brauchst du ihn?

»Ich möchte ihm helfen. Ich weiß auch nicht, warum.«

Aber war er nicht gemein zu dir?

»Er hat einen Fehler gemacht. Ich verzeihe ihm, aber das weiß er nicht. Und manchmal …«

Manchmal was?

»Manchmal glaube ich, er mag mich, auch wenn die anderen das nicht glauben. Und ich habe ihm ein paarmal in die Augen geschaut, und ich glaube, da habe ich etwas über ihn verstanden.«

Und?

»Und?«

Warum glaubst du, dass er dich braucht?

»Ich glaube, er hat Probleme, und Freunde sollen doch füreinander da sein, wenn man Probleme hat. Und ich glaube nicht, dass jemand für ihn da ist.«

Wann wirst du ihm helfen?

»Sobald ich das Geschirr abgespült und mich angezogen habe.«

Joe zog sich einen Hoodie an. So ein Kleidungsstück trug er nicht häufig, aber er wollte weder eine Mütze aufsetzen noch einen Schirm benutzen, und der Hoodie war ein Zugeständnis an das nasse Wetter. Er schaute auf die Uhr – 18:22 Uhr – und rechnete sich aus, dass es, obwohl es bewölkt war, noch ein paar Stunden hell sein würde. Er hatte also reichlich Zeit, zu Charlie zu gehen und vor der Dunkelheit wieder zuhause zu sein. Da er schon einmal dort gewesen war, kannte er den Weg, und diesmal war er darauf vorbereitet, dass es dort keine Bäume gab und der Gehweg Risse hatte, aus denen das Unkraut wucherte. Bei der Nässe saßen die Jugendlichen nicht draußen auf der Mauer, und auf dem ganzen Weg kamen ihm nur drei Leute entgegen, und die gingen mit gesenktem Kopf und schnellen Schritten an ihm vorbei und beachteten ihn kein bisschen.

Zwei Dinge überraschten Joe auf dem Weg zu den Gaswerken und Charlies Haus. Die erste Überraschung kam, als er die Straße zu der Fußgängerzone mit den kleinen Läden überquerte und aufblickte. Eine Gestalt, die ihm entgegenkam, machte ihm Angst: Die Schultern hochgezogen, den Kopf ein bisschen vorgereckt, die Hände in den Hosentaschen, das Gesicht unter einer dunklen Kapuze verborgen, kam die Gestalt direkt auf ihn zu und machte keine Anstalten, ihm auszuweichen. Erst als Joe seinerseits seitlich auswich und die dunkle Gestalt ihn nachahmte, merkte er, dass er auf sein eigenes Spiegelbild im Schaufenster eines Schlüsseldienstes zuging.

Die zweite Überraschung war auch ein Mann, aber diesmal war es nicht sein Spiegelbild. Er hörte Stimmen aus einem China-Imbiss und erkannte eine davon. Die Stimmen gehörten zwei Männern, die aus dem Imbiss kamen, jeder mit einer weißen Papiertüte in der Hand, die vom Fett fast durchsichtig war. Charlies Dad biss in eine große Frühlingsrolle, Möhren- und Salatstreifen hingen über seinem Kinn, das vom Fett glänzte. Der andere Mann aß genauso schlampig.

Alles, was Joe von dem Gespräch zwischen den beiden verstehen konnte, war Gelächter und Gefluche, und er musste an die Schimpfwortkiste denken, die er für Chloe gebastelt hatte; morgen, am Tag der Beerdigung seiner Mum, würde er sie ihr überreichen.

Als Joe Charlies Dad sah, erschrak er und zog die Schultern noch höher. Er blieb stocksteif stehen und kniff die Augen zu und wartete darauf, dass der Mann ihn erkannte und ihn auf irgendeine Weise beschimpfte oder beschämte. Die beiden Männer gingen rechts und links an ihm vorbei, und als Joe die Augen aufmachte, sah er, dass sie weitergegangen waren, und es war nichts Schlimmeres passiert, als dass einer von ihnen im Vorbeigehen »Spinner« gegrummelt hatte. Sie gingen in die entgegengesetzte Richtung, was bedeutete, dass Charlies Dad nicht die Tür aufmachen würde, wenn Joe anklopfte, und diese Gewissheit ließ Joe wieder freier atmen.

Am Törchen, das schief in den Angeln hing, blieb Joe stehen und betrachtete das traurige Sofa im Vorgarten, das ganz nass wurde. Die leeren Bierdosen sahen anders aus und waren anders angeordnet, was bedeutete, dass immerhin jemand die alten weggeräumt hatte. Der Regen machte ein blechernes *Pling-pling* auf den zerdrückten Bierdosen und ein dumpfes *Patt-patt* in der Pfütze, die sich auf dem eingesunkenen Sofasitz gebildet hatte.

Das Haus wirkte düster und unbewohnt, aber Joe klopfte an, dann klopfte er lauter, bis irgendwo im Innern des Hauses ein Licht anging.

KAPITEL 46

Fünf Jahre alt

Joe-Nathan trat zwei Schritte von der Haustür zurück, genau wie seine Mum es ihm im gelben Buch geraten hatte. Charlie kam in Jeans und einem Ramones-T-Shirt an die Tür, barfuß und mit einem Salamistick in der Hand. Er blieb stehen und hielt im Kauen inne, als er Joe erblickte.

»Was machst du denn hier?«, fragte er.

»Ich komme dich besuchen«, sagte Joe, senkte den Blick und fügte hinzu: »Als Freund.«

Charlie schnaubte, dann beugte er sich vor und schaute rechts und links die Straße hinunter. »Dann komm mal besser rein.« Charlie drehte sich um und überließ es Joe, die Haustür zuzumachen und ihm durch den schmalen Flur in die Küche zu folgen.

»Soll ich die Schuhe ausziehen?«, fragte Joe, während er Charlies nackte Füße betrachtete und an den Rat seiner Mum dachte.

»Wieso?«, fragte Charlie.

»Weiß nicht«, sagte Joe.

Charlie lehnte sich an die Anrichte und verschränkte die Arme. An der Wand hing ein Kalender mit einem Foto von einem amerikanischen Auto vor einem Imbiss. Der Kalender hing schief und zeigte den Monat Januar. Joe hatte das Gefühl, als würden seine Augen immer größer in ihren Höhlen, während er das weiße Auto mit den roten Ledersitzen anstarrte. Die Versuchung, den Kalender beim richtigen Monat aufzuschlagen und gerade zu hängen, war fast unerträglich. Er spürte das Blut in seinen Adern pulsieren.

Auf keinen Fall darfst du bei Leuten aufräumen oder irgendetwas anders anordnen.

Warum eigentlich nicht?, dachte Joe. Wäre es nicht hilfreich, den Kalender gerade zu rücken und an der richtigen Stelle aufzuklappen?

»Was gibt's?«, fragte Charlie.

»Dein Kalender«, sagte Joe. »Er ... er zeigt den falschen Monat an.«

Charlie folgte Joes Blick. »Ich meinte, warum bist du hier«, sagte er.

Joe schaute weiterhin den Kalender an. Er merkte, dass er nicht sprechen konnte, solange der Kalender schief hing und den falschen Monat anzeigte.

»Joe? *Hallo?*«

Joe starrte weiter in dieselbe Richtung, ohne zu blinzeln, und deutete mit einer Kopfbewegung auf den Kalender.

»Verflucht«, murmelte Charlie, riss den Kalender vom Nagel und blätterte achtlos die Seiten um bis zum April mit einem Foto, das einen chromglänzenden Laster zeigte, der über eine nächtliche Straße fuhr. Dann hängte er den Kalender wieder an den Nagel und lehnte sich an die Anrichte, während der Kalender aufhörte zu schaukeln. Joe stellte fest, dass der Kalender immer noch nicht gerade hing, und Schweißperlen bildeten sich auf seiner Stirn.

»Besser?«, fragte Charlie mit hochgezogenen Brauen.

»Er hängt schief«, flüsterte Joe und zog das Kinn ein in der Erwartung, dass Charlie ihn anschreien würde. Aber Charlie seufzte nur, ging zur Wand und richtete den Kalender sorgfältig aus, bis er gerade hing.

»Möchtest du was trinken?«, fragte Charlie.

»Ja, bitte.«

Charlie öffnete den Kühlschrank, bückte sich und nahm zwei Flaschen heraus. »Bier?«, fragte er und hielt Joe eine Flasche hin.

»Nein, danke.«

»Was willst du dann?«

»Hast du Orange Squash?«

»Wie alt bist du? Fünf?«

»Dreiundzwanzig«, sagte Joe.

Charlie stellte die Bierflasche zurück in den Kühlschrank und öffnete einen Küchenschrank. Joe bemerkte, dass die Tür ein bisschen schief in den Angeln hing, und musste sich abwenden. Charlie machte einen Schrank nach dem anderen auf.

»Ich kann mich nicht erinnern, wann zuletzt hier einer Squash getrunken hat. Moment. Was ist das?« Charlie hockte sich hin, langte mit einem Arm tief in den Schrank und förderte eine Flasche Squash zutage, die so alt war, dass der Sirup darin zur Hälfte verdunstet zu sein schien und oberhalb des verbliebenen Rests bräunliche Ringe hinterlassen hatte. Charlie schüttelte die Flasche, schraubte sie auf und roch daran. Er zuckte die Achseln, nahm zwei Gläser heraus, goss viel zu viel Sirup ein und füllte mit Wasser aus dem Hahn auf, ohne zu warten, bis es kalt genug war. Dann reichte er Joe ein Glas, der es sehr langsam entgegennahm.

»Nun nimm schon. Was ist denn los mit dir?«

»Du machst alles anders. Das verwirrt mich.«

»Herrgott nochmal, werd endlich erwachsen. Wegen dir hab ich meinen Job verloren, und ich jammer hier auch nicht rum.«

Charlie ging voraus ins Wohnzimmer. Die Vorhänge waren schlampig zugezogen und sahen aus, als würden sie nie aufgemacht. Die Deckenbeleuchtung war eingeschaltet, das gefiel Joe nicht. Außer in der Küche, im Bad und im Flur mochte er lieber gedämpftes Licht. Die Möbel im Wohnzimmer schienen zu schreien, dass sie gerettet werden wollten – gerettet aus diesem viel zu grell beleuchteten Zimmer – und außerdem gesäubert und gut behandelt. Es roch nach kaltem Rauch, und Joe bemerkte einen Aschenbecher auf dem Sofatisch, der randvoll mit ausgedrückten Zigaretten war; die dünnen Zigarettenstummel steckten kopfüber in einem dichten Ascheteich und erinnerten an einen seltsamen Garten mit winzigen, weißen Baumstümpfen, die in dunkelgrauer Erde vor sich hinstarben.

Charlie setzte sich auf eine Sessellehne und stellte sein Glas zwischen seinen Füßen auf dem Boden ab. Joe atmete tief durch die Nase ein und versuchte, seine Nerven zu beruhigen, die in Alarmbereitschaft waren, weil dort ein Glas stand, das jederzeit umfallen konnte.

»Zeigst du mir dein Zimmer?«, fragte Joe.

»Meine Fresse, du bist wirklich fünf. Willst du mit meinen Spielsachen spielen, oder was?«

»Nein, ich bin wirklich dreiundzwanzig. Was für Spielsachen hast du denn?«

»Verflucht«, sagte Charlie schon wieder und schüttelte den Kopf. Doch dann lächelte er ein bisschen, drückte sich an den Knien ab, stand auf und nahm sein Glas. Etwas von dem Orange Squash schwappte über den Rand. Joe atmete scharf ein und wandte sich ab.

Im Treppenhaus hing nichts an den Wänden – kein einziges Bild –, aber Joe fiel auf, dass die Tapete sich an den Anstoßkanten leicht von der Wand löste. An einer Stelle hatte jemand einen Streifen dieser losen Tapete abgerissen, und es war eine Lücke entstanden, die wie ein dreieckiger Wimpel aussah. Bei Joe zuhause hingen in gleichmäßigen Abständen lauter gerahmte Fotos von Joe in verschiedenen Lebensjahren sowie eine gerahmte Urkunde, die er für die Teilnahme an einem Buchstabierwettbewerb in der Schule bekommen hatte. Die Tapete war so sauber geklebt, dass er einmal genau untersucht hatte, wie nah er der Wand kommen musste, um die Anstoßkante zu sehen: 93 cm.

Die Anstoßkante in Charlies Treppenhaus hätte man von der anderen Straßenseite aus sehen können. Joe wandte sich ab, aber allmählich wusste er nicht mehr, wohin er in Charlies Haus gucken sollte.

Im ersten Stock gab es einen kleinen Flur mit drei Türen, und Charlie öffnete die mittlere.

»Willkommen in meinem Zimmer«, sagte er und trat ans Fenster, von dem aus man einen Spielplatz mit rostigen Klettergerüsten sehen konnte und dahinter ein Gebäude, das aussah wie eine Grundschule. Charlie lehnte sich an die Fensterbank, trank einen Schluck aus seinem Glas, verzog das Gesicht und stellte das Glas auf dem Nachttisch ab. Joe atmete jetzt ein bisschen entspannter und stellte sein Glas neben das von Charlie.

»Setz dich, das Zimmer ist zu klein, als dass zwei erwachsene Männer darin stehen können.«

Die einzige Möglichkeit, sich zu setzen, war das Bett, das die Hälfte des Zimmers einnahm. Der himmelblaue Bettbezug war zerknautscht, und das Federbett schaute halb heraus, als hätte ein Kind versucht, sich darin zu verstecken. Joe hätte es am liebsten aufgeschüttelt. Er trat unsicher von einem Fuß auf den anderen.

»Setz dich«, sagte Charlie.

Joe machte die Augen zu und setzte sich so langsam hin, dass seine Oberschenkelmuskeln brannten, ehe sein Hintern das Bett berührte. Er hatte die Augen immer noch zu, und Charlie lachte und murmelte etwas Unverständliches. Dann atmete Charlie scharf ein, und Joe machte die Augen auf. Charlie starrte zur Zimmertür, er rührte sich nicht, und sein Mund war leicht geöffnet. Joe hörte es auch: Ein Schlüssel wurde im Schloss umgedreht, dann fiel der Schlüsselbund auf den Boden, und jemand grunzte ärgerlich.

»Verfluchte Scheiße«, flüsterte Charlie. »Wieso ist der schon zurück?«

KAPITEL 47

Rummms, rummms, rummms

»Los, versteck dich unterm Bett«, sagte Charlie sehr leise.

»Nein«, sagte Joe-Nathan.

»Doch, du musst.« Charlies Hals war ganz rot geworden, und jetzt war er es, der die Augen aufriss wie ein Fünfjähriger, der mitten in der Nacht ein seltsames Geräusch gehört hatte. »Er ist gefährlich. Los, mach schon.« Charlie hob das Laken hoch, das fast bis zum Boden hing und den Raum zwischen Bett und Boden verdeckte, und gestikulierte wie wild, um Joe dazu zu bewegen, unters Bett zu kriechen. Joe fiel auf, dass Charlie die Brauen so fest zusammengezogen hatte, dass sie sich fast berührten, und dass Charlie den Atem anhielt und vielleicht sogar Mühe hatte, nicht zu weinen.

Joe wusste, dass selbst in einem sehr sauberen Haus die Stellen, die niemand sah, beim Putzen häufig vernachlässigt wurden; das hatte ihm seine Mum einmal erklärt. Was sagte es über ein Haus aus, wo alles, was jeder sehen konnte, nachlässig behandelt wurde? Würde es unter Charlies Bett besser oder schlechter aussehen als obendrauf? Oder würde es dort noch schlimmer aussehen als bei anderen Leuten unterm Bett?

Charlie legte Joe eine Hand auf die Schulter, drückte ihn nach unten und bedeutete ihm, leise zu sein. Joe schlug Charlies Hand weg und verrenkte sich ein bisschen, während er versuchte zu tun, was Charlie von ihm verlangte, und sich gleichzeitig dem zu widersetzen; er verrenkte sich vollends, als er versuchte, das Unmögliche zu tun, nämlich unter das Bett zu kriechen, ohne den Fußboden oder die Matratze zu berühren. Nachdem er es tatsächlich unters Bett geschafft hatte und in das winzige Zimmer hinauslugte, warf Charlie sich aufs Bett, sodass die Federung nachgab und Joe an der Seite berührte. Joe schüttelte sich und murmelte »Igitt!«

»Klappe!«, zischte Charlie kaum hörbar. »Kein Wort mehr!« Dann raschelte es, als blätterte Charlie in einer Zeitschrift.

Eine seltsame Stille umgab Charlie und Joe in diesem Zimmer. Es gab zwei Arten von Stille, hatte Joe festgestellt: die leere Stille, so wie die, wenn er nach Hause kam, seit seine Mum nicht mehr da war, und die volle Stille, die einem in den Ohren wehtun konnte wie laute Geräusche. Und die Stille in diesem Zimmer gehörte zur letzteren Art, sie war voll bis zum Platzen. Joe und Charlie waren sich der Gegenwart des jeweils anderen auf und unter dem Bett schmerzlich bewusst, während sie auf die schweren Schritte von Charlies Dad lauschten, der die Treppe hochschnaufte, langsam und voll böser Absicht.

»Charlie?«, tönte es unwirsch.

»Yeah«, sagte Charlie.

Die Tür ging auf, und Joe sah die Schuhe und die Knöchel von Charlies Dad. Vorsichtig zog er an dem Laken, das etwas herunterhing, um sicherzustellen, dass er nicht zu sehen war.

»Hast du Geld?«, fragte Charlies Dad.

»Ja, schönen Dank«, sagte Charlie.

»Ich brauch fuffzig, sonst geben die mir nichts im Crown.«

»Dann viel Glück.«

»Du kleiner Scheißer«, sagte Charlies Dad und zog eine Schublade auf, vermutlich eine im Nachttisch.

»Hey!«, sagte Charlie. »Was machst du da?«

»Ich weiß, dass du hier Kohle gebunkert hast.«

»Lass die Finger davon.«

»Sieh's als Kredit an.«

»Finger weg. Leih dir Geld von deinen Saufkumpanen.«

»Saufkumpane? Ha! Da ist es ja«, sagte Charlies Dad. Joe hörte ein leises Geräusch, aus dem er schloss, dass Charlies Dad die Scheine zählte, während Charlie halbherzig protestierte. Dann flog eine Socke auf den Boden, offenbar bewahrte Charlie darin sein Geld auf. Joe bewahrte immer etwas Geld in einer Porzellandose auf, die wie eine Eule aussah, und der Rest war auf einem Bankkonto. Joe lächelte bei dem Gedanken an die freundliche Eule und nahm sich vor, Charlie eine hölzerne Geldkassette zu basteln, denn eine Socke taugte nun wirklich nicht zum Geldaufbewahren. So eine Kassette würde Charlie gefallen, sie wäre nützlich und zugleich schön, so wie alle richtig guten Sachen, und es wäre eine sehr nette Geste, so etwas für einen Freund zu machen. Einen Moment lang lächelte Joe vor sich hin.

Der Fuß von Charlies Dad kam so nah, dass die Spitze seines Schuhs in den Raum unter dem Bett hineinragte, und Joe zog seine Hand hastig ein Stückchen zurück und ballte sie zur Faust, damit seine Finger den mit Zement verkrusteten Schuh nicht berührten. Joe hielt den Atem an und machte die Augen zu, er achtete nicht auf die Wörter, die die beiden Männer miteinander wechselten, hörte nur, wie ihre Stimmen auf diese bestimmte Weise lauter und leiser wurden, aus der man schließen konnte, was gesagt wurde, auch ohne dass man die Wörter verstand. Sie stritten nicht, aber sie waren sich auch nicht freundlich gesinnt. Joes Faust fühlte sich innen heiß und feucht an, der Schweiß knisterte regelrecht. Er spreizte die Finger, um ein bisschen Luft an seine Handfläche zu lassen, dann presste er die Hand vor seinem Gesicht auf den Teppichboden, damit das Knistern aufhörte. Igitt, jetzt klebten bestimmt lauter winzige Sachen an der feuchten Hand. Angewidert drehte er die Hand um und betrachtete die Flusen, die daran klebten. Sein Atem ging immer schneller, und er kämpfte dagegen an, denn er wollte nicht, dass Charlies Dad ihn hörte. Joes ganze Sinneswahrnehmung war auf seine Hand konzentriert, die Stimmen über ihm waren nur noch Hintergrundgeräusche. In der Mitte seiner Handfläche klebte ein winziger weißer Papierschnipsel; er schüttelte die Hand, damit er abfiel, doch er klebte zu fest. Ganz langsam bewegte Joe seine andere Hand nach vorne, um den Schnipsel abzupflücken; Größe und Form des Schnipsels waren ihm vertraut, das war seltsam beruhigend. Er drehte den Schnipsel um, und auf der anderen Seite standen in verblasstem Schwarz, Rot und Gold die Wörter *Imperial Leather*.

Joe blinzelte nicht, das Etikett war fast weiß, es wirkte zerkratzt wie ein Rubbellos. Wieso lag es unter dem Bett? Hatte Charlie auch seine Mum verloren? Dieses Haus fühlte sich jedenfalls an, als wohnte hier keine Mum. War sie tot? Wenn ja, wie viele Seifenstücke waren seit ihrem Tod verbraucht worden? Bewahrte Charlie die Etiketten seiner Seifenstücke ebenfalls auf? Joe drehte den Kopf vorsichtig ein bisschen nach rechts und nach links, um zu sehen, ob noch mehr Seifenetiketten herumlagen. Aber er sah nur ein paar gebrauchte Papiertaschentücher, Staubmäuse und etwas, das aussah wie ein zerknülltes T-Shirt.

»Jammer nicht rum wie ne Memme, mach lieber was Vernünftiges und such dir 'n Job«, sagte Charlies Dad. Seine Schuhe scharrten auf dem Boden und entfernten sich. Joe sah, wie Charlies Dad das Zimmer verließ, und hörte, wie er die Treppe hinunterstapfte. Auf halber Höhe stolperte er kurz, als würde er hinunterfallen, fing sich aber wieder. Die Haustür ging auf und knallte zu. Joe hörte Charlie laut seufzen und sich schütteln, dann hob sich die Federung, und Charlie stand auf. Charlie hockte sich hin und beugte sich vor, bis Joe sein Gesicht sehen konnte.

»Kannst rauskommen«, sagte Charlie.

»Warum musste ich mich denn verstecken?«, fragte Joe.

»Ich wusste nicht, was mein Vater zu dir sagen würde. Er ist nicht immer besonders freundlich.«

»Hast du Freunde, die dich besuchen kommen?«

»Keine Freunde wie dich«, sagte Charlie und lachte. »Nun mach schon, du Idiot, komm raus.« Charlie streckte ihm eine Hand hin und Joe streckte langsam eine Hand aus. »Ist okay«, sagte Charlie. »Ich hab sie vorhin gewaschen.«

Joe hielt Charlies Hand und spürte, wie sie ein bisschen rutschte, als Charlie zog. Joe packte fester zu und drückte sich mit der anderen Hand auf dem kratzigen Teppichboden ab. Charlie packte Joe mit der anderen Hand am Handgelenk, und als Joe zuckte, sagte er: »Es ist okay.« Aber ehe Joe eine Chance hatte, unter dem Bett hervorzukommen, hörte er ein lautes *Rumms, rumms, rumms,* so als versuchte sein Herz, aus seinem Körper zu springen.

»Oh nein!«, sagte Charlie, und da merkte Joe, dass das Geräusch nicht aus seinem Körper, sondern von draußen kam. Das *Rumms, rumms, rumms* kam die Treppe hoch, und es hörte sich sehr wütend an.

KAPITEL 48

Kumpel

Charlies Dad war zu dick, und er bewegte sich zu schnell für die Größe des Zimmers, in das er hineingestürmt kam. Ihm blieb keine Zeit anzuhalten, ehe er mit etwas zusammenstieß, aber das versuchte er auch gar nicht, er legte es offensichtlich genau darauf an. Charlie hielt immer noch Joes Hand fest, als der Schuh von Charlies Dad mit Charlies Rücken kollidierte, und Charlie hielt weiter Joes Hand fest, als er auf der Seite lag, und ihre Köpfe waren nur wenige Zentimeter voneinander entfernt, obwohl Joe instinktiv seinen Griff gelockert hatte, sodass sie sich nicht mehr an den Händen halten würden, falls Charlie losließ.

»GLAUBST DU ETWA, DU KÖNNTEST HIER JEMANDEN VERSTECKEN, OHNE DASS ICH DAS MERKE?«, brüllte Charlies Dad.

Doch dann verstummte er und bückte sich, um unters Bett zu schauen, und sagte leise und in einem Ton, der noch viel furchteinflößender klang: »Ist das ein Kerl? Du versteckst einen *Kerl* unter deinem Bett? Du *fickst einen Kerl*? Bist du etwa *schwul*?« Das letzte Wort brüllte er, wie nur Männer mit einer tiefen Stimme brüllen konnten, und Charlie, der immer noch auf dem Boden lag, ließ endlich Joes Hand los, drückte die Fäuste gegen die Wangen und kniff die Augen zu, als wappnete er sich gegen irgendwas. Eine seltsame Stille folgte: leer und voll zugleich, und Joe fühlte sich daran erinnert, wie der Wind sich anhörte, wenn er von vorne kam, und dann plötzlich verstummte, wenn man den Kopf zur Seite drehte. Dann gab es ein fürchterliches Geräusch, und Charlie rutschte auf Joe zu. Er starrte Joe mit weit aufgerissenen Augen an. Joe sah, dass das Weiße in Charlies Augen gerötet war und dass in seinen Augen Tränen standen und sein Mund geöffnet war, als wollte er schreien. Aber es kam nichts heraus.

»WILLST DU DICH NICHT WEHREN, DU SCHWUCHTEL?«, brüllte Charlies Dad.

»Nein«, flüsterte Charlie, ein kaum hörbarer Laut, der aus seiner Kehle kam, ohne dass sich seine Lippen bewegten.

»Dann lass ich dich am besten mit deinem Lover allein«, sagte Charlies Dad, und Joe sah, wie seine Schuhe sich wegbewegten und fast augenblicklich wieder zurückkamen, wie er mit dem Bein wie in Zeitlupe ausholte, das andere Bein gebeugt, und wie er mit seinem schweren Fuß Charlie irgendwo zwischen den Schulterblättern traf. Charlie rutschte noch ein Stück vor, Speicheltröpfchen stoben mit seinem Atem aus seinem Mund und trafen Joe im Gesicht. Joe hatte noch nie Spucke im Gesicht gehabt, und sein Entsetzen ließ jede Zelle in seinem Körper erstarren: Seine Lunge hörte auf zu atmen, alle Synapsen und elektrischen Impulse in seinem Gehirn schalteten auf »Pause«. Er wollte sich das Gesicht abwischen, aber dann hätte er zusätzlich Spucke an den Händen gehabt; an Flucht war nicht zu denken, also blieb ihm nichts anderes übrig, als instinktiv zu erstarren.

»Sorry, Joe«, flüsterte Charlie so leise, dass Joe sich nicht sicher war, ob er es sich nur eingebildet hatte. Tränen liefen aus Charlies Augen und tropften auf den Boden.

Nachdem die Haustür zugeschlagen worden war, blieben sie noch ein paar Minuten lang reglos liegen. Nur Charlies Atem war zu hören. Keiner von beiden glaubte, dass Charlies Dad noch im Haus war, und doch verharrten sie wie gelähmt auf dem Boden.

Charlie rührte sich als Erster. Er rollte sich vorsichtig vom Bett weg, ging stöhnend und mit schmerzverzerrtem Gesicht erst auf die Hände, dann auf die Knie und schaffte es schließlich aufzustehen. Aber es gelang ihm nicht, sich vollends aufzurichten.

»Du musst allein da rauskommen«, keuchte Charlie, und seine Stimme klang wie die eines alten Mannes. Joe schob sich ganz langsam unter dem Bett hervor, dann ging auch er erst auf die Hände, dann auf die Knie und stand auf. Charlies Spucke in Joes Gesicht war getrocknet, und als er an sich hinunterschaute, war sein Hoodie übersät mit Flusen, die sich von dem dunklen Stoff abhoben wie winzige Sternchen. Joe empfand ein extremes Unbehagen, weil alles so anders und so unerwartet war, weil so viel Merkwürdiges an ihm klebte; er fühlte sich ganz benommen und in seinem eigenen Unwohlsein wie in einer Falle gefangen. Aber als er Charlie anschaute, der sich vor Schmerzen krümmte, und als er die getrockneten Tränen in dessen Gesicht sah, öffnete sich eine Tür in seiner Falle, und Joe wurde überwältigt von einem Gefühl, von dem er nicht wusste, dass es Mitgefühl heißt. Es war so ähnlich wie das Gefühl, das er für die Rückläufer empfand, bis sie wieder an ihrem angestammten Platz waren, aber es war stärker und tiefer, und es war, als würde das, was er sah, nicht Charlie, sondern ihm selbst passieren.

»Geht es dir gut, Charlie?«

»Ist mir schon besser gegangen«, sagte Charlie mit einem schwachen Lächeln.

»Wo ist deine Mum?«

»Gute Frage.«

»Seit wie vielen Seifen ist sie schon fort?«

»Äh ... komische Frage. Darauf kann ich dir keine Antwort geben.«

»Was kann ich tun, um dir zu helfen?«

»Nichts, Kumpel. Du kannst überhaupt nichts tun.«

Als Joe das Wort »Kumpel« hörte, verschlug es ihm fast den Atem; aber obwohl Charlie gesagt hatte, dass er nichts tun konnte, war er sich plötzlich sicher, dass er das sehr wohl konnte. Er konnte Charlie etwas basteln, das er wirklich brauchte, etwas, das er viel nötiger brauchte als eine Geldkassette.

KAPITEL 49

In gewisser Weise ist sie nicht weg

Der nächste Tag war der Tag von Janets Beerdigung, und Joe-Nathan hatte seinen Wecker auf die übliche Uhrzeit gestellt; schließlich war es ein Freitag, auch wenn er nicht zur Arbeit gehen würde, und warum sollte er an einem so wichtigen Tag länger schlafen?

Alles, was Joe tat, war durch eine ganz besondere Klarheit gekennzeichnet, als wüsste selbst der alltäglichste Gegenstand in seiner Welt, dass er zwar seine übliche Rolle spielte, aber an einem Tag von großer Bedeutung. Die Schale, aus der er seine Cheerios aß, hatte ein Muster aus blauen geometrischen Formen, die heute stärker mit dem weißen Untergrund kontrastierten. Die Stelle, wo das Sonnenlicht sich in seinem Löffel brach, leuchtete heute so hell, dass es ihm in den Augen schmerzte. Jedes einzelne Cheerio schien ihn anzulächeln, statt in der Menge unterzugehen, als wüsste es, dass es an diesem besonderen Tag in Joes Leben sein Schicksal erfüllte.

Joe saß am Küchentisch und betrachtete das Foto von Janet so lange, bis es vor seinen Augen verschwamm, dann blinzelte er, und dicke Tränen kullerten ihm über die Wangen. Er starrte weiter auf das Foto, bis es wieder vor seinen Augen verschwamm, und das machte er immer weiter, bis es an der Zeit war zu duschen.

Hazel und Angus kamen um 10:04 Uhr. Hazel machte eine Kanne Tee und stellte einen Teller mit hübsch angeordneten Keksen auf den Tisch.

»Ich esse morgens keine Kekse«, sagte Joe.

»Bei einer Beerdigung ist es genauso wie bei anderen Festen«, sagte Angus. »Man bekommt Zeug vorgesetzt, das man normalerweise nie essen würde, und das zu Tageszeiten, an denen man normalerweise keine Mahlzeit zu sich nehmen würde.« Er hatte es sich mit einer Zeitung, die er mitgebracht hatte, am Küchentisch bequem gemacht. Er hatte sie aufgeschlagen, sodass sie fast sein ganzes Gesicht verdeckte, und er sprach über den Rand der Zeitung hinweg, als wohnte er dahinter.

»Also, ich würde das als zweites Frühstück bezeichnen«, sagte Hazel.

Angus warf einen Blick auf seine Uhr.

»Ein sehr frühes zweites Frühstück«, sagte sie. Und als Angus die Brauen hochzog, sagte sie: »Herrgott nochmal, es sind nur Kekse, ihr braucht sie ja nicht zu essen.«

Aber Joe sah, wie Angus eine Karamellwaffel, einen Doppelkeks und drei Feigenröllchen verspeiste.

Auf Hazels Anweisung hin hatte Joe sich frischgemacht, aber nur seinen Bademantel angezogen, damit Hazel ihm beim Anziehen behilflich sein konnte. Angus trug einen schwarzen Anzug, eine schwarze Krawatte und ein weißes Hemd. Wenn er die Beine übereinanderschlug, kamen hellgrüne Socken zum Vorschein, und Joe fiel auf, dass seitlich ein Wort in die Socken eingestickt war, das er jedoch nicht lesen konnte, weil es zum Teil vom Saum des Hosenbeins verdeckt wurde.

»Was steht da auf deinen Socken?«, fragte Joe.

»Hä? Ach so, da steht *Montag*«, sagte Angus.

Joe bekam einen trockenen Mund, und Hazel, die gerade den Kessel mit Wasser füllen wollte, hielt mitten in der Bewegung inne.

»Ha!«, sagte Angus und schlug mit der flachen Hand auf den Tisch. »War ein Scherz. Da steht natürlich *Freitag*, das würde ich dir doch nicht antun, Joe. Hier, guck.« Er hob ein Hosenbein hoch, sodass sein dünnes, bleiches, haariges Bein zu sehen war, und zeigte auf das Wort *Freitag* an seiner Socke.

Joe atmete erleichtert auf, und Hazel drehte den Hahn auf.

»Aber auf meiner Unterhose steht *Donnerstag*«, sagte Angus grinsend.

»Angus!«, sagte Hazel.

Angus schaute Joe wieder an und hielt sich eine Hand vor den Mund, damit Hazel nicht hören konnte, was er sagte.

»Stimmt gar nicht. Ich habe überhaupt keine Unterhose an.«

Chloe traf um kurz nach elf ein und hängte ihre Tasche an eine Stuhllehne. Die Küche füllte sich mit Menschen, aber diesmal störte es Joe nicht so sehr wie sonst. Chloe trug wie immer schwarze Stiefel, aber es war das erste Mal, dass Joe sie in einem Kleid und einer schwarzen Strumpfhose sah.

»Hatte deine Mum Nagellack, Joe?«, fragte sie, während sie ihre Fingernägel betrachtete, an denen der Lack abblätterte.

»Janet hat sich ab und zu die Nägel lackiert«, sagte Hazel. »Im Bad ist bestimmt noch welcher. Wollen wir zusammen nach oben gehen und dich feinmachen?«, fragte sie Joe.

Angus blieb mit seiner Zeitung am Tisch sitzen, während die anderen nach oben in Joes Zimmer gingen.

»Joe, nimm doch schon mal deinen Anzug aus dem Schrank und leg ihn aufs Bett«, sagte Hazel. »Chloe und ich sehen inzwischen mal nach, ob wir in Janets Zimmer Nagellack finden.«

Janets ordentliches Zimmer erinnerte Chloe an ein altmodisches Hotelzimmer, in dem sie einmal gewohnt hatte, als sie zur Hochzeit ihrer Tante gefahren war. Das Bett war perfekt gemacht, Federbett und Kopfkissen waren aufgeschüttelt und glattgezogen. Janets Lesebrille lag auf einem Buch auf dem Nachttisch, und ihr Nachthemd lag säuberlich gefaltet auf einem Stuhl, und alles machte den Eindruck, als würde Janet sich wie jeden Abend auch heute hier schlafen legen.

»Es ist, als wäre sie gar nicht weg«, sagte Chloe.

»Na ja, in gewisser Weise ist sie ja auch nicht weg«, sagte Hazel, die an Janets Schminktisch stand. Chloe fragte gar nicht erst, wie Hazel das meinte, denn es war nicht zu übersehen. »Hier«, sagte Hazel und drehte sich zu Chloe um. »Alles, was du brauchst: Nagellackentferner, Nagelfeile und Nagellack. Allerdings nur zwei Farben zur Auswahl: Farblos und Pink. Was möchtest du?«

Chloe zuckte die Achseln. »Pink.«

»Brauchst du das auch?«, fragte Hazel und las mit zusammengekniffenen Augen etwas von einer Tube ab, die sie auf Armeslänge von ihren Augen entfernt hielt. »Nagelbettsalbe.«

»Nee«, sagte Chloe und nahm die anderen Sachen von Hazel entgegen. »Ich nehm an, im Bad gibt's Wattebäusche.«

Hazel klatschte leise in die Hände. »So, dann haben wir dich ja versorgt. Dann wollen wir mal den Jungen feinmachen.«

Joe war nicht besonders begeistert davon, dass Chloe sich an seinem Schreibtisch die Nägel lackierte, aber immerhin schob sie seine Sachen vorsichtig aus dem Weg und breitete auf der freigewordenen Stelle zum Schutz der Oberfläche etwas Klopapier aus, bevor sie loslegte. Nach allem, was er bei Charlie erlebt hatte – der schief hängende Kalender, die alte Flasche Orange Squash, die Möbel, die Beleuchtung, die Tapete, der Teppichboden, die Flusen, die Spucke im Gesicht und die Fußtritte – konnte er das Unbehagen, das ihm Chloes Verhalten bereitete, ein bisschen besser aushalten als sonst.

Nachdem er Hemd und Anzughose anhatte, ließ er es zu, dass Hazel ihm die Manschettenknöpfe zumachte und die Krawatte knotete, dann setzte er sich auf die Bettkante, weil Hazel mit ihm reden wollte.

»Wie fühlst du dich, Joe?«, fragte sie.

»Okay«, sagte er.

»Beunruhigt dich irgendetwas an der Beerdigung?«

»Wo werde ich sitzen?«

»Ganz vorne, zusammen mit Angus und mir und Chloe. Wir bleiben die ganze Zeit bei dir.«

»Wann soll ich meine Rede vorlesen?«

»Das wird die Vikarin dir sagen. Ich werde neben dir stehen, während du die Rede vorliest, und danach werde ich dich zurück zu deinem Platz begleiten.«

»Wann wird das Lied gespielt, das ich ausgesucht habe?«

»Ganz zum Schluss. Der Bestatter hat alles genau geplant. Janet wollte, dass das Lied, das du ausgesucht hast, als letztes gespielt wird. Danach brechen wir alle zusammen auf.«

Joe sagte nichts mehr.

»Hast du noch mehr Fragen?«, wollte Hazel wissen. »Du kannst mich wirklich *alles* fragen.«

Joe hatte eine Menge Fragen gehabt, was Charlie anging und wie er ihm helfen konnte. Aber Joe hatte sich schon überlegt, wie er Charlie helfen konnte, da war er ganz allein draufgekommen. Es gab jedoch eine Frage, die ihm schon seit einer ganzen Weile unter den Nägeln brannte, und die musste er endlich einmal stellen.

»Was ist ein Blowjob, und wie viel sollte ich dafür bezahlen?«, fragte er.

Hazel blinzelte nicht. Chloe schnaubte, dann lachte sie laut los.

Und Hazel sagte: »Äh ...«

KAPITEL 50

Hugo Boss

Chloe lächelte und fuhr kopfschüttelnd fort, sich die Nägel zu lackieren. Sie linste zu Hazel hinüber, die sie flehentlich ansah in der Hoffnung, dass sie ihr half, Joe-Nathans Frage zu beantworten.

»Oh nein«, sagte Chloe immer noch lächelnd. »Das überlasse ich ganz Ihnen.«

»Ich glaube, das ist eine Frage, die du eher jemand in deinem Alter stellen solltest«, sagte Hazel zu Joe. »Es ist etwas, das junge Menschen machen.«

»Junge Menschen haben kein Monopol auf Blowjobs, Hazel, wir haben sie nicht erfunden, außerdem hat Joe *Sie* gefragt, nicht mich, und Sie haben ihm gesagt, er kann Sie alles fragen, egal was.« Chloe schlug die Beine übereinander, stützte die Ellbogen auf ihre Oberschenkel und pustete grinsend auf ihre Fingernägel.

Joe schaute die beiden Frauen abwechselnd an und verstand nicht, was das Wortgeplänkel zu bedeuten hatte.

Als das Schweigen sich hinzog, stieß Chloe einen tiefen Seufzer aus. »Es hat was mit Sex zu tun«, sagte sie. »Deswegen macht Hazel sich ins Hemd.«

»Hä?«, sagte Joe.

Chloe seufzte noch einmal und tippte etwas in ihr Handy ein. »Hier«, sagte sie und hielt Joe das Handy hin. »Hier kannst du lesen, wie das Lexikon Blowjob definiert.« Joe beugte sich über das Handy.

»Oh«, sagte er, nachdem er den Lexikoneintrag gelesen hatte.

»Und was die Frage angeht, wie viel du dafür bezahlen solltest. Also, du *musst* nicht dafür bezahlen. Auch wenn manche Leute das tun.« Sie sah, wie Joe immer noch voller Entsetzen auf ihr Handy starrte. »Hey«, sagte sie und dann noch einmal etwas sanfter »Hey«, damit er sie anschaute. »Vielleicht gefällt dir nicht, was da über einen Blowjob steht, aber es könnte ja sein, dass du dir eines Tages wünschst, dass jemand das mit dir macht, es soll angeblich richtig schön sein, also mach dir keine Gedanken. Sowas machen Leute manchmal, wenn sie Sex miteinander haben. Wieso hast du es eigentlich nicht längst gegoogelt?«

»Meine Mum hat gesagt, Googeln kann gefährlich und irreführend sein.«

»Tja, da hatte sie auf jeden Fall recht.«

Hazel mimte mit aufgerissenen Augen ein »Danke!«, worauf Chloe die Achseln zuckte, als wäre es nichts, dann jedoch flüsterte: »Sie sind mir was schuldig.«

Joe schaute immer wieder auf die Küchenuhr, seine Armbanduhr und die kleine Krankenschwesternuhr, die Hazel sich an das Oberteil gesteckt hatte. Und jedes Mal merkte er sich die genaue Zeit, während die Beerdigung aus der Zukunft langsam auf ihn zugekrochen kam. Die Unerbittlichkeit der Zeit hatte etwas Beruhigendes, es entspannte Joe zu wissen, dass es vor der Gewissheit der Beerdigung kein Entkommen gab; denn wenn es möglich wäre, davor zu fliehen, würde er eine ungeheure Menge an Energie aufwenden müssen, um das zu bewerkstelligen. Zu wissen, dass es zwecklos war, befreite ihn von der Verpflichtung, es zu versuchen. Er akzeptierte dieses Schicksal, ebenso wie er viele andere Schicksale akzeptierte, und das bewahrte ihn davor, sich sinnlos den Kopf zu zerbrechen oder unnötig Sorgen zu machen.

Ein Leichenwagen fuhr vor dem Haus vor, gefolgt von einem weiteren schwarzen Wagen. Joe setzte sich mit Hazel, Angus und Chloe hinten in den Wagen. Während der Fahrt betrachtete er die Leute und die Bäume und die Gehwege. Er kannte den Weg genau, denn der Friedhof, zu dem sie fuhren, war der, den er und seine Mum am häufigsten besucht hatten. Dort war auch

Joes Dad begraben. Es fühlte sich komisch an, ohne sie dorthin zu fahren (obwohl, eigentlich war sie ja bei ihnen, sie lag in dem Wagen, der vor ihnen herfuhr). Die anderen unterhielten sich über Janet und darüber, was sie von all dem halten würde, aber Joe hörte nicht zu, er stellte sich vor, er säße auf dem Beifahrersitz des Fiesta seiner Mum, und seine Mum säße am Steuer, und als er die große Eiche in der Nähe des Friedhofstors sah, die ihm mit fünf großen Ästen zuzuwinken schien, legte er wie immer eine Hand mit gespreizten Fingern an die kühle Fensterscheibe und erwiderte den Gruß.

Vor dem Krematorium hatte sich eine kleine Menschenmenge versammelt. Es war ein langweiliges kleines Gebäude, und die Leute fragten sich oft, warum man es nicht ein bisschen hübscher gestaltete, bis sie zur Beerdigung eines ihrer Lieben herkamen und feststellten, dass es keine Rolle spielte. Hazel, Angus und Chloe stellten sich wie Leibwächter um Joe herum, um ihn vor dem Ansturm der Leute zu schützen, die ihm ihr Beileid bekunden wollten. Allerdings waren alle sehr leise, und niemand bewegte sich schnell. Pip trat unsicher näher. Sie trug altmodische Handschuhe aus schwarzer Spitze; sie winkte schüchtern und lächelte zaghaft, und ihre zusammengezogenen Brauen drückten Mitgefühl aus.

»Ich wollte nur ›Hi‹ sagen, wir reden später im Pub, okay? Ich bin mit Hugo gekommen.« Sie drehte sich zu Hugo um, und als Joe in seine Richtung schaute, setzte Hugo das traurige Lächeln auf, das er so gut beherrschte. Die Leute waren anders, wenn sie sich nicht in ihrer gewohnten Umgebung befanden. Joe hatte Pip schon mal im Pub erlebt, aber Hugo außerhalb des Compass Store zu erleben, war irritierend. Im Compass Store flößte Hugos Gegenwart ihm Mut ein, aber hier, außerhalb des Ladens, war Hugo ein ganz normaler Mann, der irgendwie fehl am Platz wirkte, und Joe spürte, wie sein eigenes Selbstvertrauen ins Wanken geriet (auch wenn er sich bis zu diesem Moment seines Selbstvertrauens gar nicht bewusst gewesen war).

Joe konnte den Blick nicht von Hugo abwenden, und seine Atmung wurde hörbar für die, die in seiner unmittelbaren Nähe standen. Hugo sah anders aus; er war anders angezogen, er hatte kein Klemmbrett in der Hand, und er gab keine Anweisungen. Er eilte auch nicht entschlossen vorbei und rief jemandem zu, er solle ein Warnschild aufstellen, oder fragte, ob alles glattlief. Joe fasste sich an den Hals, das Schlucken fiel ihm schwer.

»Hey, Joe«, sagte Hugo, und Joe richtete seine Aufmerksamkeit auf den Mann. Hugo hob eine Hand und salutierte Joe.

Joe salutierte ebenfalls und sagte: »Hugo Boss, Sir«, und Hugo nickte energisch, wie man es aus amerikanischen Filmen kannte.

KAPITEL 51

Kein Ort, zu dem man zurückkehren kann

Der Sarg stand vorne, und Joe-Nathan betrachtete ihn. Das Wissen, dass seine Mum darin lag, machte ihm zu schaffen. Wie konnte es sein, dass sie *nicht hier* war, obwohl sie doch tatsächlich hier war, und obwohl sie so sehr Teil von allem war, was er sagte und dachte. Wie konnte sie *nicht hier* sein, obwohl sie *so sehr hier* war, dass er sich, wenn man ihm nicht gesagt hätte, dass sie gestorben war, gut hätte vorstellen können, dass sie irgendwo auf der Welt und quicklebendig war. Wie konnte sie tot sein (was so endgültig war), wenn er so leicht vergessen konnte – mehrere Sekunden lang –, dass sie gestorben war, und ansetzen konnte, mit ihr zu reden, als stünde sie neben ihm?

Traurige Kirchenmusik wurde gespielt, und Joe schaute das Foto von ihr auf der Klappkarte an, die auf dem Stuhl neben ihm lag. Die Vikarin wirkte gutgelaunt, sie sprach über Janet, als hielte sie eine Geburtstagsansprache. Was dazu führte, dass Joe hin und wieder lächelte und zur Seite schaute, als säße seine Mum neben ihm und lächelte ebenfalls. Er mochte den elektrischen Impuls nicht, der seine Synapsen befeuerte, wenn er sich erinnerte, dass sie tot war und in der Holzkiste dort lag; deswegen konzentrierte er sich auf den Sarg, so vergaß er es nicht, und die Wörter der Vikarin verschwammen in seinen Ohren. Ab und zu wurde sein Name genannt, dann meldete sich sein Bewusstsein, aber der Sarg war handfest genug, um seine Konzentration zu halten und alles andere wieder verblassen zu lassen.

Hazel berührte Joes Ellbogen und sagte, es sei an der Zeit. Sie stand auf und Joe suchte in seiner Hosentasche nach seiner Rede. Am Rednerpult glättete er den Papierbogen, hob den Kopf und schaute die Leute an, die vor ihm saßen. Er war weder überrascht noch nicht überrascht, dass so viele Menschen gekommen waren, aber es irritierte ihn, all diese Leute, die eigentlich an ganz andere Orte gehörten, zusammen in einem Raum vor sich zu sehen. Da waren die Sozialarbeiterin Lucy, Iris aus dem Pub, Angus und Chloe und Hazel. Da waren Leute aus dem Lesezirkel seiner Mum und ehemalige Kollegen von ihr, weitere Nachbarn und einige Leute, die er nicht kannte, die aber auf der Liste standen, die seine Mum ihm hinterlassen hatte. Sie wirkten alle fehl am Platz; sie waren wie lauter Rückläufer in einem Einkaufswagen, und das Krematorium war der Einkaufswagen. Wenigstens waren sie alle zusammen, auch wenn sie alle fehl am Platz waren. Später würden all diese Rückläufer im Pub sitzen, und dann würden sie dorthin zurückgehen, wo sie hingehörten, und dann würde sich vielleicht alles wieder etwas normaler anfühlen, so normal, wie es sich anzufühlen begonnen hatte – bis gestern.

Als Joe gerade anfangen wollte, seine Rede vorzulesen, sah er jemanden ganz hinten stehen. Es war Charlie. Er lehnte an der Wand direkt neben der Tür, sein Gesicht war im Schatten, aber Joe erkannte das T-Shirt.

Joe fühlte sich unwohl: Wenn Charlie diesen Ort verließ, konnte er – nach Joes Meinung – nirgendwo hingehen, wo er sich am rechten Ort fühlte. Er konnte nicht zum Compass Store gehen, und sein Zuhause wirkte auch nicht wie ein Ort, an dem sich irgendjemand wohlfühlen konnte. Es gab doch nichts Traurigeres auf der Welt als einen Rückläufer, der keinen Ort hatte, an den er zurückkehren konnte, oder?

Hazel räusperte sich und flüsterte: »Joe?«

Joe betrachtete sein Blatt und las laut die Sätze vor, die er unter den wachsamen Augen seiner Mum und seines Dads am Küchentisch aufgeschrieben hatte:

»*Meine Mum ist tot. Deswegen sind wir hier. Meine Mum hat mir gesagt, wenn Menschen sterben, werden in der Trauerrede all die schönen Dinge über sie gesagt. Nach der Trauerrede sind die ein-*

zigen Wörter, die bleiben, die auf dem Grabstein, und es ist meine Aufgabe, in ganz wenigen Wörtern zu sagen, wie sie war. In dieser Rede kann ich also ein bisschen mehr über sie erzählen. Meine Mum war gut darin, sich um mich zu kümmern, sie hat auf mich aufgepasst und mir Dinge beigebracht, die ich nicht in der Schule gelernt habe. Sie hat für mich gekocht, und sie hat mir das Kochen beigebracht, damit ich es alleine machen kann. Sie hat alles saubergemacht und mir das Saubermachen beigebracht, damit ich auch das alleine kann. Wenn ich nicht wusste, was ich tun sollte, habe ich ihr mein Problem geschildert, und dann hat sie mir geholfen herauszufinden, was zu tun war. Sie ist jetzt tot, aber mit dem gelben Buch hilft sie mir immer noch herauszufinden, was zu tun ist.

Es ist schwer, die Antworten auf alle Fragen aufzuschreiben, die ein Mensch in seinem Leben haben könnte, aber sie hat es versucht, weil sie nicht wollte, dass ich verwirrt bin.

Meine Mum hatte eine sehr schöne Handschrift ...« (Mehrere Leute grummelten etwas, als Joe das sagte, und als er aufblickte, sah er, dass einige nickten und andere sich Taschentücher vor das Gesicht drückten). Joe brauchte einen Moment, um die Stelle wiederzufinden, wo er sich unterbrochen hatte.

»... und meine Mum und ich haben immer nach dem Abendessen im Garten Tee getrunken, und samstags hat sie mit mir Friedhöfe besucht, weil ich die Inschriften auf den Grabsteinen mag. Sie hat mir immer leckere Sachen in meine Lunchbox gepackt, und jetzt packe ich mir selbst leckere Sachen in meine Lunchbox, weil sie mir gezeigt hat, wie das geht. Ich kriege es schon fast so gut hin wie sie. Glaube ich.« Joe hielt kurz inne, und auch diesmal hörte er Gemurmel, und er meinte, Angus sagen zu hören: »Ja, das stimmt.«

»*Meine Mum war sehr nett. Nicht alle Leute sind nett. Nicht alle haben eine nette Mum und einen netten Dad ...«* Joe schaute Charlie an, der immer noch hinten neben der Tür stand, dann las er weiter. »*... aber ich hatte eine nette Mum und einen netten*

Dad, und ein Freund hat mal zu mir gesagt, als ich ihm erzählt habe, dass meine Mum tot ist, dass ich ein Glückspilz bin. Und es stimmt, ich bin wirklich ein Glückspilz. Meine Mum war am liebsten zuhause, aber dahin kann sie jetzt nicht mehr zurück. Jetzt muss sie an einen Ort, wo sie noch nie war, aber dort wird es ihr gut gehen, denn mein Dad ist auch dort.«

Joe faltete sein Blatt Papier zusammen und steckte es in seine Hosentasche. Hazel bot ihm ihren Arm an, und sie gingen zurück zu ihren Plätzen wie ein altes Ehepaar. Kurz darauf wurde die Titelmelodie von Joes Lieblingsfernsehserie gespielt. Es war alles ganz einfach gewesen.

Später stand Joe draußen, und die Leute standen herum und redeten, und er wusste nicht, wie lange das so weitergehen würde, denn es schien überhaupt keinen Grund dafür zu geben. Er ließ seinen Blick über den Friedhof wandern und sah Charlie weggehen, die Hände in den Hosentaschen.

»Ich mache einen Spaziergang«, sagte Joe.

»Ich komm mit«, sagte Chloe.

Aber Joe sagte »Nein« und ging alleine los, quer über den Friedhof, in die Richtung, in die Charlie gegangen war.

KAPITEL 52

Wie er in Erinnerung bleiben wollte

Joe-Nathan trat lautlos neben Charlie, der einen von Efeu überwucherten Grabstein betrachtete, aber kein bisschen überrascht wirkte, als Joe plötzlich neben ihm stand. Die beiden sahen sich nicht an, aber Joe sagte: »Mein Dad ist hier.«

»Hier?«, fragte Charlie.

»Er ist hier begraben.«

»Ach so.«

»Willst du sehen, wo?«

Charlie zuckte die Achseln. »Klar.«

Sie entfernten sich weiter von den Leuten, die immer noch vor dem Krematorium standen, und gingen unter hohen Bäumen entlang, deren Kronen das Licht grünlich schimmern ließen. Joe hatte ebenso wie Charlie die Hände tief in die Hosentaschen geschoben, um zu sehen, wie sich das anfühlte. Es fühlte sich gut an, es beruhigte. Er konnte verstehen, warum viele Leute das machten.

Beim Grabstein von Joes Dad blieben sie stehen und betrachteten ihn.

MIKE CLARKE

GELIEBTER EHEMANN UND VATER

Charlie las die Wörter laut vor.

»Meine Mum sagt, so wollte er in Erinnerung bleiben«, sagte Joe.

Eine Weile standen sie schweigend da. Dann sagte Charlie: »Mein Dad war nett, als ich klein war. Ich erinnere mich, dass er all die schönen Sachen mit mir gemacht hat, die ein guter Vater so macht.« Er hielt einen Augenblick inne. »Dann ist meine Mum gegangen – sie hat uns verlassen –, und da hat er angefangen, zu trinken und Wutanfälle zu kriegen und mich zu schlagen. Er schlägt mich, und hinterher umarmt er mich und sagt ›Sorry, sorry, sorry‹. Und so läuft das seitdem zwischen uns. Ich glaub, er weiß sogar selber, dass es Quatsch ist, sich für was zu entschuldigen, von dem man weiß, dass man es sowieso immer wieder tut.«

»Was glaubst du, wie er gern in Erinnerung bleiben würde?«, fragte Joe.

»Wie meinst du das?«

»Seine Grabinschrift. Was für eine würde dein Dad sich wünschen?«

Charlie schnaubte leise, dann war er still, aber Joe hatte den Eindruck, dass er nachdachte, und wollte ihn nicht unterbrechen. Er wartete auf Charlies Antwort.

»Ich weiß nicht, wie er gern in Erinnerung bleiben würde. Jedenfalls nicht so, wie ich ihn sehe. Er möchte bestimmt nicht als der Mann in Erinnerung bleiben, der er geworden ist. Aber wenn es einem nicht gefällt, wie die anderen einen nach dem Tod in Erinnerung behalten werden, dann sollte man versuchen, so zu werden, wie man lieber in Erinnerung bleiben möchte. Ich fürchte nur, das ist für meinen Dad zu spät.«

Wieder schwiegen sie eine Weile.

»Ich weiß übrigens, dass ihr mich Charlie Fiesling nennt«, sagte Charlie, und Joe zog die Hände aus den Hosentaschen, verschränkte die Arme fest vor der Brust und schob das Kinn in seinen Kragen.

»Das ist okay, ich bin ja auch oft ein Fiesling. Aber so möchte ich nicht in Erinnerung bleiben.«

»Werde ich dir als Joe-Nichtsnutz in Erinnerung bleiben?«, fragte Joe.

»Hä? Nein.« Charlie lachte und wandte sich ihm zu. »Du bist kein Nichtsnutz, Joe, du bist schwer in Ordnung. Aber erzähl keinem, dass ich das gesagt hab. Wie möchtest du denn in Erinnerung bleiben?«

»Ich möchte in Erinnerung bleiben als ein *Mann, der keiner*

Fliege etwas zuleide tun konnte«, sagte Joe. »Das hat meine Mum immer gesagt, dass ich keiner Fliege etwas zuleide tun kann.«

»Da hatte sie wohl recht«, sagte Charlie. »Du bist auf jeden Fall aus anderem Holz geschnitzt. Ich kann mir echt nicht vorstellen, dass du absichtlich was Gemeines tun könntest.«

»Bist du absichtlich gemein?«

»Weiß nicht. Glaub schon.«

»Warum?«

»Weiß nicht.«

Joe schaute zu den Leuten vor dem Krematorium hinüber und sah, wie Chloe ihm aus der Ferne zuwinkte, ganz langsam, mit ausgestrecktem Arm, der einen weiten Bogen beschrieb, als würde sie ihn zu sich winken.

»Vielleicht solltest du lieber zurückgehen«, sagte Charlie.

»Und wohin gehst du zurück?«, fragte Joe.

Charlie lächelte, zuckte wieder die Achseln, schob seine Hände noch tiefer in die Hosentaschen und blickte zu Boden. »Weiß nicht.«

Es war also genauso, wie Joe vermutet hatte: Charlie hatte keinen Ort, an den er zurück konnte, jedenfalls keinen Ort, wo er sich sicher und wohl fühlte.

»Okay«, sagte Joe und wandte sich zum Gehen.

»Hey, Joe«, sagte Charlie, und Joe drehte sich um und wartete, was Charlie ihm zu sagen hatte. »Dein Wunsch geht bestimmt in Erfüllung.«

»Welcher Wunsch?«

»Du wirst so in Erinnerung bleiben, wie du es dir wünschst«, sagte Charlie.

»Danke«, sagte Joe, schob die Hände in die Hosentaschen und spürte, wie er lächelte, während er zu Chloe und den anderen zurückging.

»Wer war das?«, fragte Chloe.

»Das war ein schöner Trauergottesdienst«, sagte Hugo und trat zu ihnen. »Und deine Rede war großartig.«

»Danke«, sagte Joe mit einem Nicken und wich Chloes Blick aus.

»Deine Rede war toll«, sagte Pip und gesellte sich zu ihnen.

»Danke«, sagte Joe. So oft, wie die Leute ihm alle gratulierten, und so komisch, wie sich das Wort *danke* in seinem Mund anfühlte, weil er es die ganze Zeit wiederholte, kam er sich vor, als hätte er schon wieder einen Rechtschreibwettbewerb in der Schule gewonnen.

Dann klatschte Angus einmal laut in die Hände wie ein Zauberer auf der Bühne und verkündete, es sei an der Zeit, in den Pub zu gehen, und Iris rief »Auf geht's!«, und alle machten sich auf den Weg zu ihren Autos.

KAPITEL 53

Ein Gefallen

»Mit wem hast du auf dem Friedhof gesprochen?«, fragte Chloe auf dem Weg zum *Ink & Feather* noch einmal, als sie im Auto saßen.

Joe öffnete den Mund, um zu antworten, konnte sich aber nicht vorstellen, was aus seinem Mund herauskommen würde. Chloe wirkte entspannt, aber etwas schwang in ihrem Ton mit, etwas Ungeduldiges oder Verärgertes. Joe wollte nicht lügen, aber er wollte ihr auch nicht sagen, dass es Charlie gewesen war.

»Jetzt freu ich mich auf ein Bier«, sagte Angus. »Trauer macht durstig.«

»Dich macht doch alles durstig«, bemerkte Hazel.

»Aber nichts so sehr wie Trauer«, entgegnete Angus.

Hazel nickte. »Stimmt.«

Chloe schaute Joe immer noch an und wartete auf eine Antwort, doch dann begann Hazel ein Gespräch mit ihm, lobte ihn für seine Rede und wie schön er sie vorgetragen hatte. Chloe schnaubte frustriert, lehnte sich in ihrem Sitz zurück und blieb den ganzen Weg bis zum Pub mit verschränkten Armen sitzen.

Als sie den Pub betraten, rieb Angus sich die Hände, als wäre er endlich in einer Umgebung, in der er sich wohlfühlte und wo er wusste, was er zu tun hatte. Er plauderte mit Hazel, während sie auf ihre Getränke warteten, und Chloe schaute Joe an und fragte wieder: »Mit wem hast du auf dem Friedhof *gesprochen*?«

»Mit Charlie«, sagte Joe. »Mit Charlie Fiesling«, fügte er leise hinzu. Er betrachtete seine Füße: Die Spitze seines glänzenden schwarzen Schuhs bewegte sich hin und her, denn es machte ihm ein schlechtes Gewissen, Charlie als »Fiesling« zu bezeichnen, und er wartete darauf, dass Chloe sich aufregte.

Aber sie hob nicht verärgert die Stimme, sondern antwortete

ganz leise, so als gäbe sie sich geschlagen: »*Warum*, Joe? Erklär mir doch *bitte* mal, warum du mit so einem durch und durch gemeinen Typen überhaupt was zu tun haben willst.«

»Er ist nicht durch und durch gemein«, sagte Joe.

»Er sagt gemeine Dinge zu dir, er macht dich traurig, er hat dir was Gemeines angetan, als er dir gegen deinen Willen den Kopf geschoren hat. Deine Mühe ist für die Katz.«

Als Joe sie verständnislos ansah, wedelte sie mit einer Hand in der Luft herum und erklärte ihm: »Das bedeutet, du verschwendest deine Zeit, wenn du versuchst, ihn dazu zu bringen, dass er dich mag. Es bedeutet, dass es zwecklos ist.«

»Es hat allen gefallen, was ich in meiner Rede gesagt hab, dass er mich als Glückspilz bezeichnet hat, weil ich nette Eltern hatte. Nur *dir* hat es nicht gefallen, dass ich das erwähnt habe.«

»Weil er dir, als er das gesagt hat, wehtun wollte. Es gibt Dinge ...«, sie knurrte fast vor Frustration, »... manche Dinge kapierst du einfach nicht.«

»Du verstehst auch manche Dinge nicht«, sagte Joe.

»Ach nein? Klär mich auf«, sagte Chloe im selben Moment, als Angus ihr einen Wodka-Tonic und Joe ein Bier reichte. Joe verstand nicht, was sie mit ihrer Bemerkung meinte. Er gab Angus sein Glas zurück, um ihm die Hand zu schütteln, dann machte er sich daran, allen im Pub die Hand zu schütteln, was viel, viel länger dauerte als gewöhnlich, weil viele Leute kurz mit ihm plauderten, die Augenbrauen mitfühlend zusammengezogen, bis Joe sich dem Nächsten zuwandte. Als er zurückkehrte, war sein Bier warm. Chloe und Pip hockten zusammen an dem Tisch, an dem er immer mit seiner Mum gesessen hatte, und er setzte sich nervös ihnen gegenüber auf einen Stuhl. Chloe hatte einen Arm um Pips Schultern gelegt, und Pips ihren um Chloes Taille, und ihre Hände berührten sich.

»Joe!«, rief Pip, als hätte sie ihn seit Jahren nicht gesehen. Sie langte quer über den Tisch, und er schüttelte ihr die Hand.

»Oh, wie formell«, sagte sie ein bisschen undeutlich und kicherte.

Joe streckte Chloe auch die Hand hin, und Chloe betrachtete sie ganze sieben Sekunden lang, dann hob sie den Kopf und schaute ihm weitere sechs Sekunden lang in die Augen. Ganz langsam ergriff sie seine Hand und schüttelte sie.

»Freund«, sagte sie, ohne loszulassen. »Ein echter Freund«, fügte sie hinzu, dann ließ sie seine Hand los.

Pip schmiegte sich an Chloe und fragte: »Bin ich auch eine echte Freundin?« Es klang eher wie *Binischaucheieeschefreunin?*

»Na klar«, sagte Chloe, während sie Joe anschaute.

Plötzlich ärgerte sich Joe über Chloe, ein Gefühl, das er ihr gegenüber noch nie empfunden hatte, ein Gefühl, das sich normalerweise einstellte, wenn auf der Post irgendetwas nicht funktionierte, oder wenn der Strom ausfiel, immer dann, wenn etwas seinen normalen Tagesablauf durcheinanderbrachte.

»Charlie ist mein Freund«, sagte er. »Ein echter Freund.«

»Nein, das ist er nicht, verdammte Scheiße!«, sagte Chloe und zeigte mit dem Finger auf Joe. »Hör auf! Hör auf damit! Jetzt unterstütz mich doch, Pip«, sagte sie und rückte von ihr weg, sodass die Frau sich aufrichten und konzentrieren musste.

»Wobei soll ich dich unterstützen?«, fragte Pip, so als wäre sie gerade aufgewacht, aber entschlossen, ihre Sache gut zu machen.

»Joe will unbedingt Charlies Freund sein und behauptet, der ist gar nicht so ein Fiesling, und er will, dass Charlie ihn mag. Jetzt ist Charlie sogar gefeuert worden, weil er so gemein zu Joe war, aber Joe gibt einfach nicht auf, und das kotzt mich an! Ich meine, wenn einer *gefeuert* wird, weil er dir was angetan hat, sagt das nicht genug darüber aus, ob man mit so einem befreundet sein kann?«

Pip holte so tief Luft, dass sich ihre Nasenlöcher weiteten, richtete sich auf und legte die Fingerspitzen gegeneinander. »Also ...«, sagte sie dann. »... ist Charlie denn nur dafür gefeuert worden, dass er Joe den Kopf geschoren hat?«

»Herrgott nochmal, Pip, reicht es nicht, dass er Joe den Kopf rasiert hat? Er hat es gegen Joes Willen getan! Das gibt Joe sogar selber zu, stimmt's?«

»Ich mag es nicht, wenn jemand mich am Kopf anfasst«, sagte Joe. »Es war nur okay, wenn meine Mum das gemacht hat.«

»Ich wusste nicht, dass Charlie nur wegen dieser einen Sache rausgeflogen ist, ich dachte, er hätte sich noch mehr zuschulden kommen lassen. Also, Hugo erzählt mir ja nichts.« Vor lauter Konzentration hatten sich tiefe Fältchen um Pips Augen gebildet.

»Was macht das denn für einen Unterschied?«, fragte Chloe genervt. »Das nennt sich *Körperverletzung!*« Sie betonte das Wort, um klarzustellen, dass so etwas schlimm genug war.

»Na ja, Körperverletzung und Tyrannisieren sind schlimm, aber ich überlege grade, ob es vielleicht mildernde Umstände gibt.«

»Hä? Bist du neuerdings Anwältin oder was?«

Pip ging nicht auf die Bemerkung ein und holte ihr Handy heraus. »Joe hat furchtbar ausgesehen an dem Tag, deswegen hab ich dir diese Nachricht geschickt.«

»Du hast mir geschrieben, Charlie würde Joe fertigmachen, und Joe hätte große Angst.«

Pip wischte über den Bildschirm ihres Handys auf der Suche nach den Nachrichten vom Tag des besagten Vorfalls. »Ich habe geschrieben: *Hab grade Charlie und Joe gesehen. Ich weiß nicht, was los ist, aber Joe hatte Angst, und Charlie war wütend. Du müsstest Joe sehen, er sieht furchtbar aus.*«

»Ganz genau«, sagte Chloe, »und als ich gekommen bin, hast du gesagt, Charlie hätte Joe abgeführt wie einen Kriegsgefangenen, und Joe hätte schreckliche Angst.«

»Na ja, er hat verängstigt gewirkt, aber er sah nicht wegen Charlie wie ein Kriegsgefangener aus, sondern wegen seiner Aufmachung. Wenn du es also mal aus dieser Perspektive betrachtest, könnte man auch sagen, dass Charlie ihm sogar – zu Recht oder zu Unrecht – einen Gefallen getan hat.«

KAPITEL 54

Eher wie sägen

Am Dienstag vor Janets Beerdigung hatte Chloe Joe-Nathan sehr entschieden erklärt, dass er wohl häufiger falschlag als sie, und ihm geraten, sich die Fingernägel zu schneiden und zum Frisör zu gehen.

Als er abends von der Arbeit nach Hause gekommen war, hatte er sich als Erstes im Garten die Fingernägel geschnitten, so wie seine Mum das immer gemacht hatte. Es war nicht leicht gewesen (er hatte eine Ewigkeit gebraucht, um sich die Nägel der rechten Hand zu schneiden), und die Nägel waren hinterher ein bisschen krumm und scharf gewesen, weswegen er in die Werkstatt gegangen war, um sie mit feinem Sandpapier zurechtzuschmirgeln. Bei der Gelegenheit hatte er Chloes Schimpfwortkiste in die Hände genommen und von allen Seiten betrachtet. Komisch, wie alles sich anders anfühlte, jetzt, wo seine Nägel so kurz waren. Er stellte die Kiste auf die Werkbank und maß den Deckel aus. Dann stellte er den Kurzzeitwecker auf eine Stunde. Chloe brauchte diese Kiste so bald wie möglich; Joe fand, dass all ihre Schimpfwörter die reine Verschwendung waren, dass sie schon jetzt richtig Geld sparen könnte, wenn sie nur ihre Kiste hätte. Es fehlte nur noch der Deckel: Er musste einen Schlitz hineinmachen, der breit genug war für die dickste Münze, und ihn dann schön glatt schmirgeln, damit er sich an den Fingerspitzen angenehm weich anfühlte.

Als der Wecker klingelte, hatte Joe die Schimpfwortkiste fertig. Er stellte sich vor, wie er sie Chloe überreichte. Sie würde vermutlich fluchen, wenn sie sie sah, dann würde sie sofort eine Münze hineinwerfen müssen, und die Kiste würde auf der Stelle ihren Zweck erfüllen. Doch plötzlich hatte Joe sich gefragt, ob Chloe wirklich aufhören würde zu fluchen oder es seltener tun würde, wenn sie jedes Mal dafür bezahlen musste. Die Vorstellung gefiel ihm eigentlich nicht, denn es wäre nicht mehr dasselbe, wenn Chloe keine Schimpfwörter mehr benutzte. Es passte zu ihr, das hatte seine Mum ja auch schon gesagt.

Jedenfalls hatte er seine Aufgabe erledigt. Er ging in die Küche und öffnete den Kühlschrank. Ganz hinten entdeckte er zwei Flaschen Bier. Er hatte keine Ahnung, wie lange sie schon dort lagen, und er wusste auch nicht, ob sie ein Haltbarkeitsdatum hatten, aber er nahm eine heraus, öffnete sie so, wie sein Dad es ihm beigebracht hatte, ging wieder in den Garten und setzte sich damit auf die Stufen der Werkstatt. Das Bier schmeckte nicht so gut wie früher, als er es zusammen mit seinem Dad getrunken hatte, aber es fühlte sich richtig an, es zu trinken, nachdem er ein Werkstück fertiggestellt hatte, genauso wie es sich richtig anfühlte, nach dem Abendessen auf der Gartenbank eine Tasse Tee zu trinken, auch wenn seine Mum nicht dabei war.

Joe warf die leere Flasche in den Glascontainer und ging ins Haus. Er schaute im blauen und im gelben Buch nach, ob es etwas zum Thema *Haareschneiden* gab, fand jedoch nichts. Ein paar Dinge hatte Janet offenbar vergessen. Chloe hatte ihm gesagt, er solle zum Frisör gehen, aber das war unmöglich. Er betrachtete das Foto seiner Mum über dem Küchentisch und fragte: »Was soll ich machen?«

Es kam keine Antwort, nicht einmal eine ausgedachte. Alles wurde still in Joes Kopf, bis ein Wort die Stille durchbrach, ein bescheidenes und zugleich logisches Wort: *Schere.* Er öffnete die Besteckschublade, nahm die große Schere heraus und ging damit ins Bad. Chloe hatte recht, seine Haare waren viel zu lang, sie fielen ihm schon über die Augen und verdeckten seine Ohren. Er packte alle Haare, die ihm in die Stirn hingen, hielt sie von seinem Gesicht weg und schnitt. Genau wie bei seinen Fingernägeln klappte das nicht so reibungslos, wie er es erwartet hatte, und es fühlte sich eher so an, als würde er eine dicke Kordel durchsägen, ganz anders als das *Schnippschnipp* seiner Mum.

Als Nächstes packte er die Haare über einem Ohr und schnitt auch die ab. Am Ende waren sie kürzer als erwartet, und als er den Kopf drehte, um sich von der Seite zu betrachten, konnte er seine weiße, wächserne Kopfhaut sehen. Er machte das Gleiche mit den Haaren über dem anderen Ohr, aber diesmal war die Kopfhaut nicht zu sehen. Also schnitt er noch etwas mehr ab, damit das Ergebnis halbwegs symmetrisch aussah. Dann packte er sich eine Handvoll Haare am Hinterkopf und schnitt sie dicht über der Kopfhaut ab, dabei verzog er das Gesicht, weil es ziepte und er nicht sehen konnte, was er tat, und Angst hatte, sich in die Kopfhaut zu schneiden. Er atmete erleichtert auf, als auch das erledigt war. Die Haare oben auf seinem Kopf waren immer noch ziemlich lang. Er schnitt etwas halbherzig daran herum, bis ein großes Büschel in die Luft stand und ihm nicht mehr in die Augen fallen konnte. Dabei beließ er es. Er legte die Schere auf dem Beckenrand ab und sammelte die dunkelbraunen Haare von seinen Schultern und vom Fußboden auf. Joe fand, das Wegmachen der Haare war das Anstrengendste am Haareschneiden. Es war so ähnlich wie das Saubermachen, nachdem man den Weihnachtsbaum rausgetragen hatte und es fast unmöglich schien, all die Tannennadeln aus dem Haus zu bekommen: Als er dachte, er hätte schon überall saubergemacht, waren immer noch Haare da. Am Ende machte er ein paar Blätter von der Küchenrolle nass und versuchte, die Haare damit von dem Linoleumboden aufzunehmen. Schließlich war er mit dem Ergebnis zufrieden.

Er hatte geduscht, wie es ihm seine Mum nach einem Haarschnitt geraten hatte, und sich den Schlafanzug angezogen. An dem Abend war alles anders als sonst: Er war schon bettfertig, obwohl er noch gar nicht zu Abend gegessen und eine Folge von F.R.I.E.N.D.S gesehen hatte. Bei dem Gedanken wurden seine Handflächen ganz schwitzig, doch er machte die Augen zu und lauschte; konzentrierte sich auf den Moment. Es war alles in Ordnung: Er konnte sich in der Mikrowelle die Reste des Currys vom Vorabend und etwas Reis aufwärmen. So konnte er innerhalb von 12 Minuten mit Essen fertig sein und sich vor den Fernseher setzen. Joe schaute auf die Uhr: Er konnte sich vier Folgen ansehen und zur gewohnten Zeit im Bett liegen und sogar noch zehn Minuten lang Pips Liste für den Quiz-Abend studieren. Dann fragte er sich, ob wohl irgendjemand am nächsten Morgen von seinem neuen Haarschnitt Notiz nehmen würde. Zumindest Chloe würde er gefallen, dachte er.

KAPITEL 55

Ein Kompromiss für sein Wohlbefinden

Als Chloe jetzt erfuhr, wie Joe-Nathan an dem Tag aussah, an dem Charlie ihm den Kopf geschoren hatte, durchlief ihr Gesichtsausdruck verschiedene Phasen, während sie versuchte, an ihrer Überzeugung festzuhalten, dass Charlie ein Fiesling war.

»Ah, warte mal, ich kann es dir zeigen!« Pip wischte wieder über den Bildschirm ihres Handys. »Owen hat per WhatsApp ein Video an ein paar Leute geschickt, und von denen hat einer es an mich weitergeleitet. Dir hat es wahrscheinlich keiner gezeigt, Chloe, weil du, na ja, du weißt schon …«

»Was weiß ich schon? Du meinst, weil ich vielleicht tatsächlich was unternommen hätte?« Chloe klang kleinlaut, doch sie griff nach Pips Handy und sah sich kopfschüttelnd das Video an, das Joe vor seinem Spind zeigte. Das Video war ziemlich verwackelt, aber Owens Gekicher war deutlich zu hören. Der arme Joe stand neben seiner Spindtür und schaute sich um, als glaubte er, Owen filmte etwas neben oder hinter ihm. Das Videobild schaltete auf Porträt, als Joe herangezoomt wurde, bis er deutlich von Kopf bis Fuß zu sehen war: die dreiviertellange Hose, die auf Hochglanz polierten schwarzen Schuhe und sein neuer Haarschnitt. Chloes Kinn begann zu zittern, als sie Joe verlegen in Owens Kamera lächeln sah, so als posierte er zögernd für ein Familienfoto, ohne zu merken, dass er in Wirklichkeit gerade total gedemütigt wurde. Und dann die Nahaufnahme von Joes selbstfabrizierter Frisur, lang an manchen Stellen, an anderen kurz, mit fast kahlen Stellen über den Ohren, als hätte er sich dort rasiert (selbst jetzt war über den Ohren die Kopfhaut noch zu sehen). Kurz vor dem Ende des Videos hörte Chloe Owen sagen: »*Wartet, bis Charlie das sieht. Der macht sich in die Hose vor Lachen.*«

»Aber er hat sich nicht vor Lachen in die Hose gemacht«, sagte Pip, als sie ihr Handy wieder entgegennahm. »Er hat sich Joe geschnappt, bevor sich noch jemand über ihn lustig machen konnte, und hat ihm den Kopf geschoren.«

Chloe schaute Joe an. Der neue Haarschnitt stand ihm echt gut, oder zumindest viel besser als das, was da eben in dem Video zu sehen gewesen war.

»Scheiße«, sagte sie und schloss die Augen.

»Da fällt mir etwas ein«, sagte Joe und öffnete seine Tasche, die auf dem Stuhl neben ihm lag. »Das hier habe ich für dich gebastelt.«

Chloe kam sich klein vor. Sie fühlte sich, als hätte sie ein Buch gelesen, ein wichtiges Kapitel übersprungen und ohne diese fehlenden Informationen ihre Schlüsse gezogen. Mechanisch nahm sie die kleine Kiste von Joe entgegen. Sie drehte sie nach allen Seiten und fuhr mit den Fingerspitzen über das weiche Holz. Sie las die Aufschrift, ohne sie wirklich zu sehen oder zu verstehen. Sie betrachtete die Kiste, aber sie konnte nichts anderes sehen als das Bild vor ihrem inneren Auge: Joe tränenüberströmt in dem Lagerraum, auf dem Boden ein Einmalrasierer, sie selbst, wie sie Charlie von hinten ansprang und ihn lauthals beschimpfte.

Total selbstgerecht, total überzeugt und im Irrtum. Und doch hatte sie mit eigenen Augen gesehen, wie Charlie gemein zu Joe gewesen war, es hatte ihr wehgetan, mit anzuhören, wie er mit ihm redete. Was konnte jemanden – selbst jemanden wie Charlie – dazu bringen, einem anderen mit Gewalt den Kopf zu scheren? Wenn er Joe hatte helfen wollen, warum hatte er ihn dann nicht zum Frisör geschleppt oder ihm eine Mütze geschenkt? Wobei Joe diese Optionen vermutlich auch nicht gefallen hätten. Trotzdem: Wie gestört musste man sein, um anzunehmen, dass es in Ordnung war, sich so zu benehmen?

Charlie war gemein, daran zweifelte Chloe nach wie vor nicht. Aber was ihr nicht in den Kopf wollte, war, dass er auf seine verquere Art tatsächlich versucht hatte, Joe zu helfen, auch wenn das, was er getan hatte, als Körperverletzung galt. Sie glaubte nicht, dass sie Charlie falsch einschätzte, und doch … und doch war sie jetzt verwirrt und machte sich Vorwürfe.

»Gefällt sie dir?« Joes Frage kam von so weit her, dass Chloe gar nicht merkte, dass sie angesprochen war.

»Chloe?«, sagte Pip noch einmal, und auch ihre Stimme schien von weither zu kommen, aber sie hörte ihren Namen, und ihre Wahrnehmung perlte an die Oberfläche wie Blasen, die unter einem Stein hervorkamen, und sie kehrte zurück an den Tisch im Pub.

»Hä?«, sagte sie.

»Gefällt sie dir?«, fragte Joe noch einmal.

Chloe betrachtete die Kiste, als sähe sie sie zum ersten Mal. Sie hatte einen Schlitz im Deckel, in den man Geld hineinstecken konnte, und daneben hatte Joe mit seinem Holzbrennstift geschrieben:

Hier bezahlen ↑
!*@#
Chloes Schimpfwortkiste

Das Holz war hell und samtig. Die Kiste war perfekt gearbeitet, es gab keine scharfen Kanten und keine unebenen Verbindungen.

»Hast du die für mich gemacht?«, fragte Chloe.

»Ja«, sagte Joe.

»Sie ist großartig«, sagte Chloe. »Aber ich hab sie nicht verdient.«

»Aber sie ist nützlich«, sagte Joe.

Chloe stellte die Kiste auf den Tisch und fuhr mit den Fingerspitzen darüber. Dann, ohne aufzublicken, als spräche sie zu der Kiste, fragte sie: »Wie geht es Charlie?«

Als Joe nicht antwortete, hob sie den Kopf und schaute ihn an.

»Wie geht es ihm?«, fragte sie noch einmal.

»Er ist …« Joe wusste nicht, wie er die Frage beantworten

sollte, aber Chloe wartete, und so sagte er schließlich: »Er ist nicht an seinem Platz.«

»Hä?«

»Nicht an seinem Platz. Er ist nicht da, wo er sein sollte. Das bedrückt mich.«

»Und wie sieht er das?«, fragte Chloe.

»Das weiß ich nicht«, sagte Joe, und das war die Wahrheit. Er wusste nur, wie er selbst das sah. Woher sollte er wissen, wie Charlie das sah, wenn Charlie es ihm nicht gesagt hatte?

Plötzlich richtete sich Chloe auf, reckte den Hals und schaute sich suchend im Pub um. »Hugo!«, rief sie laut, und Hugo drehte sich um und winkte. »Komm mal her!«, rief sie, woraufhin Hugo etwas Entschuldigendes zu dem Mann sagte, mit dem er sich gerade unterhielt, und ihm kurz eine Hand auf den Arm legte. Dann stand er auf und arbeitete sich durch den vollen Pub.

Mit einem tiefen Seufzer ließ er sich auf den Stuhl neben Joe fallen, als wäre er hergerannt. Er trank etwas Durchsichtiges aus einem niedrigen Glas mit einem sehr dünnen Strohhalm, den er erst mit dem Mund hatte einfangen müssen.

»Ich hatte schon ewig keinen Freitagnachmittag mehr frei.« Er hob sein Glas. »Auf Janet«, sagte er, und sie stießen alle an, Joe ein wenig verzögert. Diesmal fand Hugo seinen Strohhalm schneller und trank noch einen Schluck.

»Hör mal, Hugo«, sagte Chloe, »könnte Charlie seinen Job nicht wiederkriegen?«

»Was?« Hugo öffnete den Mund, und der Strohhalm blieb ganz kurz an seiner Unterlippe kleben, ehe er ins Glas fiel. »Ich dachte, du wolltest, dass er gefeuert wird.«

»Wollte ich auch, aber ich habe da was missverstanden.« Chloe verdrehte die Augen und legte die Hände zusammen, als würde sie beten.

»Also, um es kurz zu machen, die Antwort lautet nein. Seine Stelle ist schon vergeben. Ich habe keine freien Stunden für Charlie.«

Joe drehte seine Hände um und betrachtete seine Handflächen. Er begann zu keuchen, und alle sahen ihn an. »Keine Stunden für Charlie. Keine Zeit. Kein Ort«, sagte er.

»Charlie kommt schon zurecht, Joe«, sagte Pip. »Er ist stark.«

»Das stimmt«, sagte Hugo. Er und Pip wechselten einen Blick.

Joe machte die Augen zu und sah, wie Charlies Körper auf ihn zu rutschte, als er in den Rücken getreten wurde. Ohne die Augen aufzumachen, sagte er: »Wenn ich ein paar von meinen Stunden abgebe, kann Charlie sie dann haben?« Während er die Wörter aussprach, ging sein Atem immer schneller. Wenn er einen Teil seiner Stunden abgab, würde sich sein Tagesablauf ändern, aber dann wäre Charlie wieder im Laden, und dann würde er sich besser fühlen. Es war ein Kompromiss für sein Wohlbefinden.

»Nein«, sagte Chloe. »Nicht du, Joe. Ich gebe einen Teil meiner Stunden ab. Pass auf, Hugo: Ich geh auf halbe Stelle und teile mir den Job mit Charlie.«

»Geht nicht«, sagte Hugo. »Es ist ja nicht nur so, dass ich seine Stelle jemand anderem gegeben habe, es liegt auch eine Beschwerde wegen Körperverletzung und Mobbing vor. Ich kann ihn erst wiedereinstellen, wenn die Beschwerde überprüft ist, und dann auch nur, wenn sie widerrufen wird.«

»Wir widerrufen sie«, sagte Chloe.

Hugo legte die Stirn in Falten und schüttelte den Kopf. »Okay, hört zu. Ich weiß nicht, was hier los ist, aber das ist nicht der richtige Ort, um über diese Sache zu entscheiden, außerdem geht sowas nicht so schnell, wie ihr euch das vorstellt. Zum Beispiel kann ich nicht einfach in der Personalabteilung anrufen und die Beschwerde widerrufen. Für solche Dinge gibt es ein Prozedere, und das braucht Zeit.«

Chloe stützte den Kopf in die Hände, und Joe begann, die Bierdeckel und die Gläser auf dem Tisch in Reihen anzuordnen.

»Wäre es denn okay, wenn Charlie an dem Quiz-Abend in unserem Team mitspielt?«, fragte Pip. »Also, ich meine, wenn er möchte.«

Chloe blickte zu Hugo hoch, und Joes Hand hielt über den ordentlich aufgereihten Gläsern inne. Hugo sah die drei am Tisch nacheinander an, als wären sie Kinder, denen ihr sehnlichster Wunsch abgeschlagen worden war, und die jetzt um etwas ganz Kleines baten, um wenigstens etwas zu bekommen.

»Wenn ihr ihn in eurem Team haben wollt«, sagte er, »warum nicht?«

KAPITEL 56

Das Zweitbeste

Um 18 Uhr begann Joe-Nathan, sich zum ersten Mal am Tag der Beerdigung seiner Mutter zu entspannen, hier im *Ink & Feather*, denn jetzt war er zur richtigen Zeit am richtigen Ort. Es war verwirrend, von lauter Leuten umgeben zu sein, die mit ihm reden wollten, aber wenn er die meiste Zeit am Tisch sitzen blieb oder auf dem Weg zur Toilette sehr schnell ging, den Blick auf den Teppich gerichtet, dann brauchte er sich nicht auf allzu viele Gespräche einzulassen.

Genau wie sich der Tag der Beerdigung unaufhaltsam auf ihn zugewälzt hatte, spürte Joe, wie er sich jetzt von ihm weg in Richtung Vergangenheit wälzte. Doch während der Tag sich immer weiter von ihm entfernte, konnte Joe nicht sagen, ob das daran lag, dass er selbst sich vorwärts bewegte, oder daran, dass der Tag sich rückwärts bewegte, ungefähr so, wie wenn er im Bahnhof in einem Zug saß, der neben einem anderen Zug stand, und er nicht wusste, welcher der beiden Züge sich eigentlich bewegte.

Jetzt konnte Joe zu der neuen Normalität zurückkehren, die sich seit dem Tod seiner Mum langsam entwickelt hatte, und darauf aufbauen. Er hatte sich noch nicht richtig an die Abläufe seines Lebens ohne seine Mum gewöhnt, doch weil die Tage vor der Beerdigung – und die Beerdigung selbst – so derart außerhalb seiner Komfortzone gewesen waren (der Vorfall mit Charlie, der arbeitsfreie Freitag, die Beerdigung seiner Mum), erschien ihm der neue Rhythmus der Tage davor jetzt doch relativ vertraut, sodass er sich darauf freute, dazu zurückzukehren.

Zum Beispiel hatte er sich daran gewöhnt, samstags keinen Friedhof zu besuchen, denn seit seine Mum gestorben war, hatte ihn niemand zu einem begleitet. Nun hatte Joe sich den Wecker für den Morgen nach der Beerdigung auf die übliche Samstagmorgenzeit gestellt. Er stand auf, aß sein Frühstück im Schlafanzug, wie er es schon immer gemacht hatte. Heute sahen die Cheerios ziemlich normal aus in der Schale, und das Muster auf der Schale wirkte auch nicht merkwürdig. Er räumte sein Geschirr weg und wischte den Tisch mit einem Lappen ab. Dann zog er sich an und machte sich eine Liste all der Dinge, die er an dem Tag erledigen wollte. Er stellte seinen Wecker so, dass er im Lauf des Tages sechsmal klingelte. Als er um zwölf klingelte, stellte Joe fest, dass er mit manchen Aufgaben bis zum nächsten Weckerklingeln nicht fertig werden würde, und das enttäuschte ihn. Er hatte für jede Aufgabe zwei Stunden angesetzt, und wenn zwischen zwei Aufgaben ein bisschen Zeit war, konnte er fernsehen. So war sein Tag komplett ausgefüllt bis zu der Uhrzeit, wenn er mit der alten Samstagsroutine mit F.R.I.E.N.D.S und einem Essen vom Imbiss weitermachen und anschließend in Frieden schlafen gehen konnte.

Wenn etwas Neues in sein Leben trat, hatte Janet immer gesagt, hörte es irgendwann auf, neu zu sein (wenn er sich darauf einließ), und gliederte sich in die Dinge ein, an die er gewöhnt war. Er musste einfach Geduld haben.

Eine von Joes Zwei-Stunden-Aufgaben an jenem Samstag bestand darin, Charlie zu besuchen. Es war Joes dritter unangekündigter Besuch, und als er sein Viertel verließ und sich auf den Weg in Richtung Gaswerke machte, fühlte er sich schon viel weniger eingeschüchtert von der sich ständig ändernden Szenerie. Wie beim letzten Mal trug er seinen Hoodie, denn darin hatte er sich etwas sicherer gefühlt; das komische Gefühl, eine Kapuze auf dem Kopf zu haben, war erträglicher als in fremdem Territorium ohne Kopfbedeckung herumzulaufen und sich verletzlich zu fühlen.

Seine Schritte wurden ein bisschen unentschlossen, als er dieselben jungen Leute wieder auf derselben Mauer sitzen sah, und er überquerte die Straße in der Hoffnung, dass sie ihn nicht sehen würden, doch schon ertönte die übliche Frage.

»Hey, da bist du ja wieder! Du hast uns immer noch nicht gesagt, ob du einen Blowjob willst oder nicht.«

Joe blieb mitten auf der Straße stehen und schaute die Jugendlichen an. »Nein. Aber danke für das Angebot. Ich warte, bis ich in einer sexuellen Beziehung bin«, sagte er und ging weiter.

»Ach, arme Stacey, er mag dich nicht«, hörte er einen Jungen sagen.

»Klappe«, sagte ein Mädchen, dann wurden das Lachen und das Geplapper immer leiser, bis es nicht mehr zu hören war.

Schon bald sah er Charlies Haus mit dem Sofa und den leeren Bierdosen, und es erleichterte ihn, dass er hierher gefunden hatte, ohne sich allzu viele Gedanken zu machen. Der Weg war ihm kürzer vorgekommen als sonst, was wohl daran lag, dass er sich inzwischen auskannte. Allerdings hatte er diesmal auf dem Weg Charlies Vater nicht aus dem China-Imbiss kommen sehen, was bedeutete, dass er ihm womöglich die Tür aufmachen würde, und das ließ Joes Handflächen feucht werden. Er wappnete sich innerlich und klopfte an Charlies Tür. Dann trat er vier große Schritte zurück, doppelt so weit, wie seine Mum ihm geraten hatte (sogar noch weiter, wenn man bedachte, wie *große* Schritte er gemacht hatte). Auf diese Weise hatte er auf jeden Fall einen Vorsprung, falls Charlies Dad aufmachte und gemein zu ihm war.

Aber es war Charlie, der aufmachte. Er kam auf Socken heraus und zog die Tür schnell und leise hinter sich zu.

»Was machst du denn schon wieder hier?«, flüsterte er, packte Joe am Ellbogen und bugsierte ihn in Richtung Törchen. »Mein Dad ist hier. Er schläft, aber wenn er aufwacht und dich sieht, regt er sich wieder auf.«

Joe zog seine Tasche nach vorne und öffnete die Schnalle. Er nahm einen großen, cremefarbenen Umschlag heraus und gab ihn Charlie.

»Was ist das?«, fragte Charlie. »Heiratest du oder was?«

»Nein, was anderes«, sagte Joe.

Charlie drehte sich kurz zu seiner Haustür um, dann öffnete er den Umschlag und zog die Karte heraus. Es war eine handgemachte Karte, mit Buntstiften beschriftet und mit Glitzer verziert.

»Du bist eingeladen, beim jährlichen Quiz-Abend des Compass Store am Samstag, dem 18. Mai, im Team *Pips Glücksritter* mitzuspielen. Komm, und sei kein Spielverderber!«, las er laut. »Hast du die Karte gebastelt?«, fragte er.

Joe nickte.

»Gott, du bist doch echt ein Idiot«, sagte Charlie und betrachtete die Karte mit schmalen Augen. »*Pips Glücksritter*? Hallo?«

»Den Namen hat Pip sich ausgedacht«, sagte Joe.

»Kein Scheiß?«, sagte Charlie. »Komm, und sei kein Spielverderber? Echt krass.«

»Das war Chloes Idee.«

»Im Ernst?«

Joe nickte. »Sie war betrunken.«

»Okay, das erklärt's.«

»Aber sie hat sich nicht übergeben und auch nicht bei mir übernachtet«, fügte Joe hastig hinzu.

»Aber Chloe ist hiermit einverstanden?«

»Ja«, sagte Joe. Er überlegte und versuchte sich zu erinnern, wie es zu der Einladung zu dem Quiz-Abend gekommen war. Dann zählte er an den Fingern ab: »Sie wollte, dass du deinen Job wiederbekommst. Hugo hat nein gesagt. Der Quiz-Abend war die zweitbeste Option.«

Charlie schnaubte. »*Chloe* wollte, dass ich meinen Job wiederkriege? Wieso?«

»Sie hat einen Fehler gemacht. Sie hat eingesehen, dass du versucht hast, mir zu helfen, als du mir die Haare geschnitten hast. Sie hat Hugo gesagt, er soll ihr ein paar Stunden wegnehmen und dir geben. Ich habe Hugo gesagt, er soll dir auch meine Stunden geben, aber er sagt, das geht nicht. Er hat gesagt, das sind die Regeln.«

Charlie sah Joe ungläubig an, sein Blick flitzte zwischen Joes Augen hin und her, so als könnte er in dem einen finden, was er in dem anderen nicht gefunden hatte. Er sagte nichts.

Schließlich fragte Joe: »Kommst du?«

Charlie betrachtete die Einladung. Sein Kinn zitterte. »Ich bin nicht gut in sowas«, sagte er.

»Pip hat eine Übungsliste gemacht«, sagte Joe und zog die Liste aus seiner Tasche.

Charlie nahm sie und schaute Joe wieder an. »Ich weiß nicht.«

»Bitte«, sagte Joe. »Es ist das Zweitbeste.«

Charlie nickte, sein Kinn bewegte sich nach oben. »Mal sehen. Okay. Yeah, warum nicht?«

»Gut«, sagte Joe und schaute auf seine Uhr. Wenn er sich jetzt auf den Rückweg machte, konnte er noch ein bisschen fernsehen, bevor er seine nächste Aufgabe in Angriff nehmen musste. Er wandte sich zum Gehen.

»Hey, Joe«, sagte Charlie.

Joe drehte sich noch einmal um. »Wenn du nochmal herkommen willst, schick mir vorher ne SMS. Du weißt schon ...« Er machte eine Kopfbewegung in Richtung Haus, in dem sein Dad schlief. »Für alle Fälle.«

KAPITEL 57

Gefährlich gefühllos

Charlie kehrte zurück ins Haus, schloss die Haustür so geräuschlos wie möglich und ging in die Küche. Er las die Einladung noch einmal und hatte ein schlechtes Gewissen, als er sie erst in zwei und dann in vier Teile riss. Eine kleine Wolke aus Glitzer schwebte in der Luft. Er trat mit dem Fuß auf das Pedal des Mülleimers, zuckte zusammen, als der mit einem lauten Geräusch aufsprang, und stopfte die zerrissene Karte und den Umschlag hinein.

»Was machst du da?« Charlies Dad lallte immer noch stark von seinem Vollrausch am Abend zuvor, war jedoch gut zu verstehen, weil er gerade einen Rest Bier aus einer Dose getrunken hatte, die auf dem Sofatisch stand, als er aufgewacht war.

»Nichts«, sagte Charlie und wischte sich die Hände an seinen Jeans ab, wobei etwas Glitzer klebenblieb. »Ich räum nur ein bisschen auf.«

»Ha. Alles klar«, sagte Charlies Dad, schob sich an Charlie vorbei, öffnete den Mülleimer und klaubte die Papierfetzen heraus.

»Dad …«, sagte Charlie.

»Was?«, fragte Charlies Dad, ohne aufzublicken, während er im Mülleimer die Papierfetzen zusammensuchte.

»Lass das«, sagte Charlie. Doch Charlies Dad beachtete ihn nicht und legte die Papierfetzen auf die Anrichte. Dann langte er tief in den Mülleimer, um nachzusehen, ob er welche übersehen hatte. Nachdem er sich vergewissert hatte, dass die Papierschnipsel vollständig waren, begann er, sie zusammenzufügen.

»Komm her und hilf mir. Das ist wie ein Puzzle. Es macht Spaß, und so finde ich raus, was du mir verheimlichen wolltest.«

Charlie rührte sich nicht. Seine Augen brannten, und er

schaute zum Wandkalender hinüber, auf dem das Foto von dem chromblitzenden Laster vor dem Imbiss zu sehen war. Ihm wurde bewusst, dass der April schon vorbei war und der Mai schon angefangen hatte. Er nahm den Kalender von der Wand und blätterte einmal um. Das Foto für den Monat Mai zeigte eine Frau in einer pink-weiß gemusterten Uniform am Steuer eines pinkfarbenen Cadillac, die über das ganze Gesicht strahlte. Während er den Kalender vorsichtig wieder an die Wand hängte, spürte er, wie ihm eine Träne über die Wange lief, die er wütend wegwischte.

»Quiz-Abend!«, schrie Charlies Dad. »*Pips Glücksritter!*« Er lachte laut auf, dann ging das Lachen in ein Husten über, und als der Hustenanfall vorbei war, wurde aus dem Lachen ein Knurren.

»Glitzer?«, fragte er heiser.

»Es hat nichts zu bedeuten«, sagte Charlie.

»Und warum hast du dann versucht, die Karte zu verstecken? Warum hast du sie zerrissen, hä? Was ›nichts‹ ist, braucht man doch nicht zu verstecken, oder?« Charlies Dad baute sich vor seinem Sohn auf, sein Atem stank nach Bier. Die Einladung war ihm völlig egal, sie war nur ein willkommener Anlass, an dem er seine Wut festmachen konnte. Das wusste Charlie. Er versuchte, seitlich auszuweichen, aus der Küche zu entkommen, aber sein Dad packte ihn am Hals und drückte ihn gegen die Wand. Die pinkfarbene Blondine lächelte über Charlies Schulter, und der Nagel in der Wand bohrte sich in seine Kopfhaut. Charlie machte sich nicht die Mühe, die Hand zu heben und das Blut zu betasten, das ihm im Nacken herunterlief. Er stellte sich vor, wie es wäre, wenn er seinem Dad mit der Stirn die Nase einschlug, damit er ihn losließ. Aber er hatte schon einmal versucht, sich zu wehren, und da hatte sein Dad sich in eine Bulldogge verwandelt, eine gnadenlose, gefährlich gefühllose Kampfmaschine. Nachdem er sich das letzte Mal gewehrt hatte, war er eine Woche lang krankgeschrieben worden. Am besten, er ließ sich einfach verprügeln, dann hörte sein Dad vielleicht auf, bevor er ihn krankenhausreif geschlagen hatte.

»Glitzer.« Charlies Dad spuckte ihm das Wort regelrecht ins Gesicht, und Charlie hatte das Gefühl, als würde sein stinkender Atem in ihn eindringen wie ein fauliger Dunst und seine Lunge ausfüllen.

»Ich mach dir Frühstück, wenn du willst. Wir haben noch Speck und Toastbrot da«, sagte Charlie, obwohl er kaum sprechen konnte, weil sein Dad ihn immer noch am Hals gepackt hielt.

Anscheinend hatte Charlies Dad die gleiche Idee gehabt wie Charlie zuvor, denn jetzt holte er mit dem Kopf aus und ließ seine Stirn gegen Charlies Nase krachen. Charlie schrie auf, sein ganzes Gesicht schien vor Schmerz zu explodieren. Es war, als hätte ihm jemand in den Kopf geschossen.

Charlies Dad nahm seine Hand weg, und Charlie glitt zu Boden, die Hände vors Gesicht geschlagen. Seine Nase schmerzte so sehr, dass er es kaum aushalten konnte, er wünschte sich nur, es würde aufhören und in den Nachschmerz übergehen, denn damit konnte er leben, daran hatte er sich gewöhnt. Aber der extreme erste Schmerz, den Schläge verursachten, war unerträglich. Und diesmal dauerte er eine gefühlte Ewigkeit an.

Charlies Dad trat einen Schritt zurück und kratzte sich am Hintern.

»Also gut«, sagte er und rülpste. »Mach mir ein Sandwich mit Speck.«

KAPITEL 58

Eine Menge Potenzial

Joe-Nathans nächste Aufgabe an jenem Samstag – nachdem er die Einladungskarte bei Charlie abgeliefert hatte – waren Holzarbeiten, und darauf freute er sich so sehr, dass er während seiner Fernsehpause immer wieder ungeduldig auf die Uhr schaute, weil er es kaum erwarten konnte, dass der Wecker klingelte.

Als das endlich geschah, sprang er aus dem Sessel auf, griff nach der Fernbedienung und knurrte ungehalten, als der Fernseher sich nicht sofort ausschaltete. Dann eilte er in die Werkstatt und suchte sein Material zusammen.

Wenn Joe kochte, stellte er als Erstes alle Zutaten auf der Anrichte zurecht, und genauso machte er es, wenn er etwas aus Holz bastelte.

Er hatte für das Geschenk für Charlie eine Schablone angefertigt, die legte er auf die Werkbank. Daneben stellte er eine Flasche Leinölfirnis, einen Pinsel, Holzleim, ein Stück Hirschleder, eine große Schere, einen Türknauf, mehrere Schrauben, eine Bohrmaschine, Schmirgelpapier und seinen Holzbrennstift. Er vergewisserte sich, dass die elektrische Laubsäge eingestöpselt und funktionstüchtig war (er hatte sie nicht mehr benutzt, seit er das Puzzle für Hazel gebastelt hatte). Dann ging er nach hinten in die Werkstatt, wo er seine Holzvorräte aufbewahrte, und holte das Stück, das er bereits für das Geschenk ausgewählt hatte. Es war ein ziemlich großes Stück, größer als die, mit denen er normalerweise arbeitete. Es war gar nicht so einfach gewesen, ein Stück Holz zu finden, das nicht zu dünn war, damit das Endprodukt nicht zu zerbrechlich wurde, und auch nicht zu dick und zu schwer. Schließlich hatte er Angus um Rat gebeten, und der hatte ihm eine ziemlich große Sperrholzplatte gebracht.

Als er alles Nötige auf der Werkbank ausgebreitet hatte, erfreute er sich an der Vorstellung, dass es am Ende – wenn alles zurechtgesägt und korrekt zusammengesetzt war – mehr sein würde als nur eine Summe aus Einzelteilen; so hatte sein Dad es ihm einmal erklärt, wenn sie aus lauter Einzelteilen, die an sich keinen großen Nutzen hatten, aber eine Menge Potenzial besaßen, einen schönen, nützlichen Gegenstand gebastelt hatten.

In dem Wissen, dass sein Wecker gestellt war und die Zeit verging, befestigte Joe die Schablone auf der Sperrholzplatte, schaltete die Laubsäge ein und begann, langsam und vorsichtig – um keinen Fehler zu machen und um sich nicht die Finger zu verletzen (die wichtigste Regel, wie sein Dad ihm eingeschärft hatte) – die Form auszusägen. Er war so vertieft in seine Arbeit, dass er an nichts anderes mehr dachte.

Als seine Mum noch lebte, war Joes Leben bis auf die letzte Minute ausgefüllt gewesen, jeder Moment gleichermaßen bestimmt von Zielstrebigkeit und Engagement. Aber seit ihrem Tod stellte er fest, dass manche Aufgaben interessanter und vergnüglicher waren als andere. Zum Beispiel wusste er genau, dass er Aufgaben wie Putzen und Aufräumen und Wäschewaschen nicht so gern erledigte wie andere. Aber er musste neuerdings nicht nur viel mehr Hausarbeit übernehmen als früher, er begriff auch, dass Janet ihm diese Arbeit weitgehend erspart hatte, weil sie wusste, dass er sie nicht so mochte. Hinzu kam, dass es nicht sehr befriedigend war, zu putzen und aufzuräumen, wenn alles bereits mehr oder weniger sauber und aufgeräumt war. Er versuchte sich vorzustellen, wie es wäre, bei Charlie zuhause zu putzen und aufzuräumen, und obwohl sich ihm bei der Vorstellung, bestimmte Dinge anzufassen, der Magen umdrehte (er musste immer wieder an den überquellenden Aschenbecher denken), konnte er sich *sehr gut* vorstellen, wie groß die Befriedigung sein würde, wenn am Ende alles blitzsauber und ordentlich war. Aber jedes Mal, wenn er sich das alles vorstellte, kam ihm das Sofa in Charlies Vorgarten in den Sinn, und er wusste, dass das Sofa ein hoffnungsloser Fall war. Das würde er nicht säubern, sondern eher anzünden und später die Asche, wenn sie abgekühlt war, zusammenfegen und in die Mülltonne mit dem schwarzen Deckel schütten.

Als zwei Stunden später sein Wecker klingelte, dachte Joe zuerst, dass das nicht stimmen konnte, hatte er doch eben erst mit der Arbeit in der Werkstatt angefangen. Er schaute auf seine Armbanduhr und stellte zu seiner Verblüffung fest, dass tatsächlich zwei Stunden vergangen waren. Aber er war weit gekommen, und das überzeugte ihn davon, dass alles seine Richtigkeit hatte: Das Sperrholz war korrekt zurechtgesägt, er hatte das Leinöl aufgetragen, er hatte den Türknauf auf der Rückseite angeschraubt und den Knauf mit Hirschleder umwickelt. Für heute hatte er kein weiteres Zeitfenster vorgesehen, was er jetzt bedauerte, weil er gern noch mit dem Holzbrennstift die Inschrift eingraviert hätte. Er nahm sich vor, für den morgigen Tag – Sonntag – ein doppeltes (vierstündiges) Zeitfenster einzuplanen, um das Werkstück fertigzustellen. Er konnte es kaum erwarten, Charlie sein Geschenk zu überreichen; es war viel größer und viel nützlicher und viel schöner als eine Geldkiste.

KAPITEL 59

So einer lässt dich hängen

Am Montagmorgen war Joe-Nathan vollkommen im Reinen mit sich und der Welt, wusste er doch, dass Charlies Geschenk fertig auf der Werkbank stand und dass der Montag der erste Tag einer ganzen Woche war, in der weder mit Überraschungen noch mit Abweichungen vom normalen Alltag zu rechnen war. Er ging ein kleines bisschen schneller, seine Füße setzten fester auf als sonst, und sein Arm schoss mit mehr Kraft in die Höhe, als er die Bäume auf dem Weg zum Compass Store mit einem Winken, der Rockstargeste und dem Friedenszeichen grüßte. Das Mosaik des Compass Store erwartete ihn wie ein guter Freund, und von dort wandte er sich hurtig nach Nordwesten in Richtung des Personalraums. Mit einem tiefen Gefühl der Zugehörigkeit verstaute er seine Tasche im Spind, warf sich seine Schürze über und stellte seine Lunchbox in den Kühlschrank, froh zu wissen, dass er am richtigen Ort war.

»Hey, du Loser«, begrüßte Owen ihn quer durch den Raum, aber selbst die Beleidigung gehörte zur Normalität, deshalb konnte sie Joe auch nicht erschüttern. Er schaute zu Owen hinüber und zog den Kopf ein. Ein Mann, der neben Owen saß, stieß diesen mit dem Ellbogen an und raunte: »Lass es. Du hast gehört, was Hugo gesagt hat.«

Aber Owen begann, langsam in die Hände zu klatschen, und sagte: »Da hast du Charlie ja einen richtigen Liebesdienst erwiesen, bravo!«

Joe entspannte sich und lächelte Owen an. Zu spät fiel ihm ein, dass der unmöglich wissen konnte, was er für Charlie gebastelt hatte und warum.

Owen schlug mit den Handflächen auf den Tisch, als er Joes Lächeln bemerkte, und stand auf, setzte sich jedoch sofort wieder, nachdem der andere Mann ihm etwas zugeflüstert hatte, und Joe verließ den Personalraum, ohne zu verstehen, was da gerade passiert war.

Die Gedanken an Owen und die Frage, was dessen Verhalten zu bedeuten hatte, wurden schnell verscheucht, als Joe in die Kühle der Lagerhalle trat und den mit Rückläufern gefüllten Einkaufswagen erblickte. Joe wusste, was er zu tun hatte, und alles war im Einklang mit allem. Er trug die richtigen Schuhe und das richtige T-Shirt, seine Haare waren nicht zu lang (das würden sie lange nicht mehr sein), und er hatte eine Aufgabe, die ihm gefiel und die ihn eine Weile beschäftigen würde.

»Wie geht's, Joe?«, fragte Chloe, stützte sich auf dem Einkaufswagen ab und ließ eine Kaugummiblase platzen.

»Gut«, sagte er.

»Und wie fühlst du dich seit der Beerdigung?«

»Ich glaube, ich kann jetzt damit abschließen. Das hat Angus auch gesagt.«

Chloe ließ noch eine Kaugummiblase platzen und nickte. »Ich versteh, was du meinst.« Sie schien noch etwas sagen zu wollen, zögerte aber. Joe wartete. »Ich hab mir gedacht«, sagte sie schließlich, »Charlie in unser Team für den Quiz-Abend einzuladen, war vielleicht doch nicht so eine gute Idee.«

»Aber du hast doch gesagt: *Komm, und sei kein Spielverderber.*«

»Hä?«

»Als ich dich gefragt habe, was ich auf die Karte schreiben soll.«

»Gott, redest du etwa von einer schriftlichen Einladung? Wie zu ner Geburtstagsparty?«

»Ja.«

»Mann, ich war betrunken, und Pip auch. Jedenfalls wollte ich dir sagen, dass ich glaub, es war keine gute Idee. Ich bin dafür, dass er seinen Job wiederkriegt. Wahrscheinlich. Vielleicht. Aber ich hab keine Lust auf so einen Zirkus, von wegen wir sitzen alle zusammen am Tisch und sind dicke Freunde.«

»Warum nicht?«

»Ich find einfach, was soll ich sagen ... Okay, ich hab das mit dem Haareschneiden falsch eingeschätzt, aber das ändert nichts an der Tatsache, dass er es nicht hätte tun dürfen und dass er meistens ziemlich gemein zu dir ist, und da find ich ne Einladung zum Quiz-Abend echt ein bisschen übertrieben.«

»Ich habe eine Einladungskarte gebastelt und ihn eingeladen, und er hat ja gesagt.«

»Du ...« Chloe runzelte die Stirn. »Du hast ne Einladungskarte *gebastelt*?«

»Ja. Mit Glitzer.«

»Mit Gli-?« Chloe stöhnte und schüttelte den Kopf. »Und er hat gesagt, er kommt?«

»Ja.«

Chloe atmete tief aus und drückte sich von dem Einkaufswagen ab. »Okay, dann ist das eben so. Du kannst ihn ja schlecht wieder ausladen.«

»Nein. Das wäre sehr unhöflich.« Das hatte Joe im gelben Buch gelesen, es stand unter dem Stichwort *Einladungen*.

»Aber!« Chloe zeigte mit dem Finger auf Joe. »Rechne nicht damit, dass er aufkreuzt. So einer lässt dich sowieso hängen.«

»Er kommt«, sagte Joe.

»Er kommt nicht«, sagte Chloe und marschierte in Richtung Westen davon.

Weder Chloes Prophezeiung noch Owens verwirrendes langsames Klatschen beschäftigte Joe lange. Er stapelte, er räumte auf, er wischte den Boden. Er faltete, er hängte auf, er stellte Plastikblumen in Vasen. Er winkte Pip zu, als sie in Gang sieben auf ihn zukam und ihm winkte, und als sie im Vorbeigehen zu ihm sagte »Rot, weiß, blau, weiß, rot, quergestreift«, sagte er »Thailand«, und sie quiekte vor Vergnügen.

Nichts konnte die Normalität dieses Tages verderben.

An dem Abend schickte er Charlie erst nach dem Abendessen eine Nachricht (weil er nichts im Voraus plante), um zu fragen, ob er zuhause war. Er wollte gerade in die Werkstatt gehen und sein Geschenk in Noppenfolie wickeln, als eine Nachricht von Charlie kam.

Joe, heute nicht. Dad ist hier und sehr schlecht gelaunt. Ein andermal.

Joe war enttäuscht. Er wusste, wie sehr Charlie sich über sein Geschenk freuen würde. Und wenn sein Dad schlecht gelaunt war, konnte er es vielleicht früher als gedacht benutzen. Aber nein, Charlie hatte geschrieben *heute nicht,* da konnte er nichts machen. Und Joe hatte auch wirklich keine Lust, Charlies Dad zu begegnen, wenn der schlechte Laune hatte. Er würde Charlie morgen noch einmal eine Nachricht schicken.

KAPITEL 60

Twerking

Joe-Nathan schickte Charlie am Dienstag eine Nachricht. Ebenso am Mittwoch und am Donnerstag, und jedes Mal bekam er eine ähnliche Antwort:

> Heute nicht, es geht mir nicht so gut.
> Heute nicht, Dad ist zuhause.
> Komm nicht, es ist niemand zuhause.

Jedes Mal, wenn eine negative Antwort von Charlie kam, spürte Joe, wie das Gewicht der Nachricht seine Schultern nach unten zog. Er schlich mit schweren Schritten in die Werkstatt, schob eine Ecke der Noppenfolie zur Seite, damit er den Inhalt betrachten und sich noch einmal vergewissern konnte, dass Charlie sich ungemein über sein Geschenk freuen würde, wenn er es sah. Joe tat, worum Charlie ihn gebeten hatte: Er schickte ihm eine Nachricht, bevor er ihn besuchen kam. Joe hielt sich gern an Regeln, und genau das tat er vier Tage lang. Aber am Freitagabend, nach vier Bier im *Ink & Feather*, kam er zu dem Schluss, dass er sich in diesem Fall besser fühlen würde, wenn er die Regel mit den Nachrichten *nicht* befolgte. Er wollte Charlie endlich sein Geschenk überreichen, das konnte einfach nicht länger warten, und er hatte Angst, dass Charlie wieder nein sagen würde, wenn er ihm eine Nachricht schickte. Wenn er also ein weiteres Nein vermeiden wollte, war die einfachste Lösung die, Charlie keine Nachricht zu schicken.

Joe eilte nach Hause und ging ins Gästezimmer. Ganz unten im Kleiderschrank lagen ein paar alte Koffer und Taschen. Joe wählte eine Reisetasche mittlerer Größe aus, eine mit Rollen und Schultergurten, sodass man sie hinter sich herziehen, in der

Hand tragen oder wie einen Rucksack auf dem Rücken transportieren konnte.

Er ging mit der Tasche in die Werkstatt und legte Charlies Geschenk vorsichtig hinein. Dabei gab er acht, dass die Noppenfolie nicht verrutschte und etwas von dem Holz zum Vorschein kam, nicht, weil das Geschenk Schaden nehmen könnte, sondern weil es Joe irritiert hätte zu wissen, dass das Geschenk nicht komplett eingepackt war. Dann schob er die Arme durch die Schultergurte. Sie waren zu eng eingestellt, er musste sie ein bisschen lockern. Aber schon bald war er auf dem Weg zu Charlie. Er hoffte, dass Charlie zuhause war und es ihm nicht übelnahm, dass er unangemeldet bei ihm aufkreuzte. Er hoffte, dass Charlies Dad nicht da war.

Das Unkraut auf dem Weg zu Charlie war ihm mittlerweile vertraut. Joe fiel auf, dass es sich veränderte: Es wuchs, und einiges hatte angefangen zu blühen. An einer Stelle leuchtete sogar eine gelbe Löwenzahnblüte. In den Bäumen konnte er nichts entdecken, das wie ein Handzeichen aussah, und er ließ seine Hände, wo sie waren: Er hatte die Daumen in die Schultergurte eingehakt, das gab ihm Sicherheit. Eine Frau, die gerade dabei war, Vogelkacke von der Windschutzscheibe ihres Autos zu entfernen, lächelte ihm zu, als er vorbeiging. Es saßen keine Jugendlichen auf der Mauer, niemand rief ihm etwas zu oder sprach ihn an, und Joe war total entspannt, als er sich dem zerschlissenen grünen Sofa näherte, neben dem heute – vielleicht ein gutes Zeichen – keine leeren Bierdosen auf dem Boden lagen.

Joe klopfte an Charlies Haustür und machte zwei große Schritte rückwärts.

Nichts.

Er trat vor und klopfte noch einmal, diesmal lauter. Machte zwei große Schritte rückwärts.

Wartete. Wieder nichts.

Das Gewicht der Enttäuschung lastete auf Joes Schultern,

diesmal buchstäblich, weil er zusätzlich noch das Gewicht des Rucksacks mit Charlies Geschenk auf seinem Rücken spürte, während er nervös von einem Fuß auf den anderen trat.

Mit einem Seufzer drehte er sich um, öffnete das schiefe Törchen und schloss es hinter sich wieder. Er war schon ein Stück weit gegangen, als er von irgendwo ein ganz leises Geräusch hörte, das klang, als würde eine Tür geöffnet, und als er sich umdrehte, sah er Charlie in der Tür stehen, der nach allen Seiten Ausschau hielt, um zu sehen, wer bei ihm geklopft hatte.

»Ich bin's!«, rief Joe, doch Charlie sagte nichts.

»Ist dein Dad zuhause?«, rief Joe. Charlie schüttelte den Kopf, und Joe lächelte. Er hätte Charlie doch eine Nachricht schicken sollen, dachte er, denn diesmal hätte er mit »Ja« geantwortet.

Charlie war noch ein Stück weit weg, als Joe auf ihn zuging, und Joe verstand nicht, warum er eine Augenmaske trug, so eine wie die Banditen in alten Filmen, die samstagmorgens im Fernsehen liefen. Erst als er näherkam (Charlie stand immer noch in der Tür), sah Joe, dass Charlie zwei blaue Augen hatte, die durch ein dunkelviolettes Hämatom über der Nasenwurzel miteinander verbunden waren. Die dunkle Verfärbung breitete sich symmetrisch von seinen Augenwinkeln über seine Wangen aus. Aus unerfindlichen Gründen verlangsamte Charlies Anblick Joes Beine, bis sie drei Schritte vor dem Haus jede Bewegung einstellten. Auch sein Mund verweigerte ihm den Dienst, und so starrten die beiden jungen Männer einander eine Weile einfach nur an. Schließlich lächelte Charlie Joe an, wie um sich für den Zustand seines Gesichts zu entschuldigen, ein Lächeln, das eher wie ein Achselzucken war.

»Was ist mit deinen Augen passiert?«, fragte Joe.

»Mach dir keine Gedanken. Du solltest mal den anderen sehen.«

»Wer war denn der andere?«

Charlies Lächeln verschwand, und er schaute auf den Boden. »Okay, komm rein, jetzt, wo du schon mal hier bist.«

Joe folgte Charlie ins Haus und machte die Tür hinter sich zu.

Charlie war schon in der Küche. »Ich dachte, ich hätte dir gesagt, du sollst mir ne Nachricht schicken, bevor du herkommst.«

»Jedes Mal, wenn ich dir eine geschickt habe, hast du nein gesagt, deswegen habe ich es diesmal nicht gemacht. Ich habe dir etwas mitgebracht.«

Charlie stand an derselben Stelle an die Anrichte gelehnt wie beim letzten Mal, ein Sonnenstrahl fiel auf seine Hand. Joe warf einen Blick auf den Wandkalender; diesmal hing er gerade, und er zeigte den korrekten Monat an. Er entspannte sich.

»Orange Squash?«, fragte Charlie.

»Nein.«

»Wasser? Bier? Äh, Tee?«

»Nein, danke.«

»Okay«, sagte Charlie. Sie schauten einander an, Joe betrachtete Charlies blaue Augen, und Charlie ließ es zu, was hätte er auch machen sollen?

»Was hast du mir mitgebracht?«, fragte Charlie.

»Das hier.« Joe versuchte, den Rucksack abzulegen, aber die Schultergurte waren so fest angezogen, dass sie nicht von seinen Schultern rutschen wollten. Charlie lachte, als er dabei zusah, wie Joe Verrenkungen machte wie beim Twerking. Er konnte gar nicht mehr aufhören zu lachen, während Joe sich wand und herumhampelte, die Füße fest auf dem Boden, die Knie gebeugt und die Arme nach hinten ausgestreckt. Charlie lachte so sehr, dass Joe schließlich aufhörte, mit dem Rucksack zu kämpfen, und stattdessen Charlie beobachtete, der sich auf den Knien abstützte und vor lauter Lachen kaum noch Luft bekam. Charlie machte Joe ein Zeichen mit der Hand, weil er nicht sprechen konnte, und Joe freute sich, dass er seinen Freund zum Lachen gebracht hatte. Und als Charlie sich endlich beruhigte (er prustete »Sorry!«), fing Joe wieder an, zu wackeln und zu hopsen, nur damit Charlie wieder lachte. Charlie lachte, bis kein Ton mehr aus seinem Mund kam und er nur noch verzweifelt mit den Armen wedeln konnte, um Joe zum Aufhören zu bewegen, und am Ende ließ er sich auf einen Küchenhocker fallen und seufzte wie einer, der vom Lachen total erschöpft war.

»Ich brauche Hilfe«, sagte Joe.

»Willkommen im Club«, sagte Charlie und wischte sich die Tränen von seinem bräunlich-violett-gelblich verfärbten Gesicht. Joe bemerkte, dass Charlies Augen blutunterlaufen waren, dass in seinem Gesicht keine Stelle mehr die Farbe hatte, die sie haben sollte. Charlie lockerte die Schultergurte, bis der Rucksack von Joes Rücken glitt, dann griff er um Joe herum, um den Rucksack festzuhalten, während Joe erst den einen und dann den anderen Arm aus den Gurten befreite.

»Was zum Teufel ist da drin?«, fragte Charlie, als er den schweren Rucksack auf die Anrichte wuchtete.

Joe öffnete vorsichtig den Reißverschluss und nahm das Geschenk heraus. Charlie wickelte es aus der Noppenfolie und fragte: »Was ist das?« Dabei war eigentlich nicht zu übersehen, was es war.

»Es ist etwas Schönes«, sagte Joe, »und es ist zugleich nützlich. Meine Mum hat immer gesagt, die besten Geschenke sind immer mindestens eins von beidem, aber am allerbesten beides.«

»Inwiefern ist es denn nützlich?«, fragte Charlie, hob es hoch und hielt es vor sich.

»Ich verstehe deine Frage nicht«, sagte Joe. »Wie kann es denn nicht nützlich sein? Du kannst es im Kampf benutzen; deswegen ist es nützlich.«

Stirnrunzelnd drehte Charlie das Geschenk hin und her, sodass Joe sich fragte, ob er tatsächlich nicht wusste, was es war.

Also erklärte er es ihm für alle Fälle: »Das ist ein Schild.«

KAPITEL 61

Glückliche Seele

Charlie schob seinen Arm durch die Hirschlederschlaufe auf der Rückseite des Schilds, dann packte er den mit Hirschleder ummantelten Griff, der so angebracht war, dass die Schlaufe direkt unter seinem Ellbogen saß und es sich ganz natürlich anfühlte, den Schild vor sich zu halten.

»Du hast mir ein Spielzeug gebastelt?«, fragte Charlie.

»Nein!«, sagte Joe-Nathan. »Der Schild war die meistverbreitete Verteidigungswaffe der Welt, als noch Mann gegen Mann gekämpft wurde und es noch keine Kriegsführung mit ferngesteuerten Waffen gab. Er schützt einen Krieger vor Hieben und kann sogar Speere und andere Wurfgeschosse abwehren. Du könntest dich auch mit einem Stock gegen einen Hieb zur Wehr setzen, aber ein ordentlicher Schild gibt guten Körperschutz, und den brauchst du, Charlie.«

»Wieso wirkst du eigentlich meistens so beschränkt und haust dann plötzlich Sachen raus, dass man meinen könnte, du wärst 'n Professor?«

»Das weiß ich nicht«, sagte Joe. »Warum bist du manchmal gemein und manchmal nett?«

Charlie schaute Joe über den Rand des Schilds hinweg an, sagte aber nichts. Joe öffnete ein kleines Seitenfach an der Reisetasche und zog das gelbe Buch heraus, das seine Mum für ihn geschrieben hatte. Er schlug es auf und las vor:

»Faustregel: Wenn dich jemand angreift, geh weg; das erfordert Mut. Meide Gewalt; das ist klug. Wenn du trotzdem angegriffen wirst, versuch, dich zu schützen.
Es erfordert Mut, wegzugehen, wenn dich jemand körperlich angreift, denn es gibt dem anderen das Gefühl,

gewonnen zu haben, und es kann sein, dass derjenige versucht, dich mit Worten zum Bleiben zu provozieren, dich dazu zu bringen, dass du dich wehrst, vor allem, wenn er sich für stärker hält oder dir wehtun will. Hör nicht auf seine Worte, geh weg, das ist das Klügste, was du tun kannst. Wenn du nicht weglaufen kannst, schütze dich: Schütze dein Gesicht und deine Augen und deinen Körper.«

»Und wenn das nicht funktioniert?«, fragte Charlie.

Joe schaute wieder in sein Buch. »Ruf die Polizei«, sagte er.

Charlie grinste, dann nahm er plötzlich Abwehrhaltung an: Er machte einen Ausfallschritt, hielt den Schild hoch vor sich, als hätte Joe ein Spielzeugschwert gezogen und ihn zu einem spielerischen Kampf herausgefordert.

Joe lächelte. »Er hat auch eine Inschrift«, sagte er und zeigte auf die Vorderseite des Schilds. Charlie zog seinen Arm aus der Schlinge und drehte den Schild um.

»Das Teil ist super, Joe. Hast du das echt selbst gemacht?«

Joe nickte und zeigte auf die Inschrift.

Charlie fuhr mit dem Finger über die Wörter in der Mitte des Schilds, als handelte es sich um Blindenschrift. Dann las er vor:

*Eine glückliche Seele ist der beste
Schutzschild in einer grausamen Welt.*

»Hast du dir das ausgedacht?«

»Nein. Das hat Atticus gesagt. Dieses Zitat gefiel mir am besten, als ich nach Zitaten zu Schilden geguckt habe.«

»Auf der Innenseite ist noch ein Zitat«, sagte Joe. Charlie drehte den Schild wieder um und las vor:

*Ein Schild kann für den Sieg ebenso wichtig
sein wie ein Schwert oder ein Speer.*

»Das habe ich auf die Innenseite geschrieben, weil ich glaube, du brauchst einen echten Schild, nicht nur eine glückliche Seele.«

»Und wer hat *das* gesagt?«, fragte Charlie leise, den Blick immer noch auf die Inschrift geheftet.

»Charles Darwin.«

»Findest du, er hat recht?«

»Womit?«

»Dass ein Schild für den Sieg genauso entscheidend ist wie ein Schwert?«

»Wenn du auf einen Pyrrhussieg aus bist, bei dem du im Fall des Siegs genauso viel verlierst wie derjenige, der unterliegt, dann ja, dann ist es besser zu kämpfen. Wenn das Überleben das wichtigste Ziel ist, dann ja, dann brauchst du den Schild.«

»Meine Fresse«, sagte Charlie. »Wer *bist* du?«

Joe schaute an Charlies Kopf vorbei zu einer Schranktür, die etwas schief hing. »Dieses kaputte Scharnier macht, dass meine Hände schwitzen«, sagte er.

»Da ist er wieder! Der Idiot ist zurück!«, rief Charlie aus und klatschte in die Hände.

»Wirst du ihn benutzen?«, fragte Joe, während er sich auf den Schild konzentrierte und versuchte, nicht zu den beunruhigenden Scharnieren und Halterungen in der Küche hinzusehen.

»Er gefällt mir. Aber ehrlich gesagt – wahrscheinlich werde ich ihn nicht benutzen.«

»Warum nicht?«

»Ich … na ja, was stellst du dir denn vor? Jemand greift mich an, und ich hab zufällig diesen Schild dabei und benutze ihn, um die Schläge abzuwehren?«

»Ja«, sagte Joe.

»Als du das letzte Mal hier warst, hat mein Dad mich in den Rücken getreten. Was hätte der Schild mir da genützt?«

Joe räumte ein, dass der Schild in dem Fall nicht nützlich gewesen wäre.

»Ich *glaub*«, sagte Charlie, »dass ich bessere Chancen hab, wenn ich an meiner glücklichen Seele arbeite.«

Joe war früh genug zuhause, um sich weichgekochte Eier mit Toast zu machen, vier Folgen von *F.R.I.E.N.D.S* zu schauen und rechtzeitig seinen Schlafanzug anzuziehen und ins Bett zu gehen. Es beunruhigte ihn jetzt nicht mehr so sehr, an Charlie zu denken: Er war vielleicht nicht an einem für ihn guten Ort, aber zumindest konnte er sich jetzt schützen; zumindest hatte ihm Joes Geschenk gefallen; zumindest war es jetzt wahrscheinlicher, dass er glaubte, dass Joe keiner Fliege etwas zuleide tun konnte.

Joe schlief gut, und er träumte, dass seine Mutter auf einer Mauer saß, die Beine baumeln ließ, ein Eis aß und Joe lächelnd beim Spielen mit seinen Freunden zusah. Als er am Samstagmorgen aufwachte, spürte er immer noch ihre Gegenwart, aber das machte ihn kein bisschen traurig. Er hatte mit Hazel ausgemacht, dass sie ihn an diesem Samstag auf den Friedhof begleitete.

Sie brachte Angus mit, der knurrte: »Ich fühl mich nicht wohl unter Toten.«

»Ich mag sie«, sagte Joe. »Sie sind berechenbar.«

Während sie über den Friedhof spazierten, zu der Stelle hin, wo Joes Mum und Dad ruhten, dachte Joe an den kommenden Samstag. So etwas tat er normalerweise nicht, aber das waren keine normalen Zeiten, deswegen war es vielleicht nicht so verwunderlich. Am kommenden Samstag sollte der Quiz-Abend stattfinden, und bei dem Gedanken an das Plakat, das für den Quiz-Abend warb, wurden seine Hände so feucht, dass er sie sich an der Hose abrieb. Er hatte immer noch niemanden gefragt, was eine *Buddelparty* war. Er schaute Hazel aus dem Augenwinkel an und überlegte, ob er sie fragen sollte, dann fiel ihm jedoch ein, dass er das letzte Mal, als er sie etwas gefragt hatte, herausgefunden hatte, was ein Blowjob war, und dass das ziemlich peinlich gewesen war. War eine Buddelparty vielleicht etwas ähnlich Peinliches wie ein Blowjob? Gut möglich, so wie das Wort klang.

Vor lauter Nervosität begann er, das Wort vor sich hinzumurmeln: »Buddelparty, Buddelparty, Buddelparty.« Er konnte gar nicht mehr damit aufhören, es war wie eine unaufhaltsame Lawine: »BuddelpartyBuddelpartyBuddelparty.«

Hazel und Angus blieben stehen, und Joe blieb ebenfalls stehen, aber das Wort hörte nicht auf, aus seinem Mund zu purzeln. Er hob einen Finger zum Kopf, wie früher, als er sich, wenn er nervös war, eine Haarsträhne um den Finger gewickelt hatte.

»Was ist los, Kumpel?«, fragte Angus und griff nach Joes Arm, zog seine Hand jedoch zurück, ehe er ihn berührte.

»Joe?«, sagte Hazel. »Macht es dich nervös, zum Grab deiner Eltern zu gehen?«

»BuddelpartyBuddelpartyBuddelparty.«

»Vielleicht sollten wir uns ein bisschen hinsetzen«, sagte Angus. Sie setzten sich auf eine Bank, und irgendwann hörten die Wörter auf, und sie saßen alle drei still da und lauschten auf das Rauschen der Blätter in der kühlen Brise, und das war viel angenehmer.

Joe schloss die Augen und legte den Kopf in den Nacken.

»Was ist eine Buddelparty?«, fragte er.

»Genau das wollte ich dich auch fragen«, sagte Angus und schnaubte. »Du redest doch dauernd davon.«

»Hast du noch nie von einer gehört?«, fragte Joe.

»Nein«, sagte Angus. »Du, Hazel? Kennst du dich damit aus?«

»Ganz bestimmt nicht«, sagte Hazel. »In meinem Alter!« Hazel und Angus lächelten einander an, und Joe atmete erleichtert auf.

»Es muss sich um einen Druckfehler handeln«, sagte Joe. »Es stand auf einem Poster.«

»Wie schreibt man das denn?«, fragte Angus.

»B U D D E L P ...«, setzte Joe an. »Ah«, sagte Angus. »Das ist kein Druckfehler. Das bedeutet, dass jeder sich seine eigene Buddel mitbringen soll. Das sagt man so, wenn es da, wo die Party stattfindet, keinen Getränkeausschank gibt.«

»Was?«, fragte Joe.

Hazel übernahm. »Meistens ist mit Buddel eine Flasche Bier gemeint, aber jeder kann sich das Getränk mitbringen, das er möchte. Und wenn jeder sich seine Getränke selber mitbringt, kann auch jemand zu einer Party einladen, der es sich nicht leisten kann, für alle Bier oder sonst was zu kaufen.«

»Ach so«, sagte Joe.

»Machst du dir darüber schon lange Gedanken?«, fragte Angus.

»Mehr oder weniger.«

»Wenn du das nächste Mal etwas wissen willst, frag lieber gleich, ehe du dich verrückt machst.«

Joe schaute Hazel an. Sie schloss kurz die Augen und lächelte. »Er hat recht«, sagte sie. »Du kannst uns alles fragen, egal was.«

KAPITEL 62

Im Buch

Die ganze darauffolgende Woche verlief ereignislos. Das war schon seit Ewigkeiten nicht mehr vorgekommen, und Joe schwebte durch glückliche, vorhersehbare Tage, an denen alle seine bescheidenen Erwartungen erfüllt wurden. In der Ferne kündigte sich funkelnd etwas Neues an: der Quiz-Abend. Aber Joe fühlte sich beflügelt, und die Beständigkeit seines normalen Lebens gab ihm genug Sicherheit, um dem *Neuen* optimistisch entgegenzusehen; sie war ein Sicherheitsnetz, eine Basis, die ihn trug wie die Basslinie eines Lieds. Die Sicherheit der Normalität und das Wissen, dass Chloe und Pip da sein würden, erlaubten es Joe sogar, einen Hauch von Vorfreude zu empfinden, wenn er an den Quiz-Abend dachte. Das Neue fühlte sich an wie ein winziger, glitzernder Fisch in einem Meer der Vertrautheit, und so war es gut auszuhalten.

»Übst du auch fleißig, Joe?«, fragte Chloe. Er war gerade dabei, im Personalraum den Inhalt seiner Lunchbox auf dem Tisch anzuordnen: von links nach rechts in der Reihenfolge, in der er ihn zu essen gedachte. Joe wusste, dass Chloe wusste, dass er während des Mittagessens mit niemandem reden wollte, deswegen nickte er nur nachdrücklich und berührte alles noch einmal kurz, wie um sich zu vergewissern, dass es an der richtigen Stelle lag: Käsesandwich, Möhrenstücke, Karamellwaffel, Banane.

»Ich nicht«, sagte sie, über ihren Teller mit Nudeln gebeugt. Eine Weile herrschte Stille, aber Chloe schien in Plauderstimmung zu sein, denn sie quasselte weiter drauflos über den Quiz-Abend, während Joe sich darauf konzentrierte, dass sein Essen weiter im rechten Winkel zur Tischkante lag und er jeden Bissen genauso lange kaute, wie es korrekt war.

»Worüber redet ihr zwei?«, fragte Pip, ließ sich auf den Stuhl neben Chloe fallen und öffnete eine Wasserflasche.

»Du meinst, worüber *ich* rede«, sagte Chloe. »Joe schweigt sich aus. Ich hab mich schon gefragt, ob ich unsichtbar bin.«

»Er redet nie beim Essen, das weißt du doch.«

»Ja, stimmt«, sagte Chloe. »*Ich* jedenfalls rede gerade über den Quiz-Abend und darüber, dass ich noch nicht geübt hab. Aber Joe übt die ganze Zeit.«

Pip verschränkte die Hände auf ihrem Schoß, legte den Kopf schief und schaute Chloe an. »Und warum übst du nicht? Was ist mit meiner Liste?«

»Mir geht's nicht ums Gewinnen, ich freu mich einfach darauf, mal was anderes zu machen. Was Vernünftiges. Nicht nur im Pub rumzuhocken.«

Pip schürzte die Lippen. »Verstehe, aber es wäre doch schön zu gewinnen, und wenn einer von uns Vieren als Einziger eine Frage beantworten kann, die sonst niemand beantworten kann, dann könnten wir es sogar schaffen.«

Pip hatte sich so weit vorgelehnt, dass ihr Flüstern über den Tisch zu rollen schien. »Ich hab noch nie bei einem Quiz gewonnen. Eigentlich hab ich überhaupt noch nie irgendwas gewonnen.«

Joe, der sich gerade ein Stück Möhre in den Mund stecken wollte, hielt mitten in der Bewegung inne. »Chloe sagt, Charlie kommt vielleicht nicht, es kann also sein, dass wir nur zu dritt sind.«

Dass Joe beim Essen etwas sagte, kam so unerwartet, dass die beiden Frauen ihn nur stumm ansahen. Joe ordnete weiter sein Essen und aß seine Möhrenstücke, als wäre seine Wortmeldung eine einmalige Angelegenheit gewesen, die sich nicht wiederholen würde.

»Und warum kommt er nicht?«, fragte Pip Chloe. »Das ist ja echt schade.«

»Er hat nicht direkt gesagt, dass er nicht kommt. Ich weiß es einfach.«

»Und woher weißt du das?«

Chloe stieß einen theatralischen Seufzer aus, als wäre sie es leid, sich erklären zu müssen. »Ich kenne eine Million Charlies auf dieser Welt«, sagte sie. Joe blickte auf. »Also, nicht wörtlich eine Million«, stellte sie klar. »Ich meine, es gibt jede Menge Typen wie Charlie: egoistisch, vermessen, intolerant und unzuverlässig. Sie machen sich keine Gedanken über die Konsequenzen ihres Verhaltens, und andere Leute sind ihnen egal. Okay, Charlie hat vielleicht versucht, Joe einen Gefallen zu tun, indem er ihm den Kopf geschoren hat, aber hätte er ihm nicht auf andere Weise helfen können? Und es geht auch nicht nur um die Sache mit den Haaren, sondern darum, was Charlie für ein Typ ist. Ich weiß nicht, wieso er Joe gegenüber so getan hat, als würde er an dem Quiz teilnehmen. Warum sollte er? Was hätte er davon? Wer einem Charlie vertraut, hat am Ende die Arschkarte.«

»Lieber Himmel!«, stöhnte Pip. Dann wechselte sie vorsichtig das Thema, damit Joe in Ruhe sein Mittagessen beenden konnte, während sie versuchte, Chloe zu beruhigen. Als Joe aufgegessen hatte, brachte er seinen Abfall weg, verstaute seine Lunchbox in seinem Spind und kehrte an den Tisch zurück. Das war noch nie vorgekommen. Pip starrte ihn an, als glaubte sie, er brauche einen Arzt.

»Was machst du da?«, fragte Chloe, die genauso verblüfft war wie Pip, als Joe sich wieder zu ihnen setzte.

Joe räusperte sich und legte die Hände auf seine Oberschenkel, betrachtete sie eingehend und bewegte sie, als versuchte er, sie genauso gerade auszurichten wie sein Essen. Dann räusperte er sich noch einmal.

»In meinem gelben Buch gibt es einen Absatz, den du mal lesen solltest«, sagte Joe, ohne von seinen Händen aufzublicken.

»Mit wem redest du?«, fragte Chloe.

»Mit dir«, sagte er.

»Meinst du Janets Ratgeber?«, fragte sie.

Joe nickte.

»Das gelbe Buch ist ein Ratgeber von deiner Mum für dich, nicht für mich. Es soll *dir* helfen, dein Leben zu meistern.«

»Du kommst in dem Abschnitt vor«, sagte Joe.

»Oh«, sagte Chloe mit hochgezogenen Brauen. »Echt?«

»Ja, und ich finde, du solltest es lesen.«

»Und worum geht's in dem Abschnitt?«

»Darum, wie gefährlich Vermutungen sind«, sagte Joe, stand auf und verließ den Personalraum, ohne den beiden Frauen noch einmal in die Augen zu sehen.

Pip verschränkte die Arme und grinste Chloe an. »Du stehst im Buch, du Glückspilz.«

Chloe sah Pip mit schmalen Augen an, doch sie konnte keine Spur von Sarkasmus in ihrer Miene entdecken.

»Ich glaube, er versucht, dir zu sagen, du sollst gegenüber Charlie keine Vorurteile haben«, sagte Pip.

»Ach ja?«, sagte Chloe, fischte eine Zigarette aus ihrer Handtasche und stand auf.

»Charlie kommt am Samstag nicht«, sagte sie, die unangezündete Zigarette zwischen den Lippen. »Wart's ab. Der kommt nicht.«

KAPITEL 63

Der Quiz-Abend

Die Quiz-Teilnehmer standen vor dem Eingang des Compass Store herum. Es waren etwa vierzig Leute gekommen, in unterschiedlich festlicher Aufmachung – von Jeans und T-Shirt bis hin zu eleganten Kleidern und Anzug und Krawatte.

»Einige hier sind vornehmer angezogen als ich, wenn ich zu ner Hochzeit geh«, bemerkte Chloe und schob ihren Daumen in ein Loch im Ärmelbund ihres Sweatshirts.

»Ich bin *lässig-elegant* gekleidet«, sagte Joe-Nathan. »In meinem gelben Buch hat meine Mum geschrieben, dass man zu dieser Art Veranstaltung lässig-elegant gekleidet geht.«

»Du bist auf jeden Fall eleganter angezogen als sonst«, sagte Chloe, während sie seine Anzughose und seine auf Hochglanz polierten Schuhe betrachtete. Dann hob sie den Blick, als etwas hinter Joe ihre Aufmerksamkeit erregte. »Ich werd verrückt.«

Joe drehte sich um und sah Pip anstolziert kommen. Ihr pinkfarbener, wadenlanger Glockenrock mit Petticoat schaukelte hin und her wie ein Piratenschiff auf hoher See. Sie trug pinkfarbene, seidig glänzende Handschuhe, die ihr fast bis zu den Ellbogen reichten, und weiße Stilettos.

»Das ist nicht lässig-elegant«, sagte Joe.

»Schwer zu kategorisieren, dieser Look«, murmelte Chloe.

»Hi«, flötete Pip atemlos. »Ich bin ja sooo aufgeregt! Ihr auch?«

»Wann bist du das letzte Mal ausgegangen?«, fragte Chloe mit zusammengekniffenen Augen, als würde Pips Aufmachung sie blenden.

»Zur Beerdigung von Joes Mum«, sagte Pip. »Aber ich hoffe, dass Hugo mich heute nach dem Quiz noch auf einen Drink einlädt.«

»Auf eine Beerdigung gehen fällt nicht unter ›ausgehen‹«, sagte Chloe, die neuerdings jeden Satz von Pip ignorierte, in dem Hugo vorkam.

»Auf jeden Fall sind richtig viele Leute gekommen«, sagte Pip. »Das wird bestimmt ein toller Abend. Ist Charlie schon da?«

»Siehst du ihn?«, fragte Chloe.

»Noch nicht«, sagte Joe hastig, um zu verhindern, dass sie eine zynische Bemerkung folgen ließ.

»Na, es ist ja auch noch früh.« Pip schaute kurz auf ihre Uhr und warf Chloe einen warnenden Blick zu.

Die Angestellten des Compass Store, alle mit Tüten, Flaschen und Knabberzeug bewaffnet, drehten sich wie auf Kommando um, als die elektrischen Türen sich mit einem Summen öffneten.

»Herzlich willkommen alle miteinander!«, rief Hugo und breitete die Arme aus. »Willkommen zu unserem Samstagabend-Quiz!«

»Meine Fresse, der sieht ja aus wie ein verdammter Zirkusdirektor«, murmelte Chloe. »Fehlt nur noch die Peitsche.«

»Ich hätte nichts gegen eine Peitsche«, sagte Pip mit einem leicht hysterischen Kichern.

Hugo hielt das Revers seines rot-gold-gestreiften Jacketts fest, verbeugte sich kurz und forderte dann mit einer ausladenden Geste alle auf einzutreten.

»Was hat der Zylinder zu bedeuten, Hugo?«, fragte Chloe im Vorbeigehen.

»Ist der übertrieben?«, fragte Hugo nervös.

»Du siehst großartig aus«, sagte Pip. »Der Hut ist *affenscharf!*«

»Danke«, sagte Hugo, dessen Selbstbewusstsein wiederhergestellt war. »Du siehst umwerfend aus, meine Liebe.«

»Ich bin lässig-elegant«, sagte Joe.

»Du siehst sehr gut aus«, sagte Hugo.

Als sie durch den Laden gingen, fühlten alle sich unwillkürlich so, wie wenn sie morgens zur Arbeit kamen, egal, wie sie jetzt angezogen waren, doch als sie die Lagerhalle betraten und die Verwandlung bemerkten, die dort stattgefunden hatte, ging ein Raunen durch die Menge.

»Wunderschön«, sagte Pip und drehte sich um die eigene Achse. Überall hingen Lichterketten, die dem Raum eine magische Note verliehen, auch wenn sie ein bisschen kreuz und quer hingen. Die hohen Regale waren an die Wände geschoben worden, und in der Mitte des Raums standen neun quadratische Tische, alle mit einer Tischdecke und LED-Kerzen mit flackerndem Licht. Ein roter Läufer führte bis zu den geöffneten Rollläden (neben denen sonst Lastwagen parkten, damit sie ausgeladen werden konnten), wo ein weißer Lieferwagen mit einer offenen Seitenklappe stand, die als Tresen diente, und auch der Lieferwagen war mit Lichterketten geschmückt.

»Großartig«, seufzte Pip. »Alles, was mir Weihnachtsgefühle beschert, macht mich glücklich. Und Lichterketten hauen mich jedes Mal um. Natürlich hab ich das alles mitgestaltet, Hugo hat mich gebeten, ihm ein bisschen bei der Deko zu helfen und – nur damit ihr's wisst – auch bei der Auswahl der Themen für die Fragen. Aber nicht weitersagen.« Joe und Pip standen nebeneinander, schauten nach oben und bewunderten die Dekoration; Pip sah aus wie eine ganz in Pink gekleidete Brautjungfer und Joe wie ein Bräutigam.

»Meine Fresse«, sagte Chloe, stellte ihre Tasche auf einem Tisch ab und zog an ihrer schwarzen Strumpfhose herum, bis eine Laufmasche unter ihrem Rock verborgen war. »Ihr zwei seht echt aus wie Ken und die scheiß Barbie.«

»Benutzt du deine Schimpfwortkiste?«, fragte Joe.

»Ja, aber die ist zu klein, verdammt«, sagte Chloe, und Pip lachte laut.

»Sorry«, sagte Pip. »Ich bin einfach so aufgeregt.«

»Habt ihr gebuddelt?«, fragte Joe.

»Gott, nein, doch nicht in der Öffentlichkeit«, sagte Pip mit einem übertriebenen Grinsen. Als niemand lachte, räusperte sie sich und fragte: »Was meintest du?«

»Buddeln«, sagte Joe. »Es bedeutet, dass man sein eigenes Getränk mitbringt.«

Chloe öffnete demonstrativ ihre braune Ledertasche und holte eine Flasche Wodka und eine Flasche Tonic heraus.

»Sind das die Tische aus dem Personalraum?«, fragte Pip, während sie eine Ecke einer Tischdecke anhob und darunter guckte. »Sieht so aus. Was Hugo sich für eine Arbeit gemacht hat!«

Chloe holte drei große Plastikbecher aus ihrer Tasche und stellte sie auf den Tisch. Dann schraubte sie den Deckel von der Wodkaflasche und schenkte ein. »Willst du Wodka, Joe?«, fragte sie.

»Nein, ich habe mein eigenes Getränk mitgebracht«, sagte er und nahm eine Flasche Orange Squash aus seiner Tasche.

»Ist der schon mit Wasser verdünnt?«, fragte Pip.

»Nein.«

»Ich hab eben gehört, wie Hugo zu jemand gesagt hat, dass wir im Laden nirgendwo hingehen dürfen, außer zu den Toiletten. Willst du dir da dein Wasser holen?«

»Nein!« Wasser von den Toiletten trinken? Joe machte die Augen zu, als sich alles um ihn herum zu drehen begann.

»Du könntest den Sirup ja mit Tonic verdünnen«, schlug Pip vor und deutete mit dem Kinn auf die Flasche auf dem Tisch.

»Gute Idee«, sagte Chloe.

Pip legte eine pinkbehandschuhte Hand auf Chloes Hand und sagte: »Komm, wir gehen nochmal eben für kleine Mädchen, bevor es hier losgeht.«

»Nein, danke, ich muss nicht«, sagte Chloe stirnrunzelnd.

»Darum geht es doch nicht. Das gehört unter Mädels einfach dazu.«

Pip stand auf, ohne Chloes Hand loszulassen. »Jetzt komm schon«, sagte Pip und zog an Chloes Hand. Chloe schüttelte den Kopf und flüsterte Joe zu: »Jetzt muss ich mir zehn Minuten lang Hugo-Gesäusel anhören.« Doch dann musste sie lachen. Sie stand auf und ermahnte Joe, keinen Unsinn zu machen, solange sie auf der Toilette waren.

Nachdem die beiden gegangen waren, ordnete Joe die drei Plastikbecher so an, dass sie im gleichen Abstand zueinander und zur Tischkante standen. Er berührte die Unterseite jedes Bechers und zählte im Kopf von eins bis drei. Es gefiel ihm nicht, dass Chloe nur drei Becher aus ihrer Tasche geholt hatte. Wo war Charlies Becher? Hatte sie für ihn keinen mitgebracht? Noch einmal berührte er die Unterseite jedes Bechers mit dem Finger. Zwei standen stabil, und einer stand etwas wackelig, weil er leer war – seiner. Er öffnete seine Flasche Orange Squash und goss ein bisschen davon in seinen Becher, damit er stabiler stand. Joe hatte Durst. Er roch an dem Becher mit dem Sirup. Wie schlimm konnte es sein, wenn er ihn nicht verdünnte? Er sah sich um, ob jemand ihn beobachtete, denn wenn die Leute sahen, wie er unverdünnten Sirup trank, würden sie ihm vielleicht merkwürdige Blicke zuwerfen oder etwas sagen, was ihm peinlich war. Aber die Leute plauderten und lachten und waren mit sich selbst beschäftigt; die Geräuschkulisse hatte etwas Beruhigendes, und niemand schaute in seine Richtung. Er nahm den Becher und trank einen winzigen Schluck.

»Iiih«, sagte er. Es war nicht so schlimm wie Sherry, und den Squash, den Charlie ihm neulich gemixt hatte, hatte er nicht einmal probiert. Aber der unverdünnte Sirup war zu stark, und er spürte sofort ein Kratzen im Hals, was ihn noch durstiger machte.

Chloe und Pip hatten gesagt, er könnte den Sirup mit Tonic verdünnen. Das hatte er noch nie gemacht. Aber »Tonic« war ein schönes Wort, das an angenehme Dinge denken ließ. Also schraubte er die Flasche auf und machte seinen Becher halbvoll. Dann schraubte er die Flasche wieder zu und trank einen großen Schluck (schließlich vertraute er Pip und Chloe).

»Aaah!«, quiekte Joe, doch das Geräusch ging im allgemeinen Geplapper unter. Jetzt schmeckte der Sirup noch schlimmer – stärker und ... einfach scheußlich. Er schob den Becher von sich weg und ordnete die Becher wieder sorgfältig an, allerdings etwas weiter von ihm entfernt. Dann setzte er sich auf einen Stuhl, legte die Hände in den Schoß, versuchte, den Geschmack in seinem Mund zu ignorieren, und wartete darauf, dass Pip und Chloe zurückkamen und Charlie eintraf.

Charlie würde kommen, sagte er sich. Ganz bestimmt. Er hatte schließlich gesagt, dass er kommen würde.

Joe legte seine Tasche auf seinen Schoß und nahm sein Handy heraus. Er schaute nach, ob Charlie ihm eine Nachricht geschickt hatte, aber das hatte er nicht. Also schickte er ihm eine, um sich zu vergewissern:

Hi, Charlie, kommst du zum Quiz-Abend?

Und Charlie antwortete:

Warum nicht? Was sollte ich sonst an einem Samstagabend machen?

Einen Moment lang fragte sich Joe, ob das ein Nein oder ein Ja war. Er kam zu dem Schluss, dass es ein Ja war – zweifellos ein Ja. Er nickte nachdrücklich und verstaute das Handy wieder in seiner Tasche.

KAPITEL 64

Tonic

»Ich mag kein Tonic«, sagte Joe-Nathan, als Pip und Chloe wieder an den Tisch kamen.

Chloe schaute in Joes Becher. »Und wieso nicht?«, fragte sie.

»Es ist zu stark, es schmeckt scheußlich.«

»Ich würde sagen, du hast zu viel Sirup und zu wenig Tonic«, sagte Chloe und füllte seinen Becher bis zum Rand mit Tonic. »Probier jetzt mal.«

Joe betrachtete den Becher. Er konnte sich kaum vorstellen, wie mehr von dem Zeug – statt weniger – besser schmecken sollte, aber da er es gewohnt war zu tun, was man ihm sagte, trank er noch einen Schluck und musste feststellen, dass es zwar immer noch nicht gut schmeckte, jetzt aber seltsamerweise wenigstens trinkbar war.

»Besser?«

Joe nickte. Es war etwas Neues. Dieses Getränk, das Tonic, würde ihm wie alles Neue zu schaffen machen, bis er sich daran gewöhnt hatte. Also trank er noch einen kleinen Schluck und dann noch einen und noch einen, bis er überraschend schnell feststellte, dass er nicht mehr bei jedem Schluck das Gesicht verzog. Und in dem Augenblick spürte Joe, dass er jetzt bereit war, mit der Kassenausbildung anzufangen, und mit jedem Schluck, den er von diesem leicht widerlichen Tonic trank, wuchs seine Überzeugung, dass er mit allem Neuen, das ihm im Leben begegnete, fertigwerden konnte. Und das war ein ganz neues Gefühl.

Eine Sirene ertönte und riss Joe aus seinen Gedanken. Aller Augen richteten sich auf Hugo. Er stand hinter einem Tisch, und neben ihm saß Pamela mit einem Laptop, einem Stapel Papier, einigen Stiften und einer offiziellen Miene. Hinter den beiden hing eine große, weiße Leinwand mit einer Tabelle, in die

die Namen der Teams und die Punktezahl eingetragen werden konnten. Die Leinwand bewegte sich ganz sanft in der warmen Brise, die durch die offenen Türen hereinwehte.

»Willkommen alle miteinander«, rief Hugo. »Ich hoffe, ihr fühlt euch alle wohl.« Die Leute jubelten. »Der Abend läuft folgendermaßen ab: Ich werde euch gleich bitten, mir eure Teamnamen zu nennen, und dann geht es auch schon in den ersten Block unseres Quiz.« Wieder entstand eine Geräuschkulisse, als die Leute die Köpfe zusammensteckten und über ihre Teamnamen diskutierten. »Nach dem ersten Block gibt es eine Pause«, rief Hugo über das Geschnatter hinweg, »dann kann sich jeder seine Fish 'n' Chips abholen, und nachdem wir uns gestärkt haben, geht es in den zweiten Block.« Die letzten beiden Wörter rief er aus wie ein Ringrichter.

»Er ist ja richtig gebieterisch«, sagte Pip.

»Bleib auf dem Teppich, Pip«, sagte Chloe mit dem gleichen Gesichtsausdruck wie Joe, als er den ersten Schluck Tonic getrunken hatte.

»Es ist der Hut, der ihn gebieterisch macht«, sagte Joe. »Ein Zylinder ist ein Symbol für Autorität, Reichtum und Macht. Er wird mit der Oberschicht assoziiert.«

»Ich assoziiere einen Zylinder mit Ganoven, Trickbetrügern, Zauberkünstlern und dem kleinen Mann mit dem dicken Schnurrbart bei Monopoly. Oder mit einem Mann, der an Geschmacksverirrung leidet«, sagte Chloe.

Pip schnalzte mit der Zunge und legte eine Hand auf Chloes Hand. »Du darfst nicht so vorschnell urteilen.«

Chloe zog ihre Hand weg. »Wo ist Charlie überhaupt? Er verpasst den Anfang.«

»Er kommt gleich. Er hat mir eine Nachricht geschickt«, sagte Joe.

»Zeig her«, sagte Chloe, und Joe gab ihr sein Handy, auf dem Charlies Nachricht zu sehen war. Chloes Gesicht wurde traurig, und sie sagte: »Wahrscheinlich kommt er nicht. Rechne nicht mit ihm.«

Pip bedeutete Chloe, leise zu sein.

Im selben Moment rief Hugo: »Okay, nennt mir eure Teamnamen, damit Pamela sie ins System eingeben kann!«

Unter Gelächter und Gejohle nannten die Leute ihre Teamnamen, darunter witzige Sachen wie *Die Quizquirle* und *Die Schlaumeier*. Pips Augen weiteten sich. »Glaubt ihr, es ist okay, wenn wir uns *Pips Glücksritter* nennen?«, fragte sie. »Die anderen Namen sind richtig witzig, und unserer ... na ja ...«

»Was uns Rose heißt, wie es auch hieße«, sagte Chloe.

Joe sah erst Pip und dann Chloe mit zusammengekniffenen Augen an, teils, weil es ihm schwerfiel, sich auf die beiden zu konzentrieren, aber hauptsächlich, weil er nicht verstand, wovon sie redeten.

»Was?«, fragte er.

»Es spielt keine Rolle, wie wir uns nennen«, sagte Chloe. »Wir sind das beste verfickte Team hier, und wir brauchen unsere Zeit nicht damit zu vergeuden, uns einen besseren Namen auszudenken. Wir benutzen unseren Grips für das, worauf es ankommt, nämlich darauf, die Scheißfragen richtig zu beantworten.«

»Genau! Man, du bist ja mega motiviert!«, sagte Pip und machte sich noch einen Wodka-Tonic.

Joe betrachtete die Lichterketten und sah, dass jedes Lämpchen eine Art Heiligenschein hatte. Er atmete tief ein und hatte das Gefühl, als würden seine Augenlider sich in Zeitlupe schließen und wieder öffnen, wenn er blinzelte. Er sah Chloe und Pip an und stellte fest, dass sie ganz verschwommen waren, und es war ein schönes Gefühl, ihnen zuzusehen, wie sie plauderten und lachten, auch wenn er nicht wusste, worüber sie redeten, und es war ihm auch total egal. Er dachte an Charlie und wünschte, er wäre hier, aber das Gefühl der Enttäuschung war eher verschwommen als stechend, eher wie ein blauer Fleck als wie ein Schnitt (wie sich Enttäuschung sonst anfühlte). Er hob seinen Becher und trank einen großen Schluck von seinem Orange Squash mit Tonic und stellte fest, dass er, obwohl ihm das Zeug immer noch nicht schmeckte, Lust auf mehr davon hatte.

KAPITEL 65

Nur eine Zahl

»Erste Runde«, sagte Hugo. »Flaggen der Welt.«

»Scheiße, auf dem Gebiet bin ich ne Niete«, sagte Chloe und warf die Hände in die Luft.

»Oh mein *Gott*«, sagte Pip. »Flaggen! Joe und ich kennen alle Flaggen, stimmt's, Joe? Verdammt, du hast recht, wir sind echt das beste *verfickte* Team hier!«, flüsterte sie.

»Du bist ja besoffen«, sagte Chloe.

»Besoffen und bereit für das Quiz!«, kicherte Pip.

»Reiß dich zusammen, Pip, reiß dich zusammen, Pip«, sagte Joe und kicherte auch. Als sie Joes Kichern hörten, starrten Pip und Chloe ihn an wie eine Sensation im Zoo.

Chloe nahm Joes Becher und roch an dem winzigen Rest, der noch darin war.

»Scheiiiiße«, murmelte sie und ihn Pip unter die Nase.

»Oh nein! Joe ist auch besoffen«, sagte Pip und schlug sich eine Hand vor den Mund.

»Wie …?«, fragte Chloe. »Joe, aus welcher Flasche hast du dir eingeschenkt, als wir auf dem Klo waren?«

»Aus dieser da«, sagte Joe und zeigte auf die Flasche mit dem Tonic. »Nein, aus dieser.« Er zeigte auf die andere Flasche. »Oh«, sagte er, während er die beiden Flaschen abwechselnd anschaute. »Es war die durchsichtige.«

»Sie sind beide durchsichtig.«

»Ja, das sehe ich.«

»Wie viel hast du getrunken?«

»Ungefähr bis hier«, sagte Joe und hielt einen Finger an seinen Becher, um zu zeigen, wie voll er gewesen war.

Chloe und Pip sahen einander an. »Das ist fast ein viertel Liter Wodka«, sagte Pip. »Geht es dir gut, Joe?«

»Ich fühle mich sehr gut. Und angenehm«, sagte er. Er lächelte mit geschlossenen Lippen von einem Ohr bis zum anderen und wiegte sich genüsslich auf seinem Stuhl hin und her.

»Ist dir nicht übel?«

Joe machte die Augen auf und schaute Chloe an. »Nein. Warum?«

»Kein Wunder, dass das Zeug so streng geschmeckt hat«, murmelte Chloe. »Ein viertel Liter Wodka mit Orange Squash, ekelhaft.«

Hugos Stimme dröhnte aus den Lautsprechern. »Ich hoffe, ihr habt alle eure Antwortblätter und Stifte bereit. Hier kommt Frage Nummer eins: Wie viele Sterne hat die amerikanische Flagge?«

»Oh Gott, das weiß ich nicht«, sagte Pip enttäuscht. »Also, ich hab zwar die amerikanische Flagge auf unseren Zettel gemalt, aber die Sterne hab ich nicht gezählt.«

»Fünfzig«, sagte Joe.

»*Schscht!*«, machte Chloe und lehnte sich aufgeregt vor. »Bist du sicher?«

»Ein Stern für jeden Staat«, antwortete er bestimmt.

»Frage Nummer zwei! Wie viele *Streifen* hat die amerikanische Flagge?« Ein Stöhnen ging durch die Menge, anscheinend konnten viele weder die erste noch die zweite Frage beantworten. Hugo wirkte ein bisschen ernüchtert. »Kommt schon, Leute, das könnt ihr erraten, auch wenn ihr es nicht wisst.«

»Joe – leise, bitte – weißt du die Antwort?«, flüsterte Chloe.

»Worauf?«

»Wie viele Streifen hat die amerikanische Flagge?«

»Dreizehn«, flüsterte er.

»Wirklich? Das kommt mir aber komisch vor. Wieso eine Zahl, die Unglück bringt?«, sagte Pip.

»Die Streifen repräsentieren die dreizehn Kolonien, die gegen die britische Krone rebelliert haben und die ersten Staaten der Union wurden. Die Dreizehn bringt kein Unglück. Es ist nur eine Zahl.« Joe hatte die Zahl dreizehn schon immer leidgetan, die ständig übergangen und gemieden wurde, bloß weil sie mit etwas assoziiert wurde, das nichts mit ihr zu tun hatte, sondern einzig und allein mit den Leuten, mit unbegründeten Ängsten und Missverständnissen.

Zur allgemeinen Erleichterung ging es bei den nächsten Fragen darum, die Flaggen dem richtigen Land oder bestimmte Bilder einer bestimmten Flagge zuzuordnen, zum Beispiel: Auf welcher Flagge ist ein Bär/ein Drache/etc. abgebildet? Pips Zunge lugte aus ihrem Mund, wenn sie eine Antwort notierte, dann verschränkte sie die Arme, lehnte sich mit einem zufriedenen Lächeln zurück und wartete auf die nächste Frage. Die richtigen Antworten zu wissen – oder wenigstens eine Ahnung zu haben – tat gut. Aber in der zweiten Runde ging es um Sport. An einigen Tischen wurde gejubelt, an anderen stöhnten die Teilnehmer auf und schraubten die Deckel auf ihre Stifte in der Annahme, dass sie sie sowieso nicht benutzen würden.

»Aus dem Grund hasse ich Quiz-Abende«, sagte Chloe. »Weil es einfach immer ne Runde gibt, in der es um den Scheißsport geht.«

Die Runde lief schlecht für *Pips Glücksritter*, und Joes Gedanken wanderten wieder zu Charlie. Er nahm sein Handy heraus, um nachzusehen, ob Charlie noch einmal geschrieben hatte, er schüttelte es sogar in der Hoffnung, dass auf magische Weise eine Nachricht von Charlie auf dem Bildschirm erschien.

»Ich hab dich noch nie betrunken erlebt«, sagte Chloe.

»Ich war auch noch nie betrunken«, sagte Joe.

»Aber jetzt bist du betrunken.«

»Ja?«

»Ja. Deswegen fühlst du dich so schön benebelt.«

»Ach so«, sagte Joe. »Ich schicke Charlie eine Nachricht.«

»Nein«, sagte Chloe. »Die erste Regel, wenn man betrunken ist: Man schickt keine Nachrichten.«

»Warum nicht?«

»Weil es einfach keine gute Idee ist, das weiß ich aus Erfahrung, vertrau mir. Warte bis morgen.«

»Morgen ist es zu spät. Das Quiz ist jetzt. Ich muss ihm jetzt eine Nachricht schicken, um herauszufinden, wo er steckt.«

»Er ist nicht hier, weil er nicht hier sein will, kapierst du das immer noch nicht? Du hast ihm schon eine Nachricht geschickt. Du kannst ihn nicht umstimmen, indem du ihm nochmal schreibst.«

»Ist das auch eine Regel?«

»Was?«

»Eben hast du gesagt, es ist die erste Regel, wenn man betrunken ist.«

»Ach so, ja. Es ist eine Regel.« Chloe zwinkerte Pip zu.

Joe steckte sein Handy wieder in die Tasche.

»Und wie lautet die zweite Regel, wenn man betrunken ist?«

»Also, jetzt hör auf damit«, sagte Chloe. Sie füllte ihren Becher erneut und wollte auch Joe nachschenken. Aber Pip hielt die Flasche mit den Fingern zu.

»Das ist keine gute Idee«, sagte sie zu Chloe.

»Seit wann bist du seine Mum?«, fragte Chloe.

Pip schaute Joe an. »Du bist zum allerersten Mal betrunken, und ich rate dir, jetzt aufzuhören, sonst musst du gleich kotzen.«

»Oh«, sagte Joe. Dann nickte er einmal nachdrücklich und schob seinen Becher zur Seite.

»Ich wäre sehr gern eine Mum«, sagte Pip und schaute Chloe an. »Aber es hat nicht sollen sein.«

KAPITEL 66

Fisch anfassen

So fühlte es sich also an, wenn man betrunken war. Joe-Nathan erinnerte sich, dass es im gelben Buch unter dem Stichwort *Pub* einen Absatz zu dem Thema gab, aber er hatte ihn noch nie gelesen, da er nie die Absicht gehabt hatte, sich zu betrinken. Er hatte immer die Vorstellung gehabt, dass betrunken zu sein etwas ganz Schreckliches war. Etwas, das dazu führte, dass man nicht mehr richtig laufen, sehen oder sprechen konnte, und das stellte er sich äußerst unangenehm vor. Aber es gefiel ihm, wie er jetzt alles sah, und falls er nicht richtig sprach, so hatte er es noch nicht bemerkt. Das mit dem Laufen hatte er noch nicht ausprobiert, aber er würde es bestimmt gleich tun. Joe fühlte sich richtig gut: entspannt, weniger besorgt. Ihm wurde plötzlich bewusst, dass es ihm überhaupt nichts ausmachte, dass die Becher nicht säuberlich aufgereiht und die Antwortbögen nicht ordentlich gestapelt waren oder dass der Stift halb auf dem Tisch lag und halb über die Kante ragte. Also gut, ein bisschen. Der Stift konnte leicht herunterfallen. Er schob ihn ganz auf den Tisch. Aber er lag immer noch schief, und das war ihm vollkommen egal, obwohl es ihn normalerweise gestört hätte. Und zwar sehr.

Joe fühlte sich von sich selbst befreit. Und auch wenn er sich selbst sehr liebhatte, war es schön, frei zu sein. Er fühlte sich nicht als isoliertes Wesen, getrennt von seiner Umgebung, wie er das gewöhnlich tat. Er spürte die Atmosphäre: die Lichter und das Geplapper der Leute, das gelegentliche Lachen, Hugos laute Stimme und das leichte Beben des Tischs, wenn Pip etwas auf dem Antwortbogen notierte. Er fühlte sich, als hätten sein Körper und sein Geist sich mit all diesen Dingen verbunden, während er normalerweise das Gefühl hatte, von einem Kraftfeld umgeben zu sein, an dem alle Geräusche und Bilder abprallten, wenn sie ihm zu nahe kamen.

»Es gefällt mir, betrunken zu sein«, sagte Joe.

»Wirklich? Also, gewöhn dich lieber nicht zu sehr daran. Ich hab übrigens einen Mordshunger. Hoffentlich kriegen wir bald was in den Magen, das ein bisschen von dem Alkohol aufsaugt.«

Bei der Vorstellung, wie Fish 'n' Chips in seinem Magen den Alkohol aufsaugten, wurde Joe ein bisschen flau, und seine Kehle schnürte sich zusammen. Aber als Hugo nach zwei weiteren Fragerunden alle Teilnehmer aufforderte, sich für Fish 'n' Chips anzustellen, wollte Joe nichts anderes als essen. Es war schon über eine Stunde später, als er sonst zu Abend aß, und sein Magen knurrte vernehmlich, ein deutliches Zeichen dafür, dass er nicht im Einklang mit seiner Routine war.

Während der Pause mischte Hugo sich ein bisschen unter die Leute. Er kam zu Pip und ihrem Team an den Tisch, tippte sich an seinen Zylinder und setzte sich, als wäre er erleichtert, einen Moment lang von seinen Pflichten als Ansager befreit zu sein.

»Na, habt ihr Spaß?« Hugo schaute sie alle an, bemüht, jedem die gleiche Aufmerksamkeit zu schenken, während er mit ihnen plauderte. Aber Joe entging nicht, dass sein Blick immer wieder bei Pip hängenblieb. Erst wenn es zu spät war, merkte Hugo, dass er seine Aufmerksamkeit *ungleich* verteilte, dann sah er kurz zu Chloe oder Joe, aber dann wurde er wieder nachlässig, und sein Blick blieb wieder an Pip hängen, bis sein Gehirn merkte, was seine Augen machten.

»Wie gefällt euch die Deko?«, fragte Hugo.

»Ich finde sie schön«, sagte Joe.

»Danke, Joe, das bedeutet mir sehr viel«, sagte Hugo.

»Da sieht man's mal wieder«, sagte Pip und schaute nach oben. »Man braucht nur Lichterketten und die richtige Gesellschaft, um eine zauberhafte Stimmung zu schaffen.« Bei den

Worten *die richtige Gesellschaft* schaute sie Hugo kurz in die Augen, worauf der sich einen Moment lang abwendete.

Dann stand er auf, sagte, er könne nicht die ganze Zeit bei ihnen bleiben, er müsse sich auch um seine anderen Gäste kümmern, und ging. Aber bevor er am nächsten Tisch war, drehte er sich noch einmal zu Pip um.

»Glaubt ihr, er mag mich?«, fragte Pip.

Chloe zuckte die Achseln. »Schwer zu sagen bei Hugo. Der ist zu allen so nett. Besonders zu Pamela, ist euch das schon aufgefallen?«

»Nein!« Pip fuhr zu Pamela herum, die sich die Haare hochgesteckt hatte und gerade ihre Frisur befühlte, um sich zu vergewissern, dass sie immer noch tadellos saß.

»Ich hab dich gefoppt«, sagte Chloe. »Mach nicht so ein Gewese um den Zirkusdirektor.«

Pip, Chloe und Joe hatten sich etwas zu essen geholt und waren wieder an ihrem Tisch, vor sich einen gelblichen Styroporbehälter. Winzige Essig- und Ketchup-Päckchen wurden mit geübten Griffen aufgerissen, geleert und weggeworfen. Chloe wischte hastig mit einer Serviette einen kleinen Klecks Ketchup vom Tisch und ließ die Serviette in ihrer Hosentasche verschwinden, ehe Joe Zeit hatte, auf die rote Soße zu reagieren.

»Geht es dir auch wirklich gut?«, fragte Pip, tunkte eine Fritte in ihren Ketchup und steckte sie sich in den Mund.

Joe hatte keine Lust zu reden. Er konzentrierte sich darauf, die winzige, unpraktische Holzgabel zu benutzen, die man ihm zu seinem Essen gegeben hatte, und wünschte, er hätte sein eigenes Besteck mitgebracht.

»Kann ich mir ein Messer und eine Gabel aus dem Personalraum holen?«, fragte er.

»Iss einfach mit den Fingern«, sagte Chloe, die sich ihren Fisch im Teigmantel einverleibte, als wäre er ein Stück Pizza.

Joe betrachtete entgeistert sein Essen. *Mit den Fingern?* Das einzige Essen zum Anfassen kam aus seiner Lunchbox: Sandwiches, Obststücke, Kekse und Schokolade. Er versuchte, sich zu erinnern, wann er einmal sein Frühstück oder das Abendessen ohne Besteck zu sich genommen hatte.

»Ja, iss mit den Fingern«, sagte Pip.

Es war wie an dem Tag, als Joe versucht hatte, unter Charlies Bett zu kriechen, ohne den Boden zu berühren, es war, als wollte man etwas tun und es gleichzeitig um jeden Preis vermeiden. Er legte das Holzgäbelchen weg und versuchte, den Fisch zu berühren, aber es war, als wären der Fisch und seine Hand zwei Magnete, die sich gegenseitig abstießen.

»Mit den Fingern, mit den Fingern«, intonierte Pip, als feuerte sie einen Rugbyspieler an, ein Glas Bier auf ex zu trinken.

»Was könnte denn schlimmstenfalls passieren?«, fragte Chloe.

Ja, was konnte schlimmstenfalls passieren?, fragte sich Joe.

»Das Schlimmste ...«, setzte er an, wusste jedoch nicht, wie er den Satz zu Ende bringen sollte, etwas, das ihm fast nie passierte. Wie ein ganz gewöhnlicher Mensch – ausnahmsweise einmal – hoffte Joe, dass sich das, was er zu sagen versuchte, einfach von selber sagte, ohne dass er sich (im Voraus) sicher sein musste, ob er das meinte.

»Etwas ...«, versuchte er noch einmal, das zu benennen, was passieren könnte. »Etwas Grässliches.«

»Ich verspreche dir«, sagte Pip und legte eine Hand ungefähr auf die Stelle, wo sich ihr Herz befand, »dass nichts Grässliches passieren wird, wenn du den Fisch mit den Fingern anfasst und reinbeißt. Ich *verspreche* es dir.«

Joe schaute Chloe an, und die nickte. »Sie hat recht. Ich versprech's dir auch.«

Die beiden Frauen aßen langsam weiter und sahen Joe dabei zu, wie er versuchte, seinen Fisch anzufassen. Schließlich nahm er sein Holzgäbelchen, um wenigstens ein paar Fritten essen zu können. Dann legte er das Gäbelchen weg und wandte sich wieder dem Fisch zu: Es war, als sollte er etwas anfassen, das ihm einen elektrischen Schlag versetzen könnte, doch dann berührte er kurz mit dem Finger den Fisch und dann noch einmal und noch einmal. Es war, als müsste der Fisch sich an Joes Berührung gewöhnen (wie ein verängstigtes Tier) und nicht umgekehrt, und als Joe das ganze Stück Fisch hochhob und davon abbiss, hielt Pip die Luft an.

»Siehst du!«, rief sie und klatschte in die Hände, wenn auch ganz leise, um den Moment nicht zu zerstören. »Und es ist gar nichts Schlimmes passiert!« Sie lächelte Chloe an.

»Unser Baby wird erwachsen«, sagte Chloe, lächelte liebevoll und legte den Kopf auf Pips Schulter.

Es war nichts Schlimmes passiert, das hatte sogar Joe begriffen. Trotzdem wirkte er immer noch skeptisch, als er zum zweiten Biss ansetzte. Beim Kauen schaute er die beiden Frauen an, die immer noch lächelten. Pip hatte Chloes Arm gepackt, als müsste sie sich festhalten. Joe nickte, wie um zu sagen: *Ihr hattet recht, es ist nichts Schlimmes passiert.*

Noch nicht.

Und einen Moment lang schien es eine richtig gute Sache zu sein.

Joe kaute und schluckte und biss wieder ab, kaute und entspannte sich und schaute zu dem Imbisswagen hinüber, wo lauter Leute standen und Fritten aßen und sich die Finger ableckten. Alles war nach wie vor ein bisschen verschwommen, was wohl damit zu tun hatte, dass er betrunken war, doch dann sah Joe jemanden, den er kannte, um die Ecke des Imbisswagens gucken, als wüsste er nicht, ob er sich zeigen sollte. Joe blinzelte, um sich zu vergewissern, dass er sich nicht verguckt hatte.

Ja. Er war es.

Er war schon wieder verschwunden, aber Joe war sich ganz sicher. Donald Trump versteckte sich hinter dem Imbisswagen, hier, im Compass Store. Joe stand auf, die Hände seitlich ausgebreitet, als würde er in einem Musical auftreten (weil seine Hände fettig waren und er damit nicht seine Kleider berühren wollte). Er schaute zu dem Imbisswagen hinüber.

»Was ist los?«, fragte Chloe und blickte in dieselbe Richtung.

»Guck mal, wer da ist«, sagte Joe.

»Charlie?«, fragte Pip und schaute auch in die Richtung.

»Nein, Donald Trump«, sagte Joe.

»Hä?«, sagten die Frauen wie aus einem Mund und wandten sich wieder Joe zu.

»Donald Trump. Aus Amerika.«

»Scheiße, das hoffe ich verdammt nochmal nicht.«

»Ich hab mal, als ich betrunken war, gedacht, ich hätte Hugh Jackman gesehen«, sagte Pip.

»Wen guckst du denn wirklich die ganze Zeit an?«, fragte Chloe und versuchte, Joes Blick zu folgen.

»Oh«, sagte Joe. Jetzt sah er ihn nicht mehr. »Einen Moment lang dachte ich wirklich, ich hätte ihn gesehen.«

»Ich hab sogar mit ihm gevögelt«, sagte Pip verträumt.

»Mit wem?«, fragte Chloe.

»Mit dem Typen, den ich für Hugh Jackman gehalten habe.«

KAPITEL 67

Alles ist miteinander verbunden

»Wenn man betrunken ist, kann man seinen Sinnen nicht immer trauen«, sagte Chloe.

»Warum nicht?«, fragte Joe.

»Weiß nicht. Alkohol betäubt alles irgendwie, sodass es nicht richtig funktioniert. Also, wenn man zu viel getrunken hat, meine ich. Ein kleiner Schwips ist nicht so schlimm.«

Joe setzte sich wieder an den Tisch und betrachtete seine fettigen Finger.

»Das war gut, dass du deinen Fisch mit den Fingern gegessen hast, Joe. Hier …« Pip nahm ein Päckchen feuchte Tücher aus ihrer Handtasche und zog eins für Joe heraus. Er wischte sich jeden Finger einzeln ab wie ein besessener Mechaniker, der eine Fahrradkette blankputzt.

»Scheuer dir bloß nicht die Fingerkuppen ab«, sagte Chloe.

»Ich brauche Seife«, sagte er und wollte aufstehen.

»Keine Zeit«, sagte Pip, als ein Geräusch aus den Lautsprechern kam. »Die nächste Runde fängt an, und ich hab das Gefühl, dass wir dich dafür brauchen.« Pip schürzte die Lippen, um ein Lächeln zu unterdrücken, und zwinkerte Chloe demonstrativ zu.

Hugo klopfte gegen das Mikrophon, Pamela neben ihm brachte ihren Busen in Stellung, und Pip murmelte »Flittchen«. Chloe lachte und drückte Pips Hand, und Joe beobachtete all diese kleinen Aktionen und fragte sich, ob sie alle etwas miteinander zu tun hatten.

»Haben euch die Fish 'n' Chips geschmeckt?«, rief Hugo wie ein Talkshow-Gastgeber. Sein feuchtfröhliches Publikum johlte.

»Aber jetzt wird's wieder ernst«, sagte Hugo. »Es geht in die vierte Runde, und diesmal ist das Thema *F.R.I.E.N.D.S*, die beliebte amerikanische Fernsehserie der neunziger Jahre.«

Die Reaktionen waren gemischt, mindestens eine oder zwei Personen an jedem Tisch freuten sich, und mindestens eine oder zwei Personen an jedem Tisch machten ein verständnisloses Gesicht. Aber *Pips Glücksritter* waren begeistert. Pip stützte die Ellbogen auf den Tisch und schob den Kopf dazwischen.

»Da seht ihr mal, was ein kleines bisschen Einfluss bringen kann«, flüsterte sie.

»Du bist ein verdammtes Genie«, sagte Chloe. »So bringt frau ihre sexuelle Macht ins Spiel.«

»Wow«, sagte Joe. »Was für ein Zufall. *F.R.I.E.N.D.S* ist wahrscheinlich mein allerallerbestes Thema.«

Pip lächelte Chloe an, als Joe sich die Ärmel hochkrempelte.

»Wie immer gibt es zehn Fragen, und wer glaubt, in dieser Runde besonders gute Gewinnchancen zu haben, kann jetzt seinen Joker setzen und damit die Punkte für diese Runde verdoppeln.«

»Oh, oh«, sagte Joe, hob die Hand und sprang auf.

Pamela sah sich im Saal um, vermerkte die gemeldeten Joker in ihrem Laptop und vergewisserte sich, dass sie ebenfalls in die Tabelle eingetragen wurden, die hinter Hugo hing. *Pips Glücksritter* belegten bis jetzt den dritten Platz.

»Erste Frage«, rief Hugo. »Phoebe glaubt, sie hat an Rachels Arbeitsplatz Ralph Lauren geküsst. Aber wen hat sie in Wirklichkeit geküsst?«

»Oh! Glaubt ihr, Hugo stellt eine Kussfrage, weil er mich küssen will?«, fragte Pip Chloe.

»Nein!«, sagte Choe in dem gleichen konspirativen Ton wie Pip, als sie ihr die Frage gestellt hatte.

Pip sackte auf ihrem Stuhl in sich zusammen.

»Ich weiß es«, sagte Joe und teilte seinen Mitspielerinnen leise seine Antwort mit.

»Zweite Frage. Was stellt Monica in großen Mengen her, um

über die Trennung von ihrem Freund Richard hinwegzukommen?«

»Oh«, sagte Chloe und schaute Pip mit großen Augen an. »Glaubst du, Hugo stellt eine Frage zum Überjemandenwegkommen, weil er meint, du musst über ihn wegkommen?«

»Ich weiß es«, sagte Joe, bildete mit beiden Händen eine Art Trichter um seinen Mund und flüsterte Pip die Antwort zu.

»Frage Nummer drei!«, rief Hugo. »Mit wem geht Barry auf seine und Rachels Hochzeitsreise?«

»Oh, glaubst du etwa …«, setzte Chloe mit schmachtendem Blick an, eine Hand theatralisch auf ihr Herz gedrückt.

»Jetzt hör auf mit dem Scheiß«, sagte Pip. Aber dann entspannte sie sich und lachte, und Chloe knuffte sie und sagte: »Na klar will er dich küssen, du bist unwiderstehlich, Alte. Die Frage ist nur: Willst du *ihn* wirklich küssen?«

»Ich weiß es«, sagte Joe, aber als er den beiden die Antwort mitteilen wollte, hörten sie nicht zu. »Worüber redet ihr?«, fragte er.

»Pip ist in Hugo verknallt«, sagte Chloe ziemlich laut und deutlich, und zwar ausgerechnet in einem dieser Momente, wenn ein Raum urplötzlich lange genug so still wird, dass etwas Gesagtes gut zu hören ist.

»Halt die Klappe!«, zischte Pip, und die beiden Frauen hielten sich kichernd die Fäuste vor den Mund.

»Ich muss mir unbedingt die Hände waschen«, sagte Joe.

»Noch nicht«, sagte Pip. »Noch sieben Fragen, dann darfst du zur Toilette.«

Joe begann, seine Hände immer wieder zu Fäusten zu ballen und wieder zu öffnen, wobei er jedes Mal alle fettigen und klebrigen Stellen spürte, die sich an seinen Händen gebildet hatten, weil er seine Fish 'n' Chips mit den Fingern gegessen hatte. Außerdem hatte er Salz unter den Fingernägeln. Er war voll und ganz auf seine Hände konzentriert, so als wären sie in diesem Moment sein einziges und ganzes Universum.

»Joe«, sagte Chloe, »es ist nicht so wichtig, wie du glaubst. Ich versprech's dir. Bleib einfach bis zum Ende der Runde, dann begleite ich dich zu den Toiletten.«

Joe setzte sich auf seine Hände, das Fett und das Salz, das an ihnen klebte, waren ihm zuwider. Der Plastikstuhl drückte gegen seine Haut, was sein Unbehagen auf ähnliche Weise linderte, wie es den Schmerz linderte, wenn man auf eine Papierschnittwunde drückte. Er dachte an Charlies Haus und an alles, was ihm dort Unbehagen bereitete. Er konzentrierte sich auf die Gedanken an Charlies Haus, sodass sich die schmutzigen Hände vergleichsweise harmlos anfühlten. Er hatte bei Charlie durchgehalten, er war unter Charlies Bett gekrochen, sogar Charlies Spucke in seinem Gesicht hatte er ausgehalten. Joe machte die Augen zu, aber bei dem Gedanken daran, dass Charlie nicht, wie er es gehofft hatte, zum Quiz-Abend gekommen war, kamen ihm die Tränen, sie füllten den Raum hinter seinen Lidern aus, sodass er die Augen wieder aufmachen musste, damit sie herauslaufen konnten.

»Was ist los?«, fragte Pip.

»Charlie«, sagte Joe, und jetzt rollten die Tränen frei über seine Wangen. Er schaute zu den Lichterketten hoch: Jetzt wirkten sie zu groß, durch seine Tränen verschwommen und vergrößert. Er blickte sich um, betrachtete die weißen Tische, die Leute, die Sachen anhatten, die sie zur Arbeit nie trugen. Joe suchte nach etwas – irgendetwas –, das war, wie es sein sollte, irgendein richtiges Ding am richtigen Ort, aber er fand nichts.

»Joe?«, sagte Chloe. »Joe?« Ihre Stimme war leise und liebevoll und wie ein Anker, der ihn wieder etwas ins Gleichgewicht brachte.

»Du«, sagte Joe, während er versuchte, sich auf sie zu konzentrieren, obwohl auch sie verschwommen war. »Chloe. Du scheinst immer genau da zu sein, wo du hingehörst. Selbst wenn du das gar nicht bist. Wie kommt das?«

»Ich weiß nicht, wovon du redest.« Sie hob eine Hand. »Aber wenn es keine Quiz-Frage ist, stell sie mir später nochmal. Ist dir übel?«

»Ein bisschen.«

»Shit. Wenn wir diese Fragen hinter uns haben, bringen wir dich hier raus. Wir wollen immer noch gewinnen, und dazu brauchen wir dich, klar?«

»Klar«, sagte Joe und schniefte.

KAPITEL 68

Absolut getrennt

Es stimmte, was Pip gesagt hatte – fand Joe-Nathan: Man brauchte wirklich nur Lichterketten und die richtige Gesellschaft, um eine zauberhafte Stimmung zu schaffen. Bei F.R.I.E.N.D.S war das eindeutig so gewesen, als Phoebe auf der Straße geheiratet hatte, draußen im Schnee. Aber ohne Charlie war es nicht ganz die richtige Gesellschaft. Joe blickte in die Tiefen der Lagerdecke hoch und versuchte, das Zauberhafte zu spüren, aber er vermisste seine Mum, und er musste zur Toilette, und die Lichterketten verloren ihre Macht, alles gut zu machen. Die Leute konzentrierten sich und flüsterten miteinander auf der Suche nach den richtigen Antworten, hin und wieder wurde gelacht, und Chloe und Pip lächelten und knufften einander. Hatte Joe sich eben noch eins gefühlt mit den Menschen um ihn herum und mit seiner Umgebung, glitt er jetzt langsam wieder zurück in seinen vertrauten Zustand: den Zustand, in dem er sich viel stärker als andere Menschen der Tatsache bewusst war, dass er in seiner eigenen Haut lebte, in dem er viel stärker spürte, wie absolut wir von anderen Menschen getrennt sind.

Joe vermisste seine Mum.

»Frage vier!«, rief Hugo ins Mikrophon. »Welche Inschrift wünscht sich Phoebe für ihren Grabstein?«

Chloes Augen weiteten sich, ihre Brauen schossen in die Höhe, und ihre Lippen formten ein großes »Oh«. Joe fühlte sich plötzlich wie der Vater, der Chloe am liebsten antworten lassen würde, bevor er selbst etwas sagte. Sie beugte sich über den Tisch und nahm Pip den Stift ab, denn sie wollte nicht riskieren, dass jemand hörte, was sie sagte.

Sich auf F.R.I.E.N.D.S zu konzentrieren, beruhigte Joe, aber die Trauer darüber, dass Charlie nicht gekommen war, konnte er nicht loslassen. Er nahm sein Handy aus seiner Tasche und schaute zu Chloe hinüber, die wie eine Mutter den Kopf schüttelte. Trotzdem tippte Joe die Wörter:

Wo bist du?

und drückte auf Senden. Er betrachtete den Bildschirm und beobachtete die drei kleinen Punkte, die sich bewegten wie Finger, die auf einen Tisch trommelten: Charlie schrieb etwas. Die Freude, die Joe beim Anblick der drei kleinen Punkte empfunden hatte, verflog, als sie wieder verschwanden und nichts passierte, und er steckte sein Handy zurück in die Tasche. Chloe hatte recht behalten, Charlie hatte ihn hängenlassen, genau, wie sie es vorausgesagt hatte.

Die *F.R.I.E.N.D.S*-Runde ging zu Ende, und während Pamela die Punkte und die Joker zählte, kam Hugo zu Pip und ihrem Team an den Tisch und setzte sich auf den Stuhl, auf dem eigentlich Charlie oder Janet hätten sitzen sollen, der aber jetzt nur irgendein Stuhl war, der Joe an die aktuellen Enttäuschungen in seinem Leben erinnerte.

»Was meint ihr«, fragte Hugo atemlos, »läuft es gut?«
»Du bist der beste Quizmaster aller Zeiten«, sagte Pip.
»Wirklich?«
Pip nickte und strahlte.
»Frage Nummer elf«, sagte Hugo leise. »Hast du Lust, mit mir zu Abend zu essen?«
»Was?«, fragte Pip und umklammerte den Saum ihres Kleids.
»Oh Gott«, sagte Chloe.
»Ich gehe zur Toilette«, sagte Joe und stand vorsichtig auf.
»Ich komme mit«, sagte Chloe.
»Die nächste Runde geht gleich los«, sagte Hugo und sah die beiden bestürzt an.
Pip war zu beglückt, um bestürzt dreinzublicken, doch sie sagte zu Chloe: »Beeilt euch.«

»Ich begleite Joe bis zum Mosaik, dann komm ich zurück«, sagte Chloe, dann bot sie Joe ihren Arm an, und Joe hakte sich vorsichtig ein wie ein Blinder, der über die Straße geführt wird.

KAPITEL 69

Die Entschuldigung

»Mosaik, Mosaik«, sagte Joe-Nathan. Das Gehen fühlte sich mit so viel Wodka im Bauch anders an als sonst. Er kniff die Augen zu, damit sich die Dinge in seinem Blickfeld nicht so komisch bewegten, und hielt sich noch mehr an Chloes Arm fest.

»Vielleicht sollte ich dich lieber bis zu den Toiletten begleiten«, sagte Chloe.

»Zuerst zum Mosaik«, sagte Joe. »Ich muss in der Mitte sein.«

Chloe führte ihn zum Mosaik. »Da sind wir«, sagte sie, aber das wusste Joe bereits, denn er spürte die andere Bodenbeschaffenheit unter den Füßen.

»Nach Westen«, sagte Joe.

»Nein, Südwesten«, sagte Chloe und brachte ihn zum Duschraum. »Wahrscheinlich kommt keiner auf die Idee, hierherzukommen. Die Leute benutzen bestimmt die anderen Klos.«

Joe, die Augen immer noch zugekniffen, tastete nach dem Wasserhahn. »Zuerst muss ich mir die Hände waschen.« Er wusch sich sehr, sehr lange die Hände, genoss den relativen Frieden und die Dunkelheit hinter seinen Augenlidern, aber nicht das Gefühl, als würde er sich auf einem sanft schaukelnden Schiff befinden. Einen Moment lang vergaß er, wo er war und dass Chloe bei ihm war.

»Sind sie sauber?«, fragte er mit geschlossenen Augen und hielt Chloe seine Hände hin.

»Na klar sind die sauber, verdammt, du hast sie schließlich zehn Minuten lang gewaschen.«

Als Joe die Augen aufmachte, sah er, dass Chloe auf ihr Handy schaute. Sie ließ es in ihre Hosentasche gleiten und zog ein paar Papierhandtücher aus dem Handtuchspender.

»Kommst du allein zurecht, wenn ich gehe?«

»Wo gehst du hin?«

»Zurück zu den anderen. Pip sagt, in dieser Runde geht es um Sport, und da will sie nicht allein sein.«

»Ich kann Sport-Runden nicht ausstehen«, sagte Joe.

»Ich auch nicht. Kommst du allein klar?« Chloe ließ die Tür hinter sich ins Schloss fallen, dann hörte er, wie ihre Schritte sich entfernten.

Joe betrachtete sein Spiegelbild. Er hatte einen Ketchupfleck am Kragen. Er sah, wie er im Spiegel darauf zeigte (er brachte es nicht fertig, den Fleck zu berühren). »Japan«, sagte er.

So sah er also aus, wenn er betrunken war: nicht viel anders, nur ein bisschen zerzaust. Und er entdeckte noch etwas Ungewöhnliches an sich selbst, etwas, das er nicht richtig einordnen konnte. Etwas um die Augen, das aussah wie Gleichgültigkeit, so als wäre ihm alles nicht mehr so wichtig wie sonst. Er benutzte die Toilette, und sogar das war im betrunkenen Zustand anders, ein Unterschied, etwa so wie zwischen dem richtigen Leben und dem im Fernsehen. Er drückte die Tür des Duschraums langsam auf und ging zurück in den Laden. Es war so still wie in einem Vakuum, und die Leere des Ladens war ein Schock. Es war merkwürdig, sich vorzustellen, dass all die mit Waren gefüllten Regale immer hier waren, auch wenn niemand da war, der sie sehen oder neu füllen konnte, genauso merkwürdig, wie es war, die Leute, mit denen er zusammenarbeitete, außerhalb der Arbeit zu sehen. Joe hatte schon immer das Gefühl gehabt, dass die Luft im Compass Store sauberer war als sonst irgendwo, was wohl mit den weißen Wänden und den weißen Böden und dem hellen Licht zu tun hatte. Er legte den Kopf in den Nacken und atmete tief ein, als würde er seine Lunge mit Bergluft füllen.

Dann, den Kopf immer noch in den Nacken gelegt, hörte er ein Geräusch. Er betrachtete die Decke und konzentrierte sich auf das Geräusch, versuchte, das rhythmische Tapp-tapp-tapp zu deuten.

Oh, dachte er plötzlich, *das sind Schritte.* Wieso war ihm das nicht gleich klar gewesen? Zweifellos war das Chloe, die zurückkam, um ihn zu holen, oder vielleicht jemand anders, der auf die Idee gekommen war, das Klo im Duschraum zu benutzen statt der üblichen Toiletten. Joe spähte mit halb zugekniffenen Augen in die Richtung, aus der das Geräusch kam, und richtete den Blick auf Gang neun. Wieder sah er Donald Trump. Diesmal kam er mit langen, entschlossenen Schritten auf Joe zu, von der Schüchternheit, mit der er um die Ecke des Imbisswagens gelugt hatte, war nichts mehr übrig.

Im nächsten Moment erkannte Joe, dass es sich bei dem Gesicht von Donald Trump lediglich um eine Maske handelte: eine schreckliche Maske eines schrecklichen Menschen, was – wenn Joe ehrlich war – nicht viel schlimmer war als eine Maske eines netten Menschen. Joe konnte Masken ganz allgemein nicht leiden, nicht zuletzt, weil sie die schwierige Aufgabe, einen Gesichtsausdruck zu interpretieren, völlig unmöglich machten.

Donald hob die Maske an und schob sie sich auf den Kopf. Unter der Maske kam Owens Gesicht zum Vorschein, und er lächelte. Joe rang sich ebenfalls ein Lächeln ab, denn auch wenn Owen ihm unsympathisch war, war er ihm nicht unsympathischer als Donald Trump. Und schließlich lächelte Owen, auch wenn es nicht das netteste Lächeln der Welt war.

Owen war einen halben Gang von ihm entfernt, und er hob den Arm auf eine Weise, die Joe veranlasste, seinen Arm ebenfalls zu heben: Sie würden einander grüßen, so wie die Bäume es machten, und das war eindeutig eine freundliche Geste. Joe spürte sein Lächeln breiter werden und bewegte seinen Arm langsam hin und her.

»Das ist dafür, dass Charlie deinetwegen seinen Job verloren hat!«, rief Owen.

»Charlie?«, sagte Joe. Seine Ohren hörten Charlies Namen und auch die anderen Wörter, aber all das kam nicht in der richtigen Reihenfolge in seinem Gehirn an und vor allem nicht schnell genug, um es zu verstehen, bevor es zu spät war.

Owen schwang den erhobenen Arm nach hinten, drehte sich leicht auf eine Weise, die an einen Kricketspieler erinnerte, und Joe sah, dass er etwas in der Hand hielt, einen Ball vielleicht? Jetzt schwang Owen seinen Arm nach vorne, und auch diesmal spielte sich alles in Zeitlupe ab, und als Owen das Ding in seiner Hand losließ, schien es, als hätte jemand die Zeit abgebremst, was die Flugbahn so verlangsamte, dass Joe jedes Detail des Dings erkannte und nicht nur sah, dass es sich um eine Dose Tomaten handelte, sondern sogar die Farben und die Schrift auf dem Etikett erkennen konnte.

»Ach du je«, sagte Joe, als die Dose träge durch die Luft auf ihn zu taumelte. Vor seinem geistigen Auge sah er sich ein ganzes Regal mit solchen Dosen füllen, sauber und ordentlich, die Etiketten alle nach vorne ausgerichtet, und dann traf die Dose Joe mit einem dumpfen Schlag an der Stirn.

Der helle, weiße Compass Store wurde schwarz, und Joe ging lautlos zu Boden.

KAPITEL 70

Wenn mein Herz schlägt

Er würde nie erfahren, wie lange er bewusstlos dort gelegen hatte, denn er hatte nicht auf die Uhr gesehen, bevor er das Bewusstsein verlor. Aber als Joe-Nathan zu sich kam, war ihm, als würde ein schweres Gewicht seinen Kopf in den Boden drücken, und er hatte große Mühe, sich aufzurappeln. Vorsichtig befühlte er zuerst seine Stirn, dann seinen Hinterkopf. An der Stirn hatte ihn eine volle Konservendose getroffen, und mit dem Hinterkopf war er auf dem Boden aufgeschlagen. Ihm dröhnte der Schädel.

»Alles in Ordnung?«, fragte eine unbekannte, lallende Stimme.

Joe zuckte zusammen, als er sich in Richtung der Stimme wandte, denn bei der Bewegung schoss ihm ein scharfer Schmerz in den Kopf. Dort, auf dem Boden gegen die Wand neben dem Duschraum gelehnt, saß Charlie, und Joe sah in seinen Augen denselben gleichgültigen Blick, den er vor einer Weile in seinen eigenen Augen im Spiegel gesehen hatte. Charlie musste auch betrunken sein. Joe starrte ihn nur an.

»Alles in *Ordnung*?«, wiederholte Charlie noch einmal, und er lallte definitiv.

Joe war sich nicht sicher, ob bei ihm alles in Ordnung war oder nicht. Auf jeden Fall befand er sich nicht in einem normalen Zustand, aber war bei ihm alles in Ordnung? Das konnte er unmöglich sagen, ohne mit einem Arzt gesprochen zu haben.

»Es tut weh, wenn mein Herz schlägt«, sagte Joe.

Charlie lachte matt, als hätte Joe etwas Lustiges gesagt. Es gelang ihm, eine Braue zu heben und zu flüstern: »Mir auch«, aber Joe verstand nicht, was er meinte.

»Hast du Donald Trump gesehen?«, fragte Joe.

Charlie schaute Joe sehr lange an, bevor er antwortete. »Ich verstehe deine Frage nicht«, sagte er. »Aber es geht mir nicht so gut.«

»Mir auch nicht«, sagte Joe. Er kroch zu Charlie hinüber, setzte sich neben ihn und lehnte sich ebenfalls an die Wand. Er verschränkte die Arme wie Charlie. Zwei Versager, zu erledigt, um dem anderen zu helfen.

»Was ist mit dir passiert?«, fragte Charlie.

»Owen hat Tomaten nach mir geworfen«, sagte Joe.

Charlie betrachtete die Beule und die Platzwunde an Joes Stirn.

»Tomaten?«, fragte Charlie.

»Sie waren in einer Dose«, sagte Joe.

»Ah, das erklärt ne Menge«, sagte Charlie.

»Ich glaube, Owen tyrannisiert mich«, sagte Joe.

»Das ist vorsätzliche Körperverletzung«, flüsterte Charlie.

Die beiden saßen eine Weile schweigend da. Ein Außenstehender hätte sie für zwei Jungs halten können, die nach einer wilden Party ihren Rausch ausschliefen. Joe öffnete den Mund und sog die Luft ein, als ihm einfiel, dass er Charlie etwas hatte fragen wollen.

»Warum bist du nicht zu dem Quiz-Abend gekommen?«

»Ich bin doch hier, oder?«, sagte Charlie, ohne die Augen zu öffnen.

»Ja, aber du bist viel zu spät gekommen, und du warst nicht beim Quiz dabei, du bist nur hier im Laden.«

»Ich hab's versucht«, sagte Charlie, legte den Kopf schief, machte die Augen ein bisschen auf und lächelte kaum merklich.

Joe betrachtete Charlie etwas genauer. Sein T-Shirt war rot gefärbt unter seinen Händen.

»Bist du auch mit Tomaten beworfen worden?«

»Nein. Prügelei.«

»Hast du dich geschützt?«

»Ja.«

»Warum bist du nicht weggelaufen?«

»Ging nicht.«

»Das wäre nicht passiert, wenn du zum Quiz gekommen wärst.«

Wieder saßen sie eine Weile schweigend da, und Joe hörte, wie sich Charlies Atmung veränderte, so als wäre er eingeschlafen. Joe klopfte ihm auf die Schulter, dann, als Charlie nicht reagierte, noch einmal etwas fester.

»Was?«, fragte Charlie, als wäre er betrunken.

»Ich bin froh, dass du gekommen bist, auch wenn du zu spät kommst. Chloe hat nämlich gesagt, du würdest nicht kommen.«

»Manchmal muss man was Neues ausprobieren«, sagte Charlie.

Joe nickte, das Konzept war ihm vertraut, das hatte seine Mum ihm immer und immer wieder gesagt, und er bemühte sich jeden Tag.

»Wenn man etwas Neues oft genug macht, ist es irgendwann etwas Altes«, sagte Joe.

»Stimmt«, sagte Charlie, aber Joe konnte ihn kaum hören. »Gib nicht auf, Joe, trau dich was.«

Joe sah Charlie mit zusammengekniffenen Augen an. »Warum klingst du wie Leute im Fernsehen, wenn sie sterben?«, fragte er.

»Vielleicht, weil ich sterbe«, sagte Charlie und nahm die Hände von seinem Bauch weg. Joe erschrak über das viele Rot und versuchte, von Charlie wegzurücken. Trotzdem faszinierte ihn, dass ein Stück Holz aus Charlies Bauch ragte.

»Was ist das?«, fragte er.

»Ein Stück von dem Schild, den du für mich gemacht hast«, sagte Charlie. Dann fielen ihm die Augen zu, und er sagte nichts mehr.

KAPITEL 71

Expositionstraining

Charlie ging es nicht gut, das stand fest. Und er blutete. Und, was vielleicht das Schlimmste war, es war Joe-Nathans Schuld. Er hatte Charlie den Schild gebastelt, damit er sich schützen konnte, nicht, damit er aufgespießt wurde. Joe hatte angenommen, er und Charlie wären in derselben Situation: 1. beide betrunken (jetzt dachte er allerdings, dass Charlie gar nicht betrunken war) und 2. beide mit dem Rücken an der Wand, die Arme vor der Brust verschränkt, weil es cool aussah (jetzt war ihm allerdings klar, dass Charlie nur versuchte, das Blut in seinem Körper zu halten). Charlie hatte Joe gesagt, er solle nicht aufgeben und es immer wieder probieren, und Joe erkannte, dass das vielleicht Charlies letzte Worte sein könnten, wenn er, Joe, nichts unternahm, um ihm zu helfen.

Joe brauchte Hilfe, um Charlie zu helfen. Er nahm sein Handy heraus, tippte *Hilfe* ein und schickte die Nachricht an Chloe. Dann starrte er genau eine Minute und eine Sekunde lang auf den Bildschirm. Sie antwortete nicht. Joe rappelte sich auf und wankte in Richtung Mosaik. Er bekam seine Gedanken nicht in den Griff: Er hatte eine Idee, aber sie entglitt ihm immer wieder wie etwas Öliges zwischen den Händen. Ihm dröhnte der Schädel, und es rauschte in seinen Ohren. Zuerst dachte er *Chloe*, dann dachte er *Pip*, dann *Hugo Boss*. All das bedeutete, dass er in die Lagerhalle gehen musste, aber die war plötzlich zu weit weg. Er ging wieder zu Charlie zurück, überlegte es sich anders und ging wieder in Richtung Mosaik, doch er stieß gegen ein Regal, und eine Pflanze fiel herunter, und der Topf zerbrach.

Joe betrachtete die Scherben und dachte daran, wie seine Mutter Eier aufgeschlagen und mit einem Schneebesen schaumig gerührt hatte. »Siehst du, Joe«, hatte sie gesagt, »es ist ganz einfach, etwas zu zerbrechen, aber sehr schwierig, es wieder zusammenzusetzen.« Die Scherben auf dem Boden verschwammen vor Joe, aber er wusste nicht, ob das daran lag, dass er betrunken war, oder ob er eine Gehirnerschütterung hatte oder das dringende Bedürfnis, sie zusammenzufegen. Dann schaute er zu Charlie hinüber und begriff, dass er ihm nicht würde helfen können, wenn er jetzt ohnmächtig wurde. Er hatte Angst, ohnmächtig zu werden, ehe er jemandem Bescheid geben konnte, dass Charlie Hilfe brauchte.

Während er versuchte, eine Entscheidung zu treffen, sah er einen Einkaufswagen mit Rückläufern, und er lächelte vor sich hin, froh über den Anblick von etwas Vertrautem. Dann wurde er wieder in die Gegenwart zurückkatapultiert. Er hörte das Echo von Charlies Worten: *Gib nicht auf, trau dich was.* Er begann, den Einkaufswagen leerzuräumen, vorsichtig Handtücher, einen Föhn, einen Satz Schraubenschlüssel und ein paar Kerzenleuchter auf den Boden zu legen. Dann ergriff er die Lenkstange des Einkaufswagens, als wäre sie der Lenker eines Motorrads und schob den Wagen zu Charlie.

Charlie war zur Seite gekippt und Blut auf den Boden gelaufen. Beim Anblick von all dem Roten, das aus seinem Freund herauslief, wurde Joe einen Moment lang schwarz vor Augen. Er wandte sich ab und atmete tief durch die Nase ein. Es war falsch, einfach *falsch* vom Universum zuzulassen, dass Menschen beim Anblick von Blut in Ohnmacht fielen. Wenn Blut im Spiel war, dann brauchten blutende Menschen Hilfe, keine anderen Menschen, die in Ohnmacht fielen.

Joe erinnerte sich daran, was Angus gesagt hatte, als er erklärt hatte, wie man seinen Körper in eine Mülltonne bekommen konnte. Er kippte den Einkaufswagen auf die Seite. Vermutlich war es einfacher und sauberer, wenn er Charlie in den Wagen schob oder rollte, anstatt ihn hineinzuheben.

Joe streckte eine Hand aus, um Charlie anzufassen, und es war, als müsste er sich überwinden, einen elektrischen Zaun anzufassen. *Trau dich was,* hörte er Charlie wieder sagen. Er betrachtete Charlies Gesicht: Es war schmerzverzerrt, obwohl Charlie schlief. Widerstrebend, aber mit Mut, richtete Joe den Einkaufswagen wieder auf und schob ihn näher an Charlie heran. Dann hockte er sich neben ihn, den Blick so gut es ging von der blutigen Schweinerei abgewandt. Er wimmerte, als er seine Arme unter Charlie schob, er spürte das nasse, klebrige Blut, und dann zwang ihn Charlies Gewicht auf die Knie. Seine Beerdigungshose war bestimmt ruiniert, und wenn er nicht bald Hilfe bekam, würde er sie bald wieder brauchen.

Joe schrie auf und spürte Tränen im Gesicht, als er Charlie hochhob, den rechten Arm unter seinen Knien, den linken unter seinem Rücken. Er hielt ihn fest und zugleich so vorsichtig wie ein Baby. Etwas Klebriges war an seinen Händen, und er versuchte, an etwas anderes zu denken, aber kein Gedanke konnte das grauenhafte Wissen verdrängen, dass das Warme, Nasse an seinen Händen und Armen Blut war. Das Einzige, was Joe antrieb, war der Gedanke, dass Charlie sterben konnte, wenn Joe sich nicht mit seinem Blut beschmierte, und von allen grauenhaften Vorstellungen war die, dass Charlie sterben würde, die unerträglichste.

Dreißig Sekunden lang fühlte Joe sich vollkommen entspannt, und zwar, als Charlie im Rückläuferwagen lag und Joe ihn durch den Laden in Richtung Ausgang schob, den Blick an die Decke geheftet und in dem Wissen, dass er auf dem Weg an einen Ort war, an dem es Leute gab, die helfen konnten: Leute im Krankenhaus. Nach zweiunddreißig Sekunden jedoch fand Joe sich in einer feindlichen Welt wieder, einer Welt, die seine körperlichen und mentalen Empfindlichkeiten bombardierte. Es war anstrengend, einen schweren Einkaufswagen über das Pflaster zu schieben, und das Pflaster vor dem Compass Store war zudem noch sehr uneben. Der Wagen prallte gegen einen Riss im Asphalt, sodass Charlies Kopf nach hinten geschleudert wurde und sein Gesicht gen Himmel zeigte (Mund offen, Augen geschlossen). Der Wagen wollte sich nicht mehr bewegen, egal, wie fest Joe schob. Also ging er um den Wagen herum, steckte seine Finger zwischen die metallenen Streben und hob die vorderen Räder über den Riss. Dann schob er den Wagen weiter und schaffte es bis zur Straße. Zum Glück herrschte so spät am Tag nicht viel Verkehr, und das Krankenhaus war so nah, dass Joe schon einen Teil des Gebäudes sehen konnte. Er musste sich beeilen, doch er fürchtete sich vor der Bordsteinkante; wenn ein Riss im Asphalt ihm schon solche Probleme bereitete, dann war es eine große Herausforderung, den Wagen von der Bordsteinkante herunter und auf der anderen Straßenseite wieder hinauf zu bekommen.

Joe blickte sich auf der Suche nach etwas um, das ihm Halt geben konnte. Da: der Friedensbaum. Er hob den Arm und machte das Friedenszeichen. Es war ein Moment, der ausreichte, ihm zu versichern, dass die Dinge, die ihm in seinem Leben Sicherheit gaben, immer noch da waren, wenn auch nur im Hintergrund und im schwindenden Licht kaum zu erkennen.

Joe schaute an sich hinunter. Er war überall voll Blut. Charlie lag mit weit offenem Mund da und rührte sich nicht; es war nicht zu erkennen, ob er tot oder lebendig war. Nichts an diesem Szenario gehörte zu Joes Komfortzone. Alles, was gerade passierte, war *neu*, bis auf die Tatsache, dass er einen Einkaufswagen schob. Und es gab nichts, woran Joe denken konnte, um sein Unbehagen zu lindern, er konnte nur weitergehen, bis er das Krankenhaus erreichte.

Joe erinnerte sich, wie seine Mum einmal einen Artikel über Phobien gelesen hatte, der so interessant gewesen war, dass sie mit vielen Leuten darüber gesprochen hatte. Er erinnerte sich, dass sie ihm von einer Methode erzählt hatte, mit der man eine Phobie heilen konnte; die Methode nannte sich *Expositionstraining*, und sie bestand im Wesentlichen darin, einen Menschen das, wovor er sich am meisten fürchtete, so oft machen zu lassen, bis er sich nicht mehr davor fürchtete. Angst brauchte Kraft, man fühlte ihre Stärke, auch wenn man sich selber nicht stark fühlte. Angst strengte an, vor allem, wenn man sie lange aufrechterhielt, und tatsächlich konnte man nach einer Weile so erschöpft sein, dass man nicht einmal mehr die Kraft hatte, Angst zu empfinden. Janet hatte sich gefragt, ob diese Methode Joe helfen könnte, mit manchen Dingen in seinem Leben zurechtzukommen. Aber Joe hatte mehr Energie als die meisten Menschen für Dinge, die er nicht mochte, und Janet hatte ihm diesen Trost nicht nehmen wollen. Warum sollte man einem Kind seinen Trost nehmen, selbst wenn es schon erwachsen war?

Joe hatte diese Methode noch nie ausprobiert. Was er jetzt machte, kam ihr aber sehr nahe.

KAPITEL 72

Nächste Angehörige

Die Frau an der Anmeldung wusste nicht, wer in einem schlimmeren Zustand war – der ziemlich ordentlich gekleidete bewusstlose junge Mann, der leblos in dem Einkaufswagen lag, oder der wild dreinblickende, keuchende, jammernde, blutbeschmierte junge Mann mit einer Beule am Kopf von der Größe eines Hühnereis, der den Einkaufswagen schob. Aber ihrer Erfahrung nach war Bewusstlosigkeit ein eindeutiges Zeichen für einen Notfall. Sie stand auf und rief Hilfe. Sofort kamen Leute angelaufen, hoben Charlie aus dem Einkaufswagen, sagten etwas von stabiler Seitenlage und untersuchten die Stichwunde. Es war fast so, als hätten sie auf Charlie und Joe-Nathan gewartet.

Sie schoben Charlie auf einer Trage durch eine Flügeltür, und Joe musste laufen, um mit ihnen Schritt zu halten.

»Ist das Ihr Freund?«, fragte ein Mann in einem weißen Mantel.

»Ja«, sagte Joe. »Er ist mein Freund.«

»Was ist mit ihm passiert?«

»Er hat ein Stück Holz im Bauch.«

»Ja. Aber wie ist das passiert? Hat ihn jemand angegriffen?«

»Ich ... ich weiß es nicht. Er hat sich geprügelt.«

»Mit wem? Wann?«

»Das weiß ich nicht.«

»Haben Sie ihn gefunden?«, fragte der Arzt. Während der Arzt Joe Fragen stellte, gab er anderen Leuten in weißen Kitteln, die um Charlie herumschwirrten, Anweisungen. Er war wie ein Mann, dem es leichtfiel, zwei oder drei Personen gleichzeitig zu sein. Das beeindruckte Joe, dem es schon schwer genug fiel, nur er selbst zu sein.

»Wir bereiten ihn für den OP vor«, sagte der Arzt.

»Den OP?«

»Ja. Und alles, was Sie uns sagen können, kann uns sehr nützlich sein. Vor allem, was den Zeitpunkt angeht.«

Joes Kinn bebte. Mit Uhrzeiten – oder wann etwas passiert war – kannte er sich normalerweise sehr, sehr gut aus. Es schmerzte ihn, ausgerechnet jetzt nicht korrekt antworten zu können, jetzt, wo es jemanden wirklich interessierte. Er schlug sich die Hände vors Gesicht, um seine Augen zu bedecken, doch als er seine roten Handflächen sah, das verkrustete Blut in den Linien, schrie er laut auf. Er wischte sich das Gesicht mit dem Jackenärmel ab, aber der war ganz steif von getrocknetem Blut, was ihn wieder aufschreien und schließlich in Tränen ausbrechen ließ. Er wollte weg von sich selbst, was natürlich unmöglich war, also trat er von einem Fuß auf den anderen.

»Sind Sie verletzt?«, fragte der Arzt und sah Joe besorgt an. »Haben Sie sich auch geprügelt?«

»Ja. Donald Trump hat eine Dose Tomaten nach mir geworfen. Aber es war Owen.«

Der Arzt warf einen argwöhnischen Blick auf Joes Stirn. »Okay«, sagte er und seine Stimme war plötzlich sehr viel sanfter als vorher. »Und Sie wissen nicht, wann Ihr Freund aufgespießt wurde?« Joe schüttelte den Kopf.

»Oder wer dafür verantwortlich ist?«

»Ich.«

»Sie haben ihn aufgespießt?«, fragte der Arzt mit geweiteten Augen.

»Nein!«

»Dann …? Ich verstehe nicht.«

»Ich bin dafür verantwortlich. Ich habe die Waffe hergestellt, doch als ich sie gemacht habe, war es keine Waffe. Es war ein Schild. Aber wenn man einen Schild zerbricht, wird er zu einer Waffe, das verstehe ich jetzt.«

»Viele Dinge können als Stichwaffe benutzt werden«, sagte der Arzt. »Sie müssen nur spitz genug sein.« Er lächelte.

Joe schaute den Arzt an, und seine Schultern senkten sich, und er atmete tief aus. »Ich kann mich nicht ansehen. Ich bin sehr schmutzig.«

»Warten Sie einen Moment, ich hole jemanden, der sich um Sie kümmert.« Der Arzt nickte Joe zu und hob eine Hand, wie um zu sagen: »Bleib hier stehen«, dann ging er zu einer Schwester und sprach außer Joes Hörweite mit ihr.

Joe wurde in einen sehr sterilen Raum gebracht, dort setzte er sich auf einen sterilen Stuhl und betrachtete den Fußboden, der blitzsauber war. Es war schön. Nur sich selbst durfte er nicht ansehen.

Neben ihm saß eine Schwester, die Chloe angerufen hatte. Seitdem hatte sie nichts mehr gesagt, aber das war auch schön.

Es klopfte an der Tür. Die Schwester machte die Tür auf und sagte so etwas wie, die Polizei würde kommen, um ihm Fragen zu stellen, und man würde Namen und Telefonnummern in ein Formular eintragen. Joe machte die Augen zu; noch mehr Überraschungen würde er nicht ertragen, nichts mehr, das neu war. Er hatte sich für heute genug getraut, und er wollte keinem Polizisten gegenübertreten, der womöglich mit Handschellen ankam. Wenn er Fragen beantworten musste, dann nur hinter seinen geschlossenen Augenlidern, sie waren der einzige Bereich seines Körpers, der sauber war.

Er hörte Leute in den Raum kommen und spürte, dass sie vor ihm standen.

»Gott, du siehst vielleicht scheiße aus«, sagte Chloe.

»Ehrlich gesagt, sehen wir alle scheiße aus«, sagte Hugo.

Joe machte die Augen auf: Vor ihm standen Chloe, Pip und Hugo Boss mit seinem Zylinder auf dem Kopf. Pip sah sehr traurig aus, sie ließ Hugos Arm los, an den sie sich geklammert hatte, und machte einen Schritt auf Joe zu, als wollte sie seine Schulter berühren.

»Du bist ja von Kopf bis Fuß –«

»Nicht!«, schrie er im letzten Moment, kniff die Augen zu

und blendete sie alle drei aus, ehe Pip Körperkontakt zu ihm herstellen konnte.

»Was zum Teufel ist passiert?«, fragte Chloe. »Woher hast du diese Scheißbeule am Kopf?«

»Charlie ist zum Quiz-Abend gekommen«, sagte Joe.

»Ja, das haben wir schon gehört. Es geht ihm sehr schlecht«, sagte Hugo.

»Er sagt, er hat die Prügelei nicht angefangen«, sagte Joe. »Und er hat auch nichts nach mir geworfen.« Vorsichtig berührte Joe die Beule an seiner Stirn. »Das war Owen«, sagte er.

»Warum hat er das getan?«, fragte Pip.

»Er hat gesagt, weil ich schuld bin, dass Charlie seinen Job verloren hat. Aber *Sie* haben ihn gefeuert.« Joe machte kurz die Augen auf, um Hugo anzusehen. »Ich kann ja überhaupt keinen feuern«, sagte Joe. »Solche Macht habe ich gar nicht.« Er machte die Augen wieder zu.

»Also, Owen hätte dich umbringen können, du musst ihn anzeigen, ich helfe dir dabei, Joe«, sagte Hugo. »Außerdem werde ich ihn feuern, und zwar mit dem größten Vergnügen«, fügte Hugo hinzu. »Ich gewöhne mich allmählich daran, Leute zu feuern«, sagte er leise zu Pip, die sich an ihn schmiegte.

»Ich glaube, Charlie wurde verletzt, bevor er in den Compass Store gekommen ist. Aber wir wissen nicht, was passiert ist.« Das war Chloes Stimme. Joe merkte, dass er sie weniger gut erkannte, wenn sie keine Schimpfwörter benutzte. »Hat er dir gesagt, wer ihm das angetan hat?«, fragte sie.

Joe antwortete nicht. Er konnte sich denken, wer Charlie verletzt hatte, aber danach hatte man ihn nicht gefragt; Charlie hatte ihm nicht *gesagt,* wer es getan hatte, und *danach* hatte Chloe gefragt.

»Joe? Weißt du, wer Charlie das angetan hat?«, fragte Chloe noch einmal.

»Er hat mir nicht gesagt, wer es getan hat«, antwortete Joe. So, damit war die Frage beantwortet, und das reichte Joe normalerweise. Aber diesmal nicht. Diesmal war er der Meinung, er sollte ihnen sagen, dass er sich denken konnte, wer Charlie verletzt hatte. So etwas tat er normalerweise nicht, vor allem nicht, wenn es um etwas ging, von dem er glaubte, dass es ein Geheimnis zwischen ihm und Charlie war. Doch so sehr er auch alles weitere Neue vermeiden wollte (alles war neu heute Abend), verspürte er, während er die drei Freunde darüber spekulieren hörte, wer es gewesen sein könnte, den Drang, ihnen seinen Verdacht mitzuteilen. Schließlich entsprach das dem Rat seiner Mum im gelben Buch:

Aber es kann auch passieren, dass ein Freund oder eine Freundin ein Geheimnis hat, das zur Gefahr werden kann, und dass du für Hilfe sorgen musst, und dann kann es natürlich sein, dass du jemand anderem von dem Geheimnis erzählen musst, um diese Hilfe zu bekommen. Falls dir das einmal passiert, musst du selber herausfinden, was das Beste ist.

»Charlies Dad«, sagte Joe mitten in das Gespräch der drei hinein.

»Der wurde bereits verständigt«, sagte Hugo. »Er ist schließlich der nächste Angehörige.«

Joe wusste nicht, was *der nächste Angehörige* bedeutete.

»Nächsteangehörige, nächsteangehörige«, sagte er und wiegte sich vor und zurück. Es war ein schönes Wort, nächsteangehörige, ein meditatives Wort. »Nächsteangehörige, nächsteangehörige, nächsteangehörige.«

»Moment mal, Joe«, sagte Chloe. »Hör auf damit. Bitte. Warum hast du ›Charlies Dad‹ gesagt?«

Joe unterbrach seinen Singsang, um Chloe zu antworten. »Weil ich es vermute«, sagte er, machte die Augen zu und neigte den Kopf in Richtung ihrer Stimme.

»Was vermutest du?«

»Ich vermute, dass Charlies Dad ihm mit dem Holzstück in den Bauch gestochen hat.«

»Was? Wie kommst du denn darauf?«

»Weil ich gesehen habe, wie er Charlie zusammengeschlagen hat. Ich glaube, ich habe gehört, wie er ihn die Treppe runtergestoßen hat. Ich habe gesehen, wie Charlies Dad ihn in den Rücken getreten hat, und einmal, als ich nicht da war, hat er ihm das Gesicht grün und blau geschlagen.« Joe unterbrach sich und machte die Augen auf. Hugo, Pip und Chloe starrten ihn schweigend an, als hätten sie seinen letzten Satz nicht richtig verstanden. Deswegen wiederholte er ihn für alle Fälle: »Er hat ihm das Gesicht grün und blau geschlagen.«

KAPITEL 73

Die falsche Option

Ehe am Samstag der Abend überhaupt angefangen hatte, war Charlies Dad schon betrunken gewesen. Es war Pech, dass er am Nachmittag unterwegs gewesen und vor seiner abendlichen Sauftour noch einmal zurück nach Hause gekommen war. Wenn Charlies Dad an dem Tag gearbeitet hätte, was er häufig tat, wäre er nach Hause gekommen, hätte in der Badewanne geschlafen, bis das Wasser kalt geworden war, wäre ausgestiegen, hätte sich angezogen und auf den Weg gemacht. Vielleicht hätte es ein Wortgefecht gegeben, aber es hätte genauso gut sein können, dass Charlie und er einander einen schönen Abend gewünscht hätten und mehr nicht; so etwas kam durchaus vor. Stattdessen war Charlies Dad um fünf Uhr ins Haus gewankt und hatte Streit gesucht.

Charlie kannte das Spiel. Wenn sein Dad schon am Nachmittag betrunken war, konnte er um seine Provokationen herumtanzen wie ein geschmeidiger junger Boxer, der den Schlägen eines sehr korpulenten, sehr langsamen Gegners auswich. Er ließ seinem Dad ein Bad ein und toastete zwei Scheiben Brot. Er butterte das Brot, machte etwas braune Soße warm und schüttete eine ganze Tüte Bacon-Chips hinein. Er gab die Chips mit der Soße auf eine Scheibe Brot, legte die andere darauf und drückte sie fest. Dann brachte er das Sandwich ins Wohnzimmer.

»Ein Bacon-Sandwich für Arme«, sagte Charlie, als er seinem Vater den Teller reichte. Jedes Mal, wenn er das machte, musste er daran denken, wie sein Vater gelacht hatte, als er ihm im Alter von ungefähr neun Jahren zum ersten Mal ein solches Bacon-Sandwich gemacht hatte. Es war eine glückliche Erinnerung, die ihn begleitete wie viele andere Erinnerungen an glückliche Momente, die sich tapfer bemühten, die unglücklichen Erinnerungen aufzuwiegen.

Aber diesmal lachte sein Dad nicht.

»Hau ab«, knurrte er kaum hörbar, nachdem er ein Stück abgebissen hatte und vergeblich versuchte, sich eine Zigarette zu drehen.

»Soll ich das für dich machen?«, fragte Charlie und deutete mit einer Kinnbewegung auf die Blättchen und die Tabakkrümel, die auf den Boden fielen.

Charlies Dad machte ein Geräusch, das ein Ja oder auch ein Nein sein konnte, und Charlie hockte sich hin, hob einen Klumpen Tabak auf und nahm seinem Dad das grün-goldene Päckchen aus der Hand. Im selben Augenblick schoss die andere Hand von Charlies Dad vor und packte ihn am Hals.

Charlie lächelte, und sein Dad lachte bellend und ließ ihn los. »Guter Junge«, brummte er, als wäre es das Gleiche, seinen Sohn zu würgen, wie ihm auf die Schulter zu klopfen.

Charlie saß im Schneidersitz auf dem Teppich und drehte ein paar ordentliche Zigaretten, während sein Dad das Sandwich aß. Charlies Dad hatte vom vielen Trinken ständig eine verstopfte Nase, deswegen aß er mit offenem Mund. Charlie legte die fertigen Zigaretten auf den Sofatisch und stand auf.

»Gehst du heute noch weg?«, fragte sein Dad. Charlie blieb in der Tür stehen, drehte sich aber nicht um. Er spürte den Blick seines Dads auf dem Hinterkopf.

Wenn zwei Menschen sich nahestehen, verstehen sie, was gesagt wird, aber vor allem verstehen sie, was nicht gesagt wird. Charlies Dad war nicht weniger scharfsinnig oder intelligent, wenn er betrunken war, aber er gab sich weniger Mühe zu verbergen, was er wirklich sagen wollte. Und das größte Problem daran war, dass es schwerer war, so zu tun, als hätte man die *eigentliche* Frage nicht verstanden.

Und die eigentliche Frage, die Charlie aus den Worten seines Vaters heraushörte, war: *Gehst du zu dem scheiß Quiz-Abend, du Schwuchtel?*

Charlie hatte jetzt drei Möglichkeiten: 1. Er konnte so tun, als hätte er die eigentliche Frage nicht gehört, aber sein Dad wusste, dass er sie sehr wohl gehört hatte, und dann musste er die Spannung aushalten, die daraus resultierte, dass sie beide wussten, was der andere dachte, aber nicht aussprach. 2. Charlie konnte die nicht gestellte Frage beantworten und zugeben, dass er tatsächlich zu dem Quiz-Abend gehen würde. 3. Charlie konnte lügen und behaupten, er hätte etwas anderes vor. Wenn er geschickt genug log, würde sein Dad das Thema vielleicht fallen lassen, und sobald sein Dad seine Sauftour angetreten hatte, würde Charlie frei sein. Aber jede Möglichkeit barg Risiken. Charlie musste sich für die Option entscheiden, die am unwahrscheinlichsten zu einem Streit führte.

An diesem Abend entschied Charlie sich für die falsche Option.

Ohne sich zu seinem Dad umzudrehen, sagte er: »Ich glaub, ich bleib heute mal zuhause, hock mich vor die Glotze und zieh mir 'n paar Bier rein.«

Charlies Dad stieß ein Husten aus, das wie ein wissendes Lachen klang. »Gute Idee, mein Sohn«, sagte er. »Dann bleib ich auch zuhause. Wir machen uns einen Männerabend.«

Charlie schloss die Augen und ließ fast unmerklich den Kopf hängen. »Ich lass dir schon mal ein Bad einlaufen«, sagte er und ging mit schweren Schritten die Treppe hoch.

Charlie saß auf dem Klodeckel, während das Badewasser einlief. Er hielt eine leere Flasche Schaumbad in der Hand, die geformt war wie ein kleiner Matrose, und Charlie betrachtete das lächelnde Gesicht.

»Was gibt's da zu lächeln, du Idiot?«, fragte Charlie die Schaumbadflasche.

Er roch an der leeren Flasche und war enttäuscht. Früher hatte dieses Schaumbad so sauber gerochen, jetzt stank es nach künstlichem Obst. Wieder betrachtete er das Gesicht des kleinen Matrosen. »Wollen wir tauschen?«, fragte er. Der kleine Matrose lächelte nur. »Hab ich mir schon gedacht«, sagte Charlie und warf die Flasche in den Mülleimer. Charlie wollte zu dem Quiz-Abend gehen. Er wusste selbst nicht genau, warum. Der Drang war so stark, als hätte sich ein Mädchen, das er mochte, mit ihm zu einem Date verabredet. Ein Quiz-Abend war langweilig, aber er war eine Fluchtmöglichkeit. Es fühlte sich an, als säße er in einem Gefängnis, und ein paar Sonderlinge hätten sich einen Plan für einen Ausbruch ausgedacht. Okay, es war nur ein Abend, aber irgendwie kam ihm die Sache wichtig vor.

Als die Wanne voll war, steckte er eine Hand ins Wasser und bewegte sie ein bisschen hin und her, um sich zu vergewissern, dass es die richtige Temperatur hatte.

Sein Vater wusste Bescheid. Er erinnerte sich garantiert, dass heute der Quiz-Abend war. Er hatte es sich gemerkt, aber nicht, weil er gut organisiert war oder sich für Charlies Leben interessierte. Nein. Er hatte sich das Datum des Quiz-Abends gemerkt, damit er es wie eine Waffe gegen Charlie benutzen konnte, wie eine Kugel für seine Pistole. Charlie stand da, die nassen Hände in die Hüften gestemmt, und starrte auf das Wasser, das sich noch kräuselte. Natürlich konnte er einfach gehen, während sein Dad in der Wanne lag, aber er konnte sich ausrechnen, was das für ein Nachspiel haben würde. War der Quiz-Abend die Prügel wert, die er beziehen würde, wenn er wegging, obwohl er gesagt hatte, er würde zuhause bleiben? Charlie schaute auf die Uhr. Es war noch früh, er konnte seinen Dad noch betrunkener machen, richtig besoffen; wenn er das nach einem heißen Bad machte, würde sein Dad mit ziemlicher Sicherheit einschlafen, und dann konnte Charlie weggehen und sich später zurück ins Haus schleichen. Sein Dad würde noch in seinem Sessel sitzen, den Mund weit geöffnet, während das Licht des Fernsehers auf seinem Gesicht tanzte. Und von nichts wissen. Es war riskant. Aber es war ein Plan.

KAPITEL 74

Unausgesprochene Kommunikation

Charlie brachte seinem Dad ein Bier ins Bad. Charlies Dad stellte die Bierdose auf seinem Bauch ab und schloss die Augen. Charlie wünschte ihm nicht, dass er unter Wasser rutschen und ertrinken würde, aber falls das passierte, konnte er nichts daran ändern. Es würde sowieso nie passieren, er brauchte sich wegen solcher Gedanken also kein schlechtes Gewissen zu machen. Charlies Dad war ein massiger Mann, der seit Jahren die Angewohnheit hatte, in der Badewanne einzuschlafen; seine fleischigen Füße waren wie zwei dicke Schinken, die ihn in der Badewanne einkeilten, sein Bauch sah aus wie der Rücken eines rosafarbenen Flusspferds, und er musste sich ziemlich krumm machen, um seine Schultern unter Wasser zu bekommen. Es war viel schwerer für Charlies Dad, seinen Kopf unterzutauchen, als ihn über Wasser zu halten, es bestand also keine Gefahr.

Eine halbe Stunde nachdem Charlie seinem Dad das Bier gebracht hatte, hörte er die Rohre ächzen, als der Stopfen aus der Wanne gezogen wurde und das Wasser ablief. Als sein Dad nach unten kam, gab Charlie ihm noch ein Bier und fragte, ob er Lust auf Dosenstechen hätte, nur so aus Spaß. Sein Dad war einverstanden, und sie gingen in den Garten. Sie hielten ihre Bierdosen waagerecht, sahen einander kurz an und schlugen mit einem Schlüssel ein Loch hinein. Während Charlie sich von oben bis unten mit Bier bekleckerte, leerte sein Dad seine Dose, ohne einen einzigen Tropfen zu verschütten.

»Idiot«, sagte Charlies Dad, als er dessen nasses T-Shirt sah. Sie gingen ins Haus und rauchten und sahen fern. Charlie fragte seinen Dad, was er später essen wollte, sie kommentierten die Fernsehsendung, redeten kurz über die Arbeit von Charlies

Dad, und Charlie bemühte sich, nicht hinzusehen, als seinem Dad die Augen zufielen, denn wenn sein Dad merkte, dass er ihn beobachtete, konnte es gefährlich werden.

Als der Atem seines Dads immer ruhiger wurde, drückte Charlie sich auf seinen Sessellehnen ab und stand auf. Er nahm die Fernbedienung und stellte den Ton am Fernseher lauter, damit er alle anderen Geräusche übertönte und sein Dad nicht aufwachte. Wie Luft glitt er aus dem Wohnzimmer, achtete darauf, im Vorbeigehen nichts unnötigerweise zu berühren. Vorsichtig und gekonnt schlich er die Treppe hoch, wobei er alle Stellen mied, die ein Geräusch machen konnten. Charlie kam nicht selten mitten in der Nacht nach Hause und wusste, was passierte, wenn eine Bodendiele knarrte. Als er auf halbem Weg nach oben war, klingelte sein Handy. Er lugte durch das Treppengeländer, um zu sehen, ob sein Dad sich bewegt hatte.

Hi, Charlie, kommst du zum Quiz-Abend?

Eine Nachricht von Joe. Charlie warf noch einen Blick zu seinem schlafenden Dad hinunter. Er schrieb eine Antwort und schlich weiter nach oben.

Warum nicht? Was sollte ich sonst an einem Samstagabend machen?

In seinem Zimmer zog Charlie sich seine nassen Sachen aus und warf sie auf den Boden. Ganz leise öffnete er ein paar Schubladen und zog eine frische Jeans und ein sauberes T-Shirt an und sprühte sich mit Deo ein. Dann nahm er ein paar Geldscheine aus seinem Sparstrumpf und steckte sie sich in die Hosentasche. Es war kaum noch Geld übrig; er brauchte unbedingt einen neuen Job.

Beim Verlassen seines Zimmers sah er sich noch einmal um. *In* seinem Zimmer gab es nichts zu sehen. Auf dem Treppenabsatz blieb er stehen und nahm sein Handy heraus. Als er sah, um welche Uhrzeit Joe seine Nachricht geschickt hatte, wurde ihm klar, dass er zu spät zu dem Quiz-Abend kommen würde. Er würde Joe schnell eine Nachricht senden, um ihn wissen zu lassen, dass er unterwegs war. Aber plötzlich legte sich ein Schatten über sein Blickfeld am Fuß der Treppe; im nächsten Moment stand sein Dad da. Alles an ihm wirkte besoffen, bis auf seinen Blick, der einen Schädel durchbohren konnte.

»Was machst du da?«, fragte sein Dad. Er lallte so stark, dass es klang wie *Wamassuda?*, aber Charlie verstand es genau.

»Nichts.«

»Mit wem redest du?« *Miwemredsu?* Charlies Dad wedelte mit einer Hand in Richtung von Charlies Handy.

»Mit niemand.«

Charlie wusste, dass er keine andere Wahl hatte, als zuzugeben, dass er vorhatte auszugehen. Oder er musste zuhause bleiben. Und er hätte zuhause bleiben können. Aber er sah Joe vor sich, Joe mit seinem dummen Lächeln, und Chloe, die ihn Kaugummi kauend anfunkelte, und Pip mit ihrem übertrieben netten Gesichtsausdruck, die ihm die Hand tätschelte, bis er irgendwas Sarkastisches sagte, und die ihm trotzdem das Gefühl gab, ein besserer Mensch zu sein. Und aus irgendeinem Grund wollte Charlie das alles haben. Es war wie ein großes Geschenk unterm Weihnachtsbaum, das für jemand anderen bestimmt war, aber er konnte nicht umhin, sich vorzustellen, wie es wäre, wenn diese Leute zu seinem Leben gehören würden, und sei es auch nur für ein paar Stunden.

»Ich hab's mir anders überlegt, ich geh doch aus«, sagte Charlie und hielt sein Handy hoch, als wäre das eine Erklärung. »Owen und die Jungs haben sich gemeldet. Ich treff mich mit ihnen im Pub.«

»Ich dachte, wir machen 'n Männerabend.«

»Du hast geschlafen, als die mir ne Nachricht geschickt haben, da dachte ich …«

»Und was ist mit dem Quiz-Abend?«

Charlie runzelte die Stirn. »Hä?«

»Der Quiz-Abend. Da willst du doch hin.«

»Nein, sei nicht blöd. Ein scheiß Quiz-Abend?«

»Blöd?« Charlies Dad legte den Kopf schief.

Charlie ging die Treppe hinunter. Er hasste es, oben in der Falle zu sitzen, wenn sein Dad wütend war, es war so weit bis zur Haustür und fast unmöglich, um seinen Dad herumzukommen.

»Nicht du. Nur die Idee, ich würde zu einem Quiz-Abend gehen.« Charlie kniff die Augen zusammen und schüttelte den Kopf, um zu unterstreichen, dass der Gedanke bescheuert war, er könnte zu einem Quiz-Abend gehen.

»Ich glaub, genau da willst du hin.«

»Nee, nur in den Pub«, sagte Charlie so lässig wie möglich.

Charlies Füße waren jetzt auf der Höhe der Hände seines Dads, die locker herunterhingen. Charlie blieb stehen, und sein Dad durchbohrte ihn mit diesem Blick, in dem die schreckliche Wahrheit unausgesprochener Kommunikation lag.

Eine Hand schoss nach vorne, packte Charlie am Knöchel und zog. Charlies Handy flog durch die Luft, sein Rücken und sein Hinterkopf knallten auf die Treppe, doch es gelang ihm, seinen Fuß loszureißen und wie eine rückwärts krabbelnde Spinne ein paar Stufen nach oben zu flüchten. Wieder trafen sich ihre Blicke, und Charlie wartete, bis ihm dämmerte, dass er den Moment hätte nutzen und entkommen können. Die nächsten Sekunden würde er nicht vergeuden. Er drehte sich um und flüchtete auf Händen und Füßen die Treppe hoch. Sein Dad erwischte seinen Schuh, doch Charlie konnte sich befreien. Wie ein Troll stieg sein Dad die Treppe hoch: langsam, aber in der Gewissheit, dass seine Beute kein Versteck finden würde, wenn er erst einmal oben war. Charlie blickte sich um wie ein gejagtes Tier und begriff, dass er verloren hatte.

Er schaute nach links und nach rechts, es gab nichts, was ihm helfen konnte, keine Waffe, kein Versteck. Dann entdeckte er etwas Helles, das unter seinem Bett hervorschaute. Er bückte sich, zog Joes Schild hervor und hielt ihn vor sich, als sein Dad in sein Zimmer stürmte.

Ein Tritt traf ihn zwischen den Beinen, der Schmerz war wie ein greller Blitz, der ihm den Atem raubte, und Charlie ging zu Boden. Sein Dad riss ihm den Schild aus der Hand und sagte ganz ruhig: »Was zum Teufel ist das?« Dann holte er aus und warf den Schild gegen die Wand. Charlie hörte das Holz krachen und splittern und seinen Dad fluchen, dann sah er, wie sein Dad seine Handfläche betrachtete, aus der ein großer Splitter ragte. Charlies Dad verzog das Gesicht und sah aus wie ein Riesenbaby, das gleich anfangen würde zu weinen. Charlie witterte seine Chance und versuchte, an seinem Dad vorbeizukommen. Doch der packte ihn mit beiden Händen und schleuderte ihn wie eine Stoffpuppe gegen die Wand, genauso wie er es vorher mit dem Schild gemacht hatte, und Charlie landete auf den zersplitterten Teilen.

KAPITEL 75

Der Rückläufer

Charlies Dad ließ seinen Sohn auf dem Boden liegen und ging nach unten, während er versuchte, sich den Splitter aus der Hand zu ziehen. Als er unten ankam, wusste er schon nicht mehr, worum es bei dem Streit mit Charlie gegangen war. Und als er sich in seinen Sessel fallen ließ, hatte er den Streit komplett vergessen, er erinnerte sich nicht mehr, dass sein Sohn oben bäuchlings auf dem Boden lag. Und der »nächste Angehörige« kam an dem Abend auch nicht ins Krankenhaus, weil er besoffen vor dem Fernseher schlief, und als die Polizei am nächsten Morgen kam, musste man ihn an das erinnern, was er getan hatte.

Charlie wusste nicht mehr, wie er es die Treppe hinunter und aus dem Haus geschafft hatte. Er erinnerte sich nicht mehr, dass er auf sein Handy gesehen und gedacht hatte, er sollte Joe-Nathan eine Nachricht schicken und ihn um Hilfe bitten. Das Erste, woran er sich erinnerte, nachdem sein Dad ihn in seinem Zimmer gegen die Wand geschleudert hatte, war Joe, der im Compass Store rücklings auf dem Boden lag, Arme und Beine von sich gestreckt wie ein Seestern. Und das Letzte, woran er sich erinnerte, war, dass er zu Joe gesagt hatte, er werde vielleicht sterben. Er wusste nicht, dass er in einem Einkaufswagen ins Krankenhaus gebracht worden war.

Joe fand das Krankenhaus großartig, aber er fand es schrecklich, das Verdreckteste darin zu sein. Am Quiz-Abend hatten Hazel und Angus ihn dort abgeholt und nach Hause gebracht, und nachdem er geduscht hatte, hatte er sich in einem frischgebügelten Schlafanzug vier Folgen von *F.R.I.E.N.D.S* angesehen und war ins Bett gegangen. Am Sonntag war er zur korrekten Uhrzeit aufgestanden, hatte gefrühstückt und sein Geschirr abgewaschen. Dann hatten Hazel und Angus ihn wieder zum Krankenhaus gebracht, und er war froh, wieder in diesem blitzsauberen weißen Gebäude zu sein, in dem Schuhsohlen auf gebohnerten Böden quietschten. Zur Besuchszeit kamen auch Chloe, Pip und Hugo.

Joe fühlte sich nicht nur ausgesprochen entspannt im Krankenhaus, er war auch froh, Charlie in dem Krankenhausbett zu sehen, weil er einfach freier atmen konnte in dem Wissen, dass Charlie hier war, auch wenn das kein Ort war, an dem er Charlie jemals gesehen hatte oder wo Charlie langfristig hingehörte.

Charlie war kein normaler Rückläufer, denn es war nicht klar, wohin er zurückgebracht werden sollte. Auch Chloe war kein typischer Rückläufer, denn die gehörte einfach überall hin, so als wäre sie selbst der Ort, an den sie gehörte. Joe dagegen gehörte an ganz bestimmte Orte, und zwar zu ganz bestimmten Zeiten. Er war *der* Rückläufer, der allertypischste Rückläufer. Aber Charlie? Nein, Charlie schien nirgendwo hinzugehören, und so gab es keinen Ort, an den er zurückkehren konnte.

Und solange Joe nicht wusste, an welchen Ort auf der Welt Charlie gehörte, war Joe froh, ihn – zumindest vorübergehend – zwischen sauberen, weißen Laken zu wissen, satt und sicher. Das musste vorerst reichen.

»Um wie viel Uhr wacht Charlie auf?«, fragte Joe.

»Keiner hat einen Wecker gestellt, Joe, wir müssen einfach warten«, sagte Chloe.

»Außerdem gibt es wichtigere Fragen als die, wann er aufwacht«, sagte Hugo.

»Welche denn?«, fragte Joe, und alle schauten auf ihre Füße.

Pip stupste Hugo mit dem Ellbogen an, und Hugo zuckte die Achseln und schaute Joe an. »Zum Beispiel, ob Charlie seinen Dad anzeigen will. Ob das, was du über ihn erzählt hast, stimmt«, sagte er.

»Manche Leute wollen ihre Eltern nicht in Schwierigkeiten bringen«, sagte Pip.

»Das weiß ich«, sagte Joe. »Außerdem könnte ich mich irren.«

»Irren?«, fragte Hugo. »Soll das heißen, du bist dir nicht sicher, ob Charlies Dad ihn schlägt?«

»Na ja«, sagte Joe und sah Chloe an. »Chloe hat gesagt, dass ich wahrscheinlich immer falschliege, wenn es darum geht, einen wie Charlie einzuschätzen.«

»Sorry, Joe. War scheiße von mir, das zu sagen«, sagte Chloe. Sie lächelte sogar ein *Sorry*-Lächeln. Pips Lächeln sagte *Alles wird gut,* und Hugos Lächeln sagte *Wir können nur warten.*

Joe fragte sich, wie viele verschiedene Arten von Lächeln es wohl geben mochte, denn es schienen so furchtbar viele zu sein. Im Prinzip konnte man ja egal was denken und gleichzeitig lächeln, was bedeutete, dass die Möglichkeiten nur durch die Anzahl der Gedanken begrenzt waren, die man denken konnte.

KAPITEL 76

Im Buch stehen

Die Plastikstühle vor Charlies Zimmer standen zu dicht beieinander, und Joe-Nathans Augen weiteten sich, wenn jemand kam und Anstalten machte, sich neben ihn zu setzen. Sein entsetztes Gesicht reichte jedoch aus, um alle abzuschrecken.

»So«, sagte Hazel und stellte ihre Handtasche auf den Stuhl rechts neben Joe und eine Wasserflasche auf den Stuhl links neben Joe. »Jetzt setzt sich da keiner hin.«

Joe warf einen kurzen Blick auf die Handtasche, um sich zu vergewissern, dass der Schultergurt sich nicht in der Nähe seines Beins befand.

Chloe schaute auf ihre Uhr. »Ich kann nicht lange bleiben«, sagte sie.

»Warum nicht?«, fragte Joe.

»Ich hab zu tun«, sagte sie vage. Alle schauten sie an. »Und ich kann Krankenhäuser nicht ausstehen.« Angus nickte. »Okay, es *langweilt* mich hier«, gab sie zu und warf die Hände in die Luft, als hätte das Schweigen ihrer Gefährten sie gezwungen, ihren wahren Grund preiszugeben.

»Ich kann es auch nicht leiden, rumzusitzen und zu warten«, sagte Angus. »Deswegen stellen sie ja auch diese Automaten auf, damit man sich die Wartezeit vertreiben kann.«

Chloe und Angus gingen los, um Getränke für alle zu holen, außer für Joe, der sich weigerte, irgendetwas zu sich zu nehmen, was aus so einer merkwürdigen Maschine kam.

»Hat die Polizei schon mit Charlie gesprochen?«, fragte Hazel.

»Gestern waren zwei Polizisten hier und haben ihm Fragen gestellt, aber Charlie war nicht in der Verfassung, mit ihnen zu reden«, sagte Pip.

»Er war bewusstlos«, stellte Hugo klar.

»Genau.«

»Aber sie haben mit Joe gesprochen und ihn gefragt, was er darüber weiß, was mit Charlie passiert ist. Das Problem ist, dass niemand es genau weiß.«

»Also wirklich«, sagte Hazel. »Ich glaube, wir alle wissen ganz genau, was vorgefallen ist.«

»Wir sollten keine Vermutungen anstellen«, sagte Pip. »Das kann gefährlich sein.«

»Meine Mum hat im gelben Buch etwas über Vermutungen geschrieben«, sagte Joe.

»Ja«, sagte Pip. »Das hast du schon mal erwähnt.«

Joe öffnete seine Tasche, die auf seinem Schoß lag.

»Hast du das Buch immer dabei?«, fragte Hazel.

»Ich habe mein Handy und meine Brieftasche immer dabei, weil sie für das tägliche Leben und für Notfälle wichtig sind. Das gelbe Buch ist auch wichtig für das tägliche Leben und für Notfälle. Es ist also naheliegend, dass ich es ebenfalls immer dabeihabe.«

»Ach, Joe«, sagte Hazel, und ihr Kinn bebte, und Joe betastete sein eigenes und rief sich in Erinnerung, wie er sich bei anderen Gelegenheiten gefühlt hatte, wenn es bebte. Er legte das gelbe Buch auf seine Tasche, schlug es auf und glättete die Seiten mit der Hand.

Vermutungen sind etwas, das die Leute gern für die Wahrheit halten, obwohl es keinen Beweis dafür gibt.

Es ist schwer, keine Vermutungen über Leute und Situationen anzustellen, du solltest es dir also ruhig gestatten, aber vergiss dabei nicht, dass du dich irren könntest. Frag am besten nach, wenn du fürchtest, dass deine Vermutungen deine Beziehung zu jemandem negativ beeinflussen könnten. Vermutungen sind müßig, aber wir stellen sie an, weil Vermutungen nützlich sein und einem in manchen Fällen sogar das Leben retten können. Manchmal ist es schwer, den Unterschied zwischen einer Vermutung und einem Bauchgefühl zu erkennen, denn beides fühlt sich sehr ähnlich an.

In solch einem Fall rate ich dir, deinem Bauchgefühl zu folgen, auch auf die Gefahr hin, dass du jemanden ärgerst. Es wird sich später zeigen, ob du recht hattest oder nicht. Was ich damit sagen will, ist: Wenn dein Bauch dir sagt, sieh zu, dass du wegkommst, dann tu das.
Die Leute werden dein Leben lang Vermutungen über dich anstellen. Sie werden glauben, sie wüssten sehr viel über dich, obwohl sie nur über wenige Informationen verfügen. Aber woher sollen sie dich kennen, Joe, wenn sie noch nie mit dir gesprochen oder gesehen haben, wie du lebst? Sie glauben, dich zu kennen, weil sie sehen, wie du aussiehst, aber wie soll das gehen? Du bist viel, viel mehr als dein Aussehen. Dein Aussehen ist ein winziger Teil von dir. Deswegen stelle bitte keine Vermutungen allein aufgrund von Äußerlichkeiten an. Die Leute werden Vermutungen über dich anstellen aufgrund der Wörter, die du benutzt, aufgrund der Dinge, die du sagst. Aber du musst vorsichtig sein, denn manchmal ist die Art und Weise, wie etwas gesagt wird, wichtiger als die eigentlichen Worte. Nicht jedes Lächeln ist gut, und ein ernstes Gesicht kann statt Aufrichtigkeit auch Sarkasmus ausdrücken. Du musst – noch mehr als alle anderen – sehr wachsam sein und auf dein Bauchgefühl vertrauen.

Joe blickte auf. Er erinnerte sich daran, wie er zum ersten Mal zu Charlie gegangen war und Charlies Dad freundliche Dinge gesagt hatte, die sich gemein angefühlt hatten, und Charlie Gemeinheiten von sich gegeben hatte, während sein Bauchgefühl ihm gesagt hatte, dass das alles sehr nett gemeint war. Er konzentrierte sich wieder auf das Buch und las weiter.

Du kannst ruhig Vermutungen anstellen, aber denk dran, dass sie dich in die Irre führen können.
Wenn du irgendwann vermutest, dass jemand oder etwas gefährlich ist, lass für alle Fälle Vorsicht walten, das ist nur vernünftig.

P.S.: Das hier schreibe ich viel später, um dir noch ein konkretes Beispiel zu geben. Deine Freundin Chloe ist der Typ junge Frau, über die die Leute Vermutungen anstellen. Sie sehen die Art, wie sie sich präsentiert, und sie hören, wie sie sich ausdrückt, aber wenn sie nicht aufpassen, bekommen sie das Wichtigste nicht mit, nämlich ihre klaren Werte, ihre Loyalität und ihre Ehrlichkeit, lauter Eigenschaften, die sie zweifellos immer mal wieder in Schwierigkeiten bringen, die aber trotzdem das Beste sind, was man sich bei einer Freundin wünschen kann. Vermutungen basieren auf dem ersten und flüchtigsten Eindruck, den wir von einem Menschen haben. Und jeder halbwegs intelligente Mensch weiß, dass das nicht reicht.

Joe klappte das Buch zu und legte die verschränkten Hände darauf. »Wenn ich den Rat meiner Mum richtig verstehe, wäre es in der jetzigen Situation gefährlich, *nicht* zu vermuten, dass Charlies Dad ihn schlägt.«

Alle schwiegen, und als Joe in ihre Gesichter schaute, sah er, dass sie nicht ihn, sondern jemand anderen ansahen. Er folgte ihrem Blick und landete bei Chloe.

»Ich hab deine Mum immer gemocht«, sagte Chloe.

»Ich wünschte, sie hätte noch länger gelebt und auch was über mich in ihr Buch geschrieben«, sagte Pip. Joe wandte sich ihr zu. »Ich meine, nicht nur deswegen. Ich wünschte einfach, sie würde noch leben, Punkt. Aber in dem Buch zu stehen ...« Pip seufzte.

»Vielleicht schreibe ich ja auch mal ein Ratgeberbuch, dann kannst du da drinstehen«, sagte Joe.

»Wirklich?«, fragte Pip. »In welchem Kapitel denn?«

»Ich werde ein Kapitel über Freundlichkeit schreiben. Darin könntest du vorkommen.«

Pip schluckte, und Hugo drückte ihre Hand.

»Vielleicht schreibe ich ja auch ein Kapitel darüber, wie man einen Quiz-Abend vorbereitet, und da kannst du dann auch drinstehen.«

KAPITEL 77

Keiner weiß, wo er hingehört

Als die Polizisten kamen, bildeten sie in ihren Uniformen und mit ihrer aufrechten Haltung einen krassen Gegensatz zu den Leuten, die vor Charlies Zimmer saßen und die inzwischen alle (außer Joe) ziemlich mitgenommen aussahen.

Kurz bevor die Polizisten gekommen waren, hatte eine Schwester Joe und den anderen geraten, nach Hause zu gehen, und ihnen versprochen, sie anzurufen, sobald es Neuigkeiten gab. Woraufhin Chloe sich aufgerichtet hatte und sich schon ihre Jacke anziehen wollte, als Pip sagte: »Wir warten, sowas machen Freunde. Jedenfalls enge, treue Freunde«, fügte sie mit einem strengen Blick in Chloes Richtung hinzu.

»So enge Freunde sind Charlie und ich nicht, falls dir das noch nicht aufgefallen ist«, schoss Chloe zurück.

»Du bist seinetwegen hier, nicht seinetwegen«, sagte Pip und deutete zuerst mit dem Kopf in Joes Richtung und dann in Richtung der Tür, hinter der Charlie im Bett lag.

Hazel und Angus waren schon früher gegangen, nachdem Angus geknurrt hatte, er langweile sich zu Tode, und »Nur im Kino warten Freunde im Krankenhaus, bis jemand aufwacht, aber nicht im richtigen Leben«. Und Chloe sah auch nicht ein, warum sie noch länger vor Charlies Zimmer herumsitzen sollte. Sogar Hugo gab schon komische Geräusche von sich. Die Polizisten waren also eine willkommene Ablenkung.

»Ist hier ein Joe Nathan?«, fragte einer von ihnen.

»Ich bin Joe-Nathan«, sagte Joe und hob eine Hand.

»Wären Sie bereit, sich kurz mit uns zu unterhalten, Mr. Nathan? Zusammen mit einem Ihrer Freunde?«

Chloe stand auf. »Joe-Nathan ist sein Vorname«, sagte sie. »Ich komme mit. Zur moralischen Unterstützung.«

»Sind Sie damit einverstanden, Mr. Nathan?«, fragte der größere der beiden Polizisten.

»Joe-Nathan«, sagte Joe. »Nicht Mr. Nathan.«

»Sie können mich Tom nennen«, sagte der Polizist und streckte Joe die Hand hin. Joe-Nathan schüttelte ihm (und allen anderen) die Hand, dann wurden er und Chloe in ein Zimmer geführt, wo sie sich alle an einen Tisch setzten. Die beiden Polizisten saßen Joe gegenüber und lächelten. Einer hatte ein Klemmbrett und einen Stift.

Joe fragte sich, was wohl auf dem Blatt auf dem Klemmbrett stand, und stellte sich vor, dass dort in Rot stand: »Sollte Joe-Nathan ins Gefängnis kommen?«, und unter diesem Satz stellte er sich zwei Kästchen vor, neben dem einen stand *ja*, neben dem anderen *nein*. Der Stift würde für das Häkchen benutzt werden, je nachdem, wie Joes Antworten ausfielen.

Joes Handflächen begannen zu schwitzen, er spürte ein Kribbeln unter den Achseln, und die Hitze stieg ihm über den Rücken bis in den Nacken hoch. Er stellte sich vor, er wäre im Gefängnis: Er würde keinen eigenen Fernseher haben, er würde nicht jeden Abend F.R.I.E.N.D.S sehen können, er würde sich eine Zelle mit einem massigen, tätowierten Mann teilen, er würde sich keine eigene Lunchbox packen können, er würde nicht mehr zum Compass Store gehen und auf dem Mosaik stehen können, es würde keine Bäume geben, denen er zuwinken konnte, die Fotos seiner Eltern würden bei den Mahlzeiten nicht über dem Tisch hängen. Außer ... Vielleicht würde man ihm ja erlauben, diese Fotos mitzunehmen, wenn er verhaftet wurde.

Joe begann, sich vor und zurück zu wiegen. Er machte die Augen zu und stellte sich den Peace-Baum in der Nähe seiner Arbeit vor. Er hob eine Hand und machte das Friedenszeichen und fragte sich, ob er sich die Bäume alle vorstellen und ihnen zuwinken könnte, wenn er im Gefängnis saß.

»Alles in Ordnung mit Ihnen?«, fragte Tom.

»Wenn ich ins Gefängnis komme, kann ich dann die Fotos von meinen Eltern mitnehmen?«, fragte Joe.

Tom schaute Chloe an, kniff kaum merklich die Augen zusammen und wandte sich wieder Joe zu.

»Sie kommen nicht ins Gefängnis. Deswegen sind wir nicht hier.«

»Oh.« Joe holte so tief Luft, dass er Angst hatte, es würde nicht genug Luft im Zimmer übrigbleiben, wenn niemand ein Fenster öffnete.

»Wir wollen uns nur ein genaueres Bild davon machen, was mit Charlie Parker passiert ist.«

Das war aufregend: Charlies Nachnamen hatte Joe gar nicht gekannt. Er schaute Chloe an und lächelte.

»Was gibt's zu grinsen?«, fragte sie und lächelte zurück.

»Erstens: Ich komme nicht ins Gefängnis. Zweitens: Charlies Nachname. Er gefällt mir! Charlie Parker war ein amerikanischer Jazz-Musiker, er hat Saxofon gespielt.«

Chloe lächelte die Polizisten an. »Vielleicht sollten Sie jetzt Ihre Fragen stellen. Und versuchen Sie bitte, ihn zu verstehen, auch wenn es nicht so einfach ist.«

»Okay, bitte, machen Sie sich keine Sorgen, Joe, Sie werden keinen Ärger bekommen. Wir wollen uns nur ein möglichst genaues Bild von Charlies Situation machen, und wir glauben, dass Sie uns einige Informationen liefern können. Sie brauchen sich nicht zu fürchten. Sie wirken wie jemand, der die Wahrheit sagt und hilfsbereit ist, und mehr wollen wir nicht.«

Chloe verschränkte die Arme und lehnte sich auf ihrem Stuhl zurück. Zum ersten Mal in ihrem Leben fand sie einen Polizisten beinahe attraktiv. Es war irritierend, aber nicht unangenehm.

»Also, Joe, Sie haben selbst einen harten Abend hinter sich ...« Der Polizist zeigte auf seine eigene Stirn, woraufhin Joe vorsichtig das Pflaster berührte, das man ihm über seine Platzwunde geklebt hatte.

»... und trotzdem haben Sie es geschafft, Ihrem Freund zu helfen. Sie haben Charlie wahrscheinlich das Leben gerettet.«

Joe erstarrte und sah Tom mit großen Augen an.

»Wirklich?«

»Na ja, man hätte ihm auf einfachere Weise das Leben retten können, aber ehrlich gesagt, Sie haben ihn zwar auf eigenwillige Weise hergeschafft, aber ja, damit haben Sie ihm das Leben gerettet.«

Joe lächelte.

»Ich weiß, dass man Ihnen diese Frage schon einmal gestellt hat, aber wissen Sie, um wie viel Uhr Sie Charlie gefunden haben?«

Joe schüttelte den Kopf. Schon wieder diese Frage. Die Frage, die er so gern beantworten würde.

»Also«, sagte Chloe. »Ich hab Joe gegen acht zum Duschraum gebracht, und als ich nochmal hingegangen bin, um zu sehen, wo er blieb, war er weg, und da war es halb neun. Dazwischen muss er Charlie gefunden haben.«

»Danke, das hilft uns sehr«, sagte Tom, und der andere Polizist notierte etwas auf dem Klemmbrett.

Joe-Nathan schaute erst Chloe, dann den Polizisten an. *Das* half ihnen? Wie konnte das helfen? So ungenau, wie es war.

»Und wissen Sie, wie es dazu kam, dass Charlie das Holzstück in den Bauch gerammt wurde?«, fuhr Tom fort.

»Ich weiß nicht genau, was passiert ist«, sagte Joe, während er seine Hände betrachtete, die auf seinem Schoß lagen.

»Können Sie mir sagen, was Sie vermuten?«, sagte der Polizist sanft und langsam.

Joe musterte das Gesicht des Polizisten. Er war erleichtert, dass er ihm die Frage gestellt hatte, denn genau diese Frage wollte er beantworten.

»Ich glaube, Charlie Parkers Dad hat es getan.«

»Und wie kommen Sie darauf?«

Joe schluckte, und er spürte, wie sein Adamsapfel sich in seinem Hals auf und ab bewegte, als wäre er plötzlich zu groß.

»Lassen Sie sich Zeit«, sagte der Polizist.

»Weil ich schon einmal gesehen habe, wie sein Dad ihn zusammengeschlagen hat, und einmal habe ich Charlie mit zwei blauen Augen und einer geschwollenen Nase gesehen, und einmal habe ich hier blaue Flecken an ihm gesehen.« Er drehte sich zur Seite und zeigte zuerst auf seine Nieren und dann auf seine Rippen. »Und hier.« Er zeigte auf weitere Stellen an seinem Körper. »Ich habe ihm Arnikasalbe gebracht für die blauen Flecken.«

Der Polizist nickte und notierte sich etwas. Joe war froh. Jetzt wusste die Polizei, dass er versucht hatte zu helfen, jetzt würde er nicht ins Gefängnis kommen. Der Polizist schaute Joe freundlich an und machte seine Augen ein bisschen schmal. »Als Sie gesehen haben, wie Charlie zusammengeschlagen wurde, was ist da passiert?«

»Charlie hat mich unter seinem Bett versteckt.« Joe dachte an die Staubmäuse auf dem Teppichboden und machte die Augen zu, um die Erinnerung zu verscheuchen. »Und dann habe ich sein Gesicht beobachtet, während sein Dad ihn in den Rücken getreten hat.«

Einen Moment lang herrschte Schweigen. Chloe schlug die Beine übereinander und stellte sie wieder nebeneinander, schlug sie wieder übereinander und verschränkte die Arme noch fester. Sie hörte nicht auf, bis Joe ihre Hampelei auffiel. Als er sie anschaute, sah er, wie aufgebracht sie war.

»Was ist los, Chloe?«, fragte er. Aber Chloe zog nur die Nase kraus und schüttelte den Kopf.

»Das klingt furchtbar«, sagte der Polizist, und Joe wandte sich wieder ihm zu.

»Das war es auch!«, sagte Joe mit großen Augen. »Charlie hat mir ins Gesicht gespuckt, als es passiert ist. Das wollte er gar nicht, aber es war schrecklich.« Joe wedelte mit der Handfläche vor seinem Gesicht. »Ich hatte seine Spucke überall.« Er schüttelte sich bei der Erinnerung und verstand nicht, warum Tom lächelte.

»Wissen Sie, ob Charlie irgendwelche Verwandte hat?«

»Ja«, sagte Joe.

»Wen?«

»Seinen Dad«, sagte Joe.

»Nein, entschuldigen Sie.« Tom warf einen kurzen Blick in Chloes Richtung. »Ich meine, wissen Sie, ob Charlie *außer* seinem Dad noch andere Verwandte hat?«

»Ach so. Nein. Ich habe ihn mal gefragt, wo seine Mutter ist, und da hat er geantwortet: ›Gute Frage‹. Aber er hat die Frage nicht beantwortet.«

»Und Sie wissen auch nicht, wo Charlie hingehen könnte? Wo er in Sicherheit wäre?« Tom schaute Joe und Chloe an. »Aber wir werden Charlie auch selbst fragen, sobald er aufwacht.«

»Nein«, sagte Joe. »Es gibt keinen Ort für Charlie. Er ist ein Rückläufer, der nirgendwohin zurückkann. Keiner weiß, wo er hingehört. Es gibt keinen Ort, wo er hin kann.«

KAPITEL 78

Wo wir hingehören

Joe-Nathan hatte eine Störung. »*Rückläufer-Rückläufer-Rückläufer-Rückläufer*«, wiederholte er immer wieder, und Chloe hörte Tom leise zu seinem Kollegen sagen: »Ich glaube, das reicht, der Staatsanwalt muss das entscheiden, aber das ist mindestens schwere Körperverletzung. Sobald Charlie reden kann, werden wir erfahren, ob sein Vater versucht hat, ihn aufzuspießen.«

Der Polizist wandte sich wieder Joe zu.

»Danke für Ihre Informationen. Sie haben uns sehr geholfen.«

Joe-Nathan hörte auf, *Rückläufer* zu sagen.

»Gut gemacht, Joe. Sie haben Charlie sehr geholfen. Und es ist nicht einfach, einen Menschen in einen Einkaufswagen zu verfrachten, da braucht man viel Kraft und Entschlossenheit. Alle Achtung.«

»Charlie ist ein Rückläufer, aber er gehört nirgendwo hin«, sagte Joe.

»Manche Leute brauchen länger als andere, um herauszufinden, wo sie hingehören«, sagte Tom nickend.

»Stimmt«, sagte Chloe und nickte im Takt mit Tom.

»Er hat keinen Ort, wo er hingehen kann«, sagte Joe.

»Er kann nach Hause gehen«, sagte der andere Polizist.

»Nein, da kann er nicht hin. Da ist er nicht sicher. Und da ist es nicht *schön*«, sagte Joe und sah die Bilder vor seinem geistigen Auge wie durch einen View-Master: kaputte Türangeln, der schief hängende Kalender, abblätternde Tapete, überquellende Aschenbecher, verschimmeltes Sofa, zerdrückte Bierdosen. »Nichts ist in Ordnung in dem Haus. Kann er nicht hierbleiben?«

»Im Krankenhaus?«, fragte der Polizist. »Nein. Aber es gibt Hilfsorganisationen, die Menschen in Charlies Situation unterstützen.«

Chloe schnaubte. »Ich kann mir nicht vorstellen, dass Charlie sich auf sowas einlässt«, sagte sie.

Der Polizist zuckte die Achseln. »Manche Leute wollen sowas nicht«, sagte er. »Das kommt darauf an.«

Joe und Chloe gingen langsam den Krankenhausflur hinunter. Das Gute an einem Krankenhausflur war, dass er so breit war, dachte Joe, da brauchte er keine Angst zu haben, dass jemand ihn im Vorbeigehen streifte. Außerdem gefiel es ihm, dass der Boden keine Unebenheiten hatte, so wie gepflasterte Wege mit lauter Ritzen, aus denen Unkraut wuchs. Es war nicht einmal so, dass Joe etwas gegen Ritzen oder Unkraut hatte, aber sie lenkten ab, und wenn es weder das eine noch das andere gab, musste er nicht dauernd über jedes kleine Detail nachdenken. Ein Krankenhausflur war eine leere Leinwand für seine Gedanken.

Chloe ging neben Joe her, und ihre Füße bewegten sich im Gleichschritt; sie hatte die Hände tief in die Hosentaschen geschoben, und sie schaute beim Gehen auf den Boden. Sie war still. Das war schön.

»Was glaubst du, was mit Charlie passiert?«, fragte sie schließlich.

»Ich weiß es nicht.«

»Ich glaub, du hast recht«, fügte sie hinzu. »Also damit, dass Charlie nirgendwo hingehört.«

»Ein Rückläufer«, sagte Joe.

»Der nirgendwohin zurückkann«, beendete Chloe den Satz.

Sie waren am Ende des Flurs angekommen und betrachteten die vielen Stationsnamen und Pfeile auf einer großen Tafel an der Wand.

»Lass uns da lang gehen«, sagte Chloe und zeigte nach rechts.

»Aber zu Charlie geht's da lang«, sagte Joe, studierte die Stationsnamen und zeigte nach links.

»Ist doch schön, ein bisschen zu gehen, oder? Und manchmal macht es Spaß, einen Umweg zu machen, auch wenn man weiß, welcher Weg der direkte ist, findest du nicht?«

»Nein.«

Joe betrachtete die Liste der Stationsnamen: Traumatologie, Kardiologie, OP, Ambulanz, Phlebotomie, Koronar-Einheit, Intensivstation, Entbindungsstation, Cafeteria, Ausgang.

»Die sollten das alphabetisch ordnen«, sagte Joe. »Oder in irgendeine Ordnung bringen. Wie das Mosaik.«

Chloe betrachtete die Tafel. »Ja, find ich auch.«

»Es ist wie das Leben«, sagte Joe, immer noch mit den Stationsnamen beschäftigt. »Es ist alles da.« Er zeigte auf die Tafel. »Man wird geboren, und dann passieren Sachen.«

»Ja«, sagte Chloe noch einmal, dann schnaubte sie. »Vielleicht ist es deswegen nicht alphabetisch geordnet – das Leben ist ja auch nicht alphabetisch geordnet. Aber immerhin haben sie ›Ausgang‹ ans Ende gesetzt, das haben sie richtig hingekriegt.«

Joe runzelte die Stirn. Er war sich nicht ganz sicher, was sie meinte.

»Also, was machen wir? Einen Umweg? Oder willst du lieber auf direktem Weg zurück ins Wartezimmer?«, fragte Chloe.

Aber Joe hatte eine Frage. »Hältst du es für möglich, dass jemand nicht weiß, wo er hingehört, und deswegen nicht weiß, wohin er gehen soll, wenn er dorthin will, wo er hinpasst?«

»Also, ich glaube, dass die meisten Menschen die ganze Zeit versuchen rauszufinden, wo sie hingehören«, sagte Chloe. »Ich glaube, dass du anders bist, weil du ganz genau weißt, wo du hingehörst und wo du zu welcher Uhrzeit zu sein hast. Für dich funktioniert das. Andere Leute wollen gar nicht so ein Leben, und wieder andere können es sich nicht aussuchen.«

»So wie Charlie.«

»Nur dass Charlie nichts dazu sagen kann.« Chloe betrachtete ihre Fingernägel und knibbelte an ihrem Nagellack herum. »Ich glaube, wenn du von einem Ort sprichst, wo jemand hingehört, dann meinst du einen Ort, den man schon gefunden hat. Dein Zuhause, deine Mum und dein Dad, dahin konntest du immer zurückgehen. Sowas hat nicht jeder. Der Ort, wo jemand hingehört, kann sich in der Zukunft befinden, weil man ihn noch nicht gefunden hat. Und es kann auch sein, dass man ihn nie findet.«

»Dass jemand vielleicht nie den Ort findet, wo er hingehört?« Joe machte einen Schritt, dann noch einen. Wischte sich die Hände an der Hose ab.

»Ja, genau. Manchmal hat das Gefühl, irgendwohin zu gehören, mehr mit den Menschen in unserem Leben zu tun als mit einem bestimmten Ort. Und manchmal ist der *Ort*, an den wir gehören, der Ort, wo die Leute, die wir mögen, rumhängen.« Chloe hob die Schultern. »Und wenn man das Gefühl hat, dass keiner einen liebt, muss man einfach weitersuchen.«

»Ich glaub, ich weiß, wo Charlie hinkann«, sagte Joe.

»Ich auch«, sagte Chloe und streckte die Hand aus, um sie Joe auf die Schulter zu legen, doch er wich ihr aus, und sie ließ ihre Hand wieder sinken, als ihr einfiel, dass er so etwas nicht leiden konnte.

KAPITEL 79

Der beste Nichtsnutz

Joe-Nathan leckte Zuckerguss von einem Löffel und legte den Löffel in die Spüle. Dann schlug er das gelbe Buch auf und suchte die Überschrift *Geburtstage*.

GEBURTSTAGE

Trage die Geburtstage deiner Freunde in den Kalender ein und gib ihnen am richtigen Tag eine Geburtstagskarte. Wenn du es vergisst, gib ihnen die Karte später. Besser spät als nie.
Joe, das Wissen, dass ich, wenn du das hier liest, nie wieder deinen Geburtstag mit dir feiern werde, macht mich traurig. Genauso ist es mir gegangen, als ich den Abschnitt über Weihnachten geschrieben habe. Ich liebe es, mit dir Feste zu feiern. Du bist ein Traditionalist, und du freust dich über Karten, Kuchen und Geschenke. Denk dran, dass andere Leute sich vielleicht auch über diese Dinge freuen. Und vielleicht hast du ja irgendwann jemanden so lieb, dass du ihm oder ihr einen Kuchen backst.
Ich bin nicht mehr da, um deinen Geburtstag vorzubereiten, deswegen mache ich dir ein paar Vorschläge: Überlege dir zwei Wochen vor deinem Geburtstag, wen du einladen könntest, diesen besonderen Tag mit dir zu feiern. Ich weiß, dass du die Dinge, die du an normalen Tagen tust, sehr gern tust, und dass die tägliche Routine dir sehr wichtig ist. Aber die Vorstellung, dass du an deinem Geburtstag von Menschen umgeben bist, die dich mögen, würde mich sehr glücklich machen. Auch wenn das bedeutet, dass du deine Komfortzone verlassen müsstest. Du brauchst gar nicht viel

zu machen, aber du musst Essen und Getränke besorgen. Wenn du mehr machen möchtest, könntest du noch für Musik und Spiele sorgen. Falls ein Freund oder eine Freundin sich anbietet, dir zu helfen, nimm das Angebot an, es könnte Spaß machen. Du musst nur sagen, was du möchtest. Alles Gute zum Geburtstag, Joe-Nathan, mein wunderbarer Junge. Ich wünschte, ich wäre bei dir.

Joe trug den Kuchen in den Garten.

»Bring ihn noch nicht nach draußen, es ist zu heiß, da schmilzt der Zuckerguss«, sagte Pip.

»Ach so«, sagte Joe und trug den Kuchen zurück in die Küche.

Dann ging er wieder in den Garten. Im grellen Sonnenlicht hielt er sich eine Hand schützend vor die Augen und sah zu, wie Pip den Stuhl festhielt, auf dem Hugo stand. Hugo wackelte ein bisschen, schaffte es aber, ein Ende der Wimpelgirlande am Baum in der Ecke des ersten Gartendrittels zu befestigen. Dann trug Hugo den Stuhl zum Haus und befestigte das andere Ende an einem Fenster. Schließlich standen sie alle in der Mitte des Gartens und schauten zu den kreuz und quer aufgehängten Wimpelgirlanden hoch, die sich ganz leicht in der kaum wahrnehmbaren Brise bewegten und dreieckige, durch dünne Linien verbundene Schatten auf den frischgemähten Rasen warfen.

Joe stellte sich mit dem Gesicht zur Sonne, dann drehte er sich um 360 Grad.

Pip warf einen Blick auf ihre Armbanduhr. »Vielen Dank für die Einladung, Joe«, sagte sie. »Wann kommen Angus und Hazel?«

»Ich schätze, um 6 Uhr 2. Hazel ist sehr pünktlich, aber Angus sorgt immer dafür, dass sie zu spät ist.«

»Na ja, zwei Minuten kann man wohl kaum als zu spät bezeichnen«, sagte Hugo.

Joe schaute ihn an. »Inwiefern ist das nicht zu spät?«

In dem Augenblick kam Angus in einem Hawaiihemd um die Hausecke. »Nur für den Fall, dass du nur Limo und Cola gekauft hast, hab ich den hier mitgebracht«, sagte er und hielt eine Flasche Whiskey hoch.

»Nicht gerade ein Sommergetränk«, sagte Hazel, die ihm auf dem Fuß folgte. Sie hielt eine Plastiktüte hoch. »Ich habe alles mitgebracht, was wir für eine Kanne Pimm's brauchen, einschließlich der Kanne! Jetzt muss ich nur noch ...« Sie zeigte in Richtung Küche und verschwand mit ihrer Tüte, in der Flaschen klimperten, im Haus.

»Ich glaube, es ist eingetroffen«, sagte Hugo und reckte den Hals, als lauschte er auf ein Donnergrollen in weiter Ferne.

»Wirklich?«, sagte Pip und lauschte ebenfalls. »Ach so, ja. Du hast ja echt Ohren wie ein Luchs, Hugo«, sagte sie und strahlte ihn an, als wäre er ein Superheld.

Joe hörte es auch, es klang wie das Surren eines Motors. »Mein Geburtstagsgeschenk?«, fragte er. Er atmete tief ein und machte die Augen zu. Das Herz schlug ihm bis zum Hals, und er betete, dass sie ihm kein Auto gekauft hatten. Die Vorstellung, ein Auto fahren zu müssen, war einfach zu schrecklich.

Chloe hatte das gelbe Buch gelesen. Als Erstes hatte sie den Absatz gelesen, in dem sie vorkam, dann hatte sie sich die Absätze vorgenommen, von denen sie glaubte, dass sie sie für ihr eigenes Leben brauchen könnte. Sie hatte festgestellt, dass sie Janets Ratschläge fast für alles in ihrem Leben gebrauchen konnte, und das Buch von vorne bis hinten gelesen. Nachdem sie den Absatz über Geburtstage gelesen hatte, hatte sie Joe gefragt, was er von einer Party hielt und was er sich zum Geburtstag wünschte.

Joe hatte sich gewünscht, was er sich wünschte, seit er alt genug war, um Wünsche zu äußern. »Ein Spielzeug, Schokolade und eine Überraschung.« Aber in den vergangenen Monaten war er zu einem selbstständigen Mann geworden, und so hatte er sich diesmal auch Socken gewünscht, weil er den Eindruck hatte, dass erwachsene Männer das taten. Chloe hatte geantwortet, sie werde sich etwas einfallen lassen, so als wären seine Wünsche nicht gut genug.

Es war deutlich zu hören, dass ein Lieferwagen rückwärts in die Einfahrt setzte.

»Am besten, du gehst ins Haus und wartest da«, sagte Hugo. »Wir wollen ja die Überraschung nicht verderben.«

Joe nickte, lief ins Haus, die Treppe hoch und ging ins Bad.

Das Seifenstück war ziemlich neu, er würde sich noch manches Mal die Hände waschen müssen, ehe er das Etikett abknibbeln konnte. Aber Joe hatte keine Eile mit der Seife, die verbrauchte sich jetzt sowieso doppelt so schnell. Er wusch sich die Hände und betrachtete den freundlichen Mann, der ihn aus dem Spiegel anschaute.

»Wie geht es dir?«, fragte er.

»Sehr gut, danke.«

»Alles Gute zum Geburtstag«, sagte er.

»Danke, dir auch.«

Joe verbeugte sich kurz, lächelte sein Spiegelbild an und sah einen glücklichen Blick in seinen Augen. Er überlegte, wo er neulich so einen Blick gesehen hatte, konnte sich aber nicht erinnern. Er trocknete sich die Hände ab. Heute hatte er für seine Gäste zusätzliche Handtücher im Bad aufgehängt, und er klopfte voller Stolz leicht darauf.

»Alltagshandtuch«, sagte er, als er auf das erste Handtuch klopfte. »Gästehandtuch, Gästehandtuch, Gästehandtuch«, sagte er, als er die anderen Handtücher eins nach dem anderen berührte. In sich hineinlächelnd ging er in sein Zimmer. Sein Album mit den *Imperial Leather*-Etiketten lag offen auf seinem Schreibtisch. Er glättete die Seite mit einer Hand, klappte das Album zu und stellte es an seinen Platz im Regal.

»Joe? Joe!« Jemand stand am Fuß der Treppe und rief seinen Namen. Joe lief auf den Treppenabsatz. Wer auch immer ihn gerufen hatte, stand jetzt nicht mehr da, also ging er hinunter und nach draußen in den Garten.

Dort vor ihm, mitten auf dem Rasen, stand sein Geburtstagsgeschenk. Es musste richtig anstrengend gewesen sein, es dahin zu bekommen.

Es hatte genau die richtige Größe, es hatte Platz für vier Personen. Joe war ganz nervös gewesen wegen seines Geschenks, aber als er es jetzt vor sich sah, begriff er, dass Chloe manchmal tatsächlich besser Bescheid wusste als er.

Die Farbe war perfekt: ein weiches, dunkles Orange. Es war mit Samt bezogen und hatte Fransen an der Unterkante, die sanft den Rasen berührten. Es war viel besser als ein Auto, viel besser als alles, was man in einem Laden kaufen konnte.

Es war ein großes Sofa, genau so eins wie in dem Café in *F.R.I.E.N.D.S*, genau so eins wie im Vorspann der Serie, wo die Freunde um es herumtanzen und sich darauf setzen. Joe blieb die Luft weg. Neben dem Sofa stand eine Stehlampe mit einem Schirm im Tiffany-Stil, und obwohl die Sonne noch hell schien, konnte Joe erkennen, dass die Glühbirne tatsächlich brannte.

Joe hatte sich schon so oft gefragt, wie es wohl wäre, auf so einem Sofa zu sitzen, wie es sich anfühlen würde, sich in so ein Sofa sinken zu lassen, den Stoff mit den Fingerspitzen zu berühren. Was er sich schon immer gewünscht, aber nicht für möglich gehalten hatte, war so ein Sofa zu besitzen, mit lauter Freunden, die darauf saßen und hockten, mit Freunden, die seine Freunde waren, und zwar in der echten Welt, nicht nur im Fernsehen. Das war das Wichtigste, das begriff er jetzt, denn da waren sie: seine Freunde. Und sie saßen alle auf dem perfekten Draußensofa. Und das war genug. Joe konnte sich nicht vorstellen, dass es sich besser anfühlen konnte, selbst darauf zu sitzen.

Angus und Hazel saßen jeweils auf einer Armlehne, Pip und Hugo rechts und links auf der eigentlichen Sitzfläche, und in der Mitte, zwischen den beiden, saßen Chloe und Charlie. Und alle grinsten so breit, dass es vermutlich wehtat.

Joe stand da wie angewurzelt, eine Hand vor dem Mund. Wenn er nicht bald Luft holte, würde er noch in Ohnmacht fallen.

»Na los, komm«, sagte Chloe, und sie und Charlie rückten ein bisschen auseinander, um für Joe Platz zu machen. Joe brauchte kein Professor zu sein, um zu sehen, dass da nicht genug Platz war, um Körperkontakt mit den beiden zu vermeiden. Er machte einen vorsichtigen Schritt in der Hoffnung, dass der Platz größer erscheinen würde, wenn er näher heranging.

Aber das tat er nicht.

Trau dich was, befahl er sich. *Probier etwas Neues an deinem Geburtstag.*

Joe drehte sich mit dem Rücken zum Sofa, streckte seinen Hintern ein bisschen heraus und ging rückwärts näher. Er kniff die Augen zu und ließ sich mit der inneren Ruhe von jemandem, der einen Bungee-Sprung wagt, auf den viel zu kleinen Platz fallen. Als Charlie bei ihm eingezogen war und sich in Janets Zimmer eingerichtet hatte, hatte Joe neu definieren müssen, was er als »zu nah« erachtete. Mit einer Person zusammenzuleben, die nicht seine Mutter und nicht sein Vater war, hatte ihn Überwindung gekostet, und er musste sich immer noch daran gewöhnen. Aber manche Dinge waren relativ, und Nähe gehörte dazu. Joe spürte Charlies Oberschenkel an seinem linken Bein und Chloes an seinem rechten. Er machte die Augen auf und schaute nach unten: Da waren einfach viel zu viele Beine. Joe war glücklich und verängstigt zugleich. Hitze kroch ihm den Hals hoch, und aus der Hitze wurde ein leises Stöhnen, und als das Stöhnen seinen Mund erreichte, rief er »Nein!« und sprang vom Sofa.

Joe betrachtete die Szene, die sich ihm bot, ließ das Lachen durch seine Poren in seinen Körper sickern. Er war ein glücklicher Mann. Ein Mann, der keiner Fliege etwas zuleide tun konnte. Ein Mann mit sechs guten Freunden.

Ende

EPILOG

Dass Joe-Nathan und Charlie zusammenwohnten, war eine vernünftige Lösung, und Joe hoffte, dass Charlie jetzt einen Ort gefunden hatte, wo er hingehörte. Er hatte seinen Job im Compass Store wiederbekommen, aber Hugo hatte gesagt, es sei nur eine Übergangslösung. Charlie hatte andere Pläne, aber vorerst brauchte er einen sicheren Ort und gute Freunde und Zeit, sich zu überlegen, wie er seine Zukunft gestalten wollte. Joe hatte Angst gehabt, Charlie könnte zu viel Platz in seinem Leben einnehmen, und Charlie hatte die gleichen Befürchtungen gehegt. Aber so war es nicht gekommen, weil keiner von beiden es so haben wollte. Das bedeutete nicht, dass Joe Charlie nicht den letzten Nerv raubte mit seinen Angewohnheiten, und auch nicht, dass Joe sich nie frustriert in seinem Sessel vor und zurück wiegte, weil Charlie seine Sachen überall herumliegen ließ. An manchen Wochenenden und an manchen Abenden arbeiteten sie gemeinsam in der Werkstatt, und Charlie bastelte sogar ein Schild für Joes Grabstein, auf dem stand: »Joe-Nichtsnutz, ein Mann, der keiner Fliege etwas zuleide tun konnte«. Und »Nichtsnutz« stand da nur, weil Joe es so gewollt hatte.

Jeden zweiten Samstag gingen Joe und Charlie auf den Friedhof. Fast immer gingen sie auf den, wo Janet und Mike begraben waren, aber manchmal auch auf andere. Irgendwann war Janets Grabstein fertig. Joe hatte lange dafür gebraucht, die richtigen Worte zu finden, die in den Stein gemeißelt werden sollten. An einem sonnigen Samstagnachmittag gingen Joe und Charlie auf den Friedhof, um sich den Grabstein anzusehen. Es war nicht leicht, ein Leben in wenigen Worten zusammenzufassen. Aber Joe-Nathan hatte für seine Mum sein Bestes gegeben.

Hier liegt Janet Clarke, die sehr geliebt hat, als ihr Herz schlug, und auch, als es nicht mehr schlug.

DANKSAGUNG

Als ich mit der Arbeit an diesem Roman begann, war ich an einem Tiefpunkt meines Lebens angelangt. Ich war drauf und dran, das Schreiben für immer aufzugeben, ging nicht ans Telefon, las keine E-Mails, die irgendetwas damit zu tun hatten. Ich hatte das Gefühl, dass in meinem Leben alles falsch lief, auch das Schreiben, und obwohl ich gewöhnlich gern über *alles* rede, wollte ich über gar nichts mehr reden.

Ich danke meiner Lektorin bei Simon & Schuster UK dafür, dass sie nicht lockergelassen und mich zu einem Treffen überredet hat, bei dem dann das entscheidende Gespräch stattfand. Es hat mich fürchterliche Überwindung gekostet, überhaupt hinzugehen, anfangs fühlte ich mich wie eine menschenscheue Straßenkatze und habe mich wohl auch so aufgeführt. Aber Clare entpuppte sich als begnadete Katzenflüsterin. Ich beruhigte mich und schöpfte zum ersten Mal seit Langem wieder etwas Hoffnung in Bezug auf das Schreiben. Im Lauf unseres Gesprächs erzählte mir Clare von ihrem wunderbaren Onkel David. Wenn David Hey einen Pub betrat, schüttelte er jedem Gast die Hand. Er erinnerte mich an eine Figur namens Joe-Nichtsnutz, die ich mir einige Jahre zuvor ausgedacht hatte. Als ich Clare das erzählte, begannen ihre Augen zu leuchten. Dieses Buch wollte sie unbedingt lesen. Tausend Dank dafür, Clare, und auch dafür, dass du mich, seit ich mit dem Schreiben angefangen habe, unermüdlich angefeuert hast.

Ich schätze mich glücklich, Judith Murray von Greene & Heaton als Agentin zu haben. Sie ist nicht nur eine der Besten auf ihrem Gebiet, sondern auch ein wunderbarer Mensch, und bei jeder Begegnung mit ihr hoffe ich, dass etwas von ihr auf mich abfärbt. Ich danke ihr für ihre Aufrichtigkeit – die mir, obwohl sie manchmal etwas schmerzt, wichtiger ist als alle anderen Charaktereigenschaften, denn sie bedeutet, dass ich ihr vertrauen kann. Wenn sie sagt, dass ihr etwas gefällt, meint sie das auch. Danke für deine Freundschaft, deine Unterstützung und deine Professionalität. Und die meisten Autoren, die eine Agentin haben, wissen, was ich meine, wenn ich sage, danke Judith, dass du stets prompt auf meine Nachrichten reagierst und immer für mich da bist.

Großen Dank auch an Kate Rizzo bei Greene & Heaton, nicht nur, weil sie den tollsten Nachnamen der Welt hat, sondern auch für ihre Bemühungen um die Auslandsrechte. Ebenfalls vielen Dank an Sally Oliver – in erster Linie für ihre Hilfe in bürokratischen Dingen, aber auch für ihren Roman *The Weight of Loss*, den ich verschlungen habe, und weil sie so eine gute Freundin geworden ist.

Richard Vlietstra, der stellvertretende Marketingchef bei Simon & Schuster UK, der dafür gesorgt hat, dass ich nicht verrückt geworden bin, der monatelang online mit mir experimentiert hat, bis wir die perfekte Methode für die Zubereitung eines weichgekochten Eis gefunden hatten, und der mich mit seinen E-Mails immer wieder zum Lachen gebracht hat. Ganz herzlichen Dank für deine harte Arbeit, deine Freundschaft und deinen Sinn für Humor. Judith Long, der großartigen Redakteurin mit ihrem bewundernswerten Blick fürs Detail, danke ich für ihre Warmherzigkeit und für ihre perfekten Buchempfehlungen. Dank an Laura Gerrard für das Lektorat und an Victoria Godden fürs Korrekturlesen, an Justine Gold im Vertrieb und an Francesca Sironi und Karin Seifried in der Herstellung. Vielen Dank an Pit Watkins für das Cover von *Joe Nuthin's Guide to Life*; ich habe mich sofort in das Kunstwerk verliebt. Nicht zuletzt möchte ich mich bei den wunderbaren Menschen aus dem Verkaufsteam von Simon & Schuster bedanken, die sich gewaltig für mein Buch ins Zeug gelegt haben.

Der warmherzigen Jackie Cantor, Seniorlektorin bei Simon & Schuster USA, die ich sehr vermisse, danke ich dafür, dass sie meinen ersten Entwurf von *Der kleine Kompass fürs Leben* angenommen hat. Ich danke dem Lektoratsassistenten Andrew

Nguyen für seine Begeisterung für meinen Joe-Nichtsnutz, der ihm, wie er mir gestand, noch lange nach der Lektüre nicht aus dem Kopf ging. Ebenso gilt mein Dank Cheflektorin Abby Zidle und ihrer Assistentin Frankie Yackel, die mir mit Rat und Tat zur Seite gestanden haben, der Verlegerin Jen Bergstrom, der Chefredakteurin Aimee Bell, der Vertriebsleiterin Sally Marvin, der Marketingspezialistin Bianca Salvant, der künstlerischen Leiterin Lisa Litwack und der Verlagsleiterin Caroline Pallotta.

Ich habe *Der kleine Kompass fürs Leben* in einer Zeit geschrieben, in der ich emotional extrem belastet war. Ich möchte nicht wissen, wie es mir gegangen wäre, hätte ich nicht so gute Freunde gehabt, die mich unterstützt, beraten, mir zugehört und mich zum Lachen gebracht haben. Ich glaube, *Der kleine Kompass fürs Leben* wäre ein völlig anderes Buch geworden, wenn ich diese Menschen nicht an meiner Seite gehabt hätte. Ich bedanke mich bei Amy und Adam Schiller, die für mich im guten Sinne wie Familie sind. Amy Tubay in Portland, danke für all die Online-Chats, für die du wegen der Zeitdifferenz so früh aufstehen musstest; du siehst fantastisch aus, wenn du noch ganz verschlafen deine Kamera einschaltest. Ich finde es großartig, dass wir uns beide nach unseren Chats jedes Mal ins Schreiben stürzen. Meinen Sarahs: Sarah Cole, Sarah Fisher und Sarah McCarter, ich danke euch für eure Freundschaft und Klugheit und auch für unsere Spaziergänge. Ich danke Kenton O'Hara, der meinte, das Gute am Lockdown sei gewesen, dass wir beide per Zoom unsere Freundschaft wiederaufgefrischt haben; dem stimme ich voll und ganz zu. Meine Freunde sind grundverschieden, aber sie alle sind inspirierend, klug und lustig. Mein besonderer Dank gilt Sarah Fisher und Amy Tubay, meinen großartigen Beta-Leserinnen von *Der kleine Kompass fürs Leben*. Und ich danke meiner Mum Patricia, die sich einige Passagen aus dem ersten Entwurf angehört hat und an den richtigen Stellen weinen musste.

Ohne ins Detail zu gehen, möchte ich erwähnen, dass ich

während der Arbeit an *Der kleine Kompass fürs Leben* mit einer Depression zu kämpfen hatte; ich glaube, man sollte darüber sprechen, wenn man so etwas durchgemacht hat. Als ich einmal einfach nicht aus dem Bett kam, habe ich meinen Hausarzt angerufen und war überrascht, wie schnell ich Hilfe bekam. Dr. Dan James rief mich schon bald zurück, und wir redeten eine Dreiviertelstunde miteinander. Während der folgenden Wochen war er ständig telefonisch erreichbar für mich. Zu meinem großen Glück war er erfahren im Umgang mit Schriftstellern und verstand, dass ich einerseits unbedingt meine Gedanken abschalten wollte, andererseits aber Angst hatte, dass mich das am Schreiben hindern würde. Ich bin zutiefst dankbar dafür, dass er mir wieder auf die Füße geholfen hat.

Ich möchte auch meinen Kindern Cleo und Dylan danken. Ich genieße das Zusammensein mit euch, ich liebe unsere Gespräche und den Spaß, den wir miteinander haben. Falls ihr irgendetwas davon von mir habt, würde mich das freuen, aber ihr seid eigenständige Menschen, und vielleicht habt ihr auch einfach Glück. Vieles, was in *Der kleine Kompass fürs Leben* gesagt und getan wird, kommt von meinen Kindern (und auch von mir), auch wenn wir eher neurotypisch sind und Joe neurodivers ist (was im Buch nicht diagnostiziert wird). Einige Bemerkungen, die ich Joe in den Mund gelegt habe, sind wörtliche Zitate von meinen Kindern, und viele seiner Schrullen – z. B. das Spiegeln der Bäume mit Handzeichen – stammen auch von uns. Für mich ist er eine eigenständige Person, aber ich habe ihn so gern, weil er Eigenarten von Menschen, die ich liebe, in sich vereinigt.

Rob, dir danke ich für so vieles, aber vor allem dafür, dass du in meinem Leben bist.

Und zum Schluss möchte ich Joe-Nathan danken, dem Protagonisten des Romans. Ich weiß noch, wie ich bei Joe Zuflucht gefunden habe, wenn ich an meinem Schreibtisch saß. Das klingt vielleicht etwas theatralisch, aber manchmal fühlte es sich so an, als würde er mich retten. Und als ich das Manuskript später gelesen habe, konnte ich nicht verstehen – und verstehe es immer noch nicht wirklich –, wie während dieser dunklen Zeit ein so natürlicher und liebenswerter Kerl wie Joe aus mir herauskommen konnte. Ich hoffe, dass ich ihm gerecht geworden bin und Sie ihn so sehen wie ich.